KB261370

액션 테이커

액션 테이커

초판 1쇄 발행 2012년 3월 5일
초판 2쇄 발행 2012년 4월 4일

지은이 | 장정헌
글 | 최상태

펴낸이 | 김우연, 계명훈
기   획 | LA중앙일보
편   집 | 손일수
마케팅 | 함송이, 강소연
디자인 | 김낙현

펴낸곳 | for book
주   소 | 서울시 마포구 공덕동 105-219 정화빌딩 3층
문   의 | 02-752-2700(에디터)
인   쇄 | 미래프린팅

출판 등록 | 2005년 8월 5일 제2-4209호
값 | 13,000원
ISBN : 987-89-93418-40-8 13320

행동하지 않는 사람은
인생의 파도를 넘을 수 없다

액션 테이커

장정헌 지음
최상태 글

LA 중앙일보

CONTENTS

1부   사방이 갈 곳 없는 벽이라면

2부 실패의 끝에 성공이 딸려 온다

성공에 필요한 스펙은 없다

– 고계홍(LA중앙일보 대표)

장정헌 회장을 처음 만난 것은 10여 년 전입니다. 편집국장 시절, 지인의 소개로 저녁 자리를 함께했는데 첫 인상 만큼은 지금도 생생합니다. 깔끔한 옷차림에 악수를 건넬 때 짓는 잔잔한 미소까지, '고요한 호수' 같다는 느낌을 받았습니다. 대화 내내 오랜 지인처럼 편안했고, 그 가운데 깊은 대화가 이어졌습니다. 앞으로도 관계를 오래 지속할 것 같은 예감이었습니다.

이런 호감은 그의 철저한 노력에서 나오는 향기인 것을 나중에야 알았습니다. 세일즈맨 시절부터 출장을 갈 때 꼭 지키는 원칙이 있다고 합니다. '상대방 먼저'라는 철칙입니다. 새벽 비행기에서 내릴 때조차 자택에서 막 외출 준비를 끝낸 모습을 고집하는 게 한 예입니다. 밤샘 탑승이지만 내리기 전에 옷매무새를 반듯하

게 고치고, 얼굴에 피곤함을 걷어내는 피부 관리까지 끝내고 나서
야 비행기 밖으로 나선다고 합니다. 마중 나온 사람에 대한 예의
이자 철저한 자기 관리입니다. 그런 작은 노력들은 사업과 대인관
계에서 좋은 결과를 만들어내는 출발점이 되었을 것입니다.

장 회장은 온갖 역경 속에서 긍정적인 사고와 포기하지 않는 신
념으로 성공한 미주 사업가입니다. 하지만 그에게는 요즘 젊은 세
대들에게 요구되는 학벌과 인맥, 토플 점수 등 제대로 된 스펙Spec
조차 없습니다. 첫 사업체로 집을 팔아 어렵게 시작한 세탁소가
주인이 동양계라 하여 배척하는 바람에 매출이 떨어지자 창의적
인 아이디어로 경영 혁신을 일으키는 과정은 어느 MBA 과정에서
도 배울 수 없는 생생한 현장 이론입니다. 이후 성심을 다해 고객
과 파트너를 대하는 과정에서 자연스럽게 사업체를 키웠고, 무역
회사와 제조 회사 등 다양한 기업체를 성공적으로 경영했습니다.
'USDF'라는 염색 공장을 캘리포니아 최대 규모로 키웠지만, 중
국산 원단이 쏟아지면서 경쟁력을 잃자 공장 매각을 위해 세계적
인 의류 회사인 아메리칸 어패럴과 벼랑 끝 협상을 벌여 성공리에
매각하기도 했습니다. 지금은 금융업에 뛰어들어 은행 이사장으
로 새로운 영역을 개척하고 있습니다.

물론 그에게도 숱한 시련이 있었습니다. 불우한 가정환경, 갑작
스런 실직, 인종 차별, 부동산 회사 파산 등 절박한 순간이 있었지
만, 불굴의 신념과 의지로 모두 이겨냈습니다.

　　장정헌 회장의 여정이 담긴 이 책은 취업난을 겪고 있는 젊은
세대와 숱한 역경을 헤쳐 가야 할 중소기업 경영자, 이역만리 미
국에서 사업을 하거나 정착하려는 사람들에게 희망을 비추는 '아
침 햇살'이 될 것입니다. 일독을 적극 권합니다.

'승리의 불꽃'을 점화시켜라

– 김희옥(동국대학교 총장)

이 책은 좀처럼 포기할 줄 모르는 한 사나이의 도전정신과 삶의 지혜를 생생한 현장 경험으로 보여주는 자전적 에세이입니다. 저자는 2남 3녀의 막내로 태어나 일찍 어머니를 여의고, 어려운 가정환경에서 성장했지만 이역만리 미국에서 자수성가한 장정헌 회장입니다.

장 회장은 동국대학교 경영학과 63학번입니다. 얼마 전 미주 방문 때 그를 처음 보았고, 그로부터 파란만장한 미국 생활 체험을 잠시 귀담아 들을 기회가 있었습니다. 어느 인생이 굴곡이 없으랴마는 장 회장의 삶은 유독 가슴 짠하고 드라마틱한 점이 많아서 이 시대 인간 승리의 전형을 보는 듯했습니다. 칠순 나이에 차돌처럼 딴딴한 그의 몸이며 정신이 여간 형형하지가 않다는 점도 놀랍지만, 그가 터득한 삶의 지혜 또한 우리 시대의 젊은이들에게 귀감이 될 만했습니다. 마침 좋은 인연이 되어 이렇게 책을 출간하게 되고, 동문 총장으로서 추천의 글을 쓰게 되니 이 또한 아름

답고 소중한 만남이라 생각합니다.

이 책의 가장 큰 장점은 '눈길을 먼저 걸어간 사람의 발자국'입니다. 어디로 가야 할지, 얼마나 가야 할지, 어떻게 가야 할지 모르는 상황에서 모든 것을 자기 스스로 책임지고 판단해서 나아가야만 하는 선도자의 모습이 생생한 경험을 통해 풍부하게 제공되고 있습니다. 쉽게 말하면 '미국에서 자수성가하기'의 성공 사례라고 불러도 좋겠습니다. 또한 낯선 환경에서 성공을 꿈꾸며 도전하려는 사람들에게 필요한 삶의 경험과 지혜가 많이 담겨 있어서 후배들을 위한 삶의 안내자 역할도 하고 있습니다.

이 책에는 '포기하지 않는 도전정신'이 있습니다. 이 도전정신은 사실상 인간 삶의 보편적인 목표이기도 합니다. 어려움을 이겨내고 앞으로 나아가지 못하는 삶은 경쟁에서 뒤처지게 됩니다. 자신에게 승리하는 삶이야말로 위대하다는 것을 동서고금의 역사는 웅변합니다. 그러므로 이 책에서 보여주는 장 회장의 도전정신과 불굴의 용기는 모든 인류의 가슴 속에 내재하는 '승리의 불꽃'과 같은 것이라고 생각합니다. 일찍이 붓다가 그렇게 하셨으며, 수많은 영웅호걸들과 선도적인 탐험가들이 그런 길을 보여주었습니다. 정도의 차이는 있지만 우리는 누구나 그렇게 할 수 있는 것입니다. '삶은 도전이고, 그것을 이겨내는 것'이라고 역사학자 토인비는 갈파하기도 했습니다.

1973년, 동화기업의 미국 지사장으로 발령받은 장 회장은 아

　　　　　　　　　　　　　　　　　　　액션 테이커

내, 두 딸과 함께 미국에 자리 잡았지만 회사의 부도로 하루아침에 빈털터리가 되는 상황을 맞게 됩니다. 그로부터 8개 기업을 거느리는 기업가로 성장하기까지의 성공과 실패에 관한 우여곡절이 이 책에서 드라마틱하게 펼쳐집니다.

이 이야기들 속에 우리 독자들이 귀담아 들을 만한 내용들이 많습니다. 그의 별명이 '액션 테이커Action taker'라는 점은 주목할 만합니다. 이 별명은 탁상공론을 하기보다 현장을 다니면서 듣고 행동하는 것을 좋아하는 사람을 가리킵니다. 거친 파도가 오히려 강한 뱃사람을 만들어내지 않겠습니까? 시련과 고난이 사람을 더 강하게 만드는 법입니다. 장 회장은 자기가 맞닥뜨린 수많은 시련과 고난들을 포기하지 않는 마음으로 강하게 돌파해 나옴으로써 스스로 성공에 이르게 되었다고 생각합니다. 그리고 자신의 경험을 고스란히 보여줌으로써 시련과 성공 사이의 불가분리의 관계를 설득력 있는 목소리로 말합니다.

장 회장은 스스로 열심히 공부했습니다. 특히 자기 사업을 시작하면서 신문을 가까이 하게 된 게 매우 주효했다고 말합니다. 「LA 타임스」 비즈니스 면을 부지런히 읽기 시작했는데 부동산, 세무, 일반 법률문제까지 소규모 자영업에 필요한 상식이 넓어지기 시작한 것도 열독의 힘이었습니다. 교민들의 구전 정보에 의존하지 않고 스스로 깨쳐 나가는 경험을 택했던 것입니다. 삶에 대한 이러한 응전력은 비단 미국에서의 삶의 방식에만 적용되지 않습니다. 언제 어디서나 소중한 삶의 덕목입니다. 바로 실사구시實事求是의 힘입니다. 자기 자신에게 충실하고, 실제에 충실하는 힘. 이것이 진정한 힘인 것입니다.

또한 장 회장은 사람과의 관계를 매우 소중하게 생각합니다. 특히 40년이 지나도록 지인들과 편지를 주고받는 '정신의 스킨십'은 그의 독특한 매력이기도 합니다. '신뢰로 시작해서 정성으로 끝낸다'는 인간관계에 대한 그의 원칙은 목표와 성과 위주의 기업 문화에 진중한 참고가 될 만합니다. 열정을 다해 좋은 관계를 맺어 놓으면 언젠가는 큰 힘을 얻게 된다는 교훈을 그의 삶 속에서 발견할 수 있습니다. 결국 기업 경영은 인간 경영인 것입니다.

그러고 보면 성공하는 사람들의 공통점이 이 책 속에도 여실히 발견됩니다. 열정, 도전, 헌신, 신뢰, 정성의 미덕은 사람을 가리지 않습니다. 누구든지 마음먹고 스스로 노력하면 자기 생에 승리할 수 있다고 장 화장은 이야기합니다. '승리의 불꽃'은 마음먹기에 달렸다는 뜻이기도 합니다. 이 책 속에 유머러스한 에피소드가 하나 있어서 끝으로 소개하고자 합니다.

늘 긍정적인 마음으로 살아가는 마켓 점원이 근무 중에 강도로부터 총격을 당해 응급실로 실려 가게 됩니다. 의사와 간호사들이 나누는 대화를 들어보니 총상이 심각해서 살 가망이 없다는 것을 알게 됩니다. 그 순간 그는 이런 생각을 합니다.

'꽤나 심각한 총상을 입었군. 이제 내가 선택해야 할 차례다. 죽

을 것인가, 살 것인가? 나는 살아야 하니까 사는 쪽을 택하겠어.’

수술에 앞서 간호사가 신체에 알레르기가 있는지 묻습니다. 의료진이 지켜보는 가운데 그가 입을 엽니다.

“예, 한 가지 있습니다. 총알 알레르기입니다.”

그 순간 심각한 표정을 한 채 둘러서 있던 의료진이 웃음을 터뜨립니다. 그는 의사에게 이렇게 말합니다.

“살고 죽는 것은 내 선택입니다. 나는 살기로 결정했으니 걱정 말고 최선을 다해 주세요.”

의사는 환자의 의지와 유머에 감복해 완벽한 수술을 해냈고, 그 후 남자는 기적적으로 완치되었다는 이야기입니다.

마인드셋Mindset. 일체유심조一切唯心造. 모든 것은 오로지 마음에 달렸다는 이 말의 진정한 위력이 이 책의 멋진 마무리입니다. 세속의 일반 시민들에게도, 산사의 우리 스님들에게도 이 멋진 마무리는 고루 해당됩니다.

새봄이 또 옵니다.
봄 나무 가지에 꽃피고 바람 붑니다.
꽃잎 떨어져 나무 그림자 저 너머까지 덮어 줍니다.
하늘도 땅도 나무도 다 향기롭습니다.

성공 에세이를 뛰어넘는
최고의 경영학 교과서

– 이남식(서울과학종합대학원대학교aSSIST 총장)

오랜만에 감동적인 책을 만나게 되었다. 첫 페이지부터 마지막 페이지까지 단숨에 읽을 정도로 몰입하게 만드는 정정헌 회장님의 라이프 스토리는 에세이를 넘어서는 최고의 경영학 교과서라고 할 수 있겠다. 여타의 경영학 교과서에서 가르쳐 주지 않는 지혜를 가득 담고 있으며, 장 회장님의 삶을 통해서 체험한 산지식이다.

사람의 마음을 여는 법, 고객 존중, 직원 존중, 기업 거버넌스, 협상의 원리, 부실기업의 회생, 가치 투자와 포트폴리오, 위기관리, 부동산 투자, 인간관계 등 매우 실용적인 경영의 지혜를 실제의 체험과 더불어 생생하게 전달하고 있다. 특히 절체절명의 위기 속에서도 불굴의 투지로 위기를 돌파해 온 장 회장님의 삶의 여정은 이 시대의 젊은이들에게 큰 귀감이 되는 동시에 새로운 도전이 될 것이다.

이역만리에서 온갖 역경 속에서도 긍정적인 사고와 베푸는 삶을 통해 사람들의 마음을 열게 하는 회장님의 모습에서 큰 감동을 받게 된다. 이것이 세상을 살아가는 '매직Magic'인 동시에 '매력'임을 깨닫게 해준다. 고객 한 사람 한 사람의 이름과 특성을 모두 기억하는 열정, 아픈 직원의 자녀를 몇 시간씩 운전해 찾아가 위로하는 그의 정성은 사람들로 하여금 마음을 열게 하고, 진정한 관계를 형성케 하는 '매직'인 것이다.

이 시대의 진정한 '경영 구루Guru'로서 앞으로 수많은 사람들에게 희망을 전하는 새로운 인생의 후반전을 여시기를 기원해 마지 않는다.

작지만 어마어마한 이야기

– 이청승(디지로그창조학교 사무총장, 전 세종문화회관 사장)

장정헌 회장과의 만남도 어언 십수 년이 흘렀다. 미국과 서울을 오가며, 그리고 인도네시아에서 만났을 때 뭔가가 통했던지 서로 할 이야기가 참 많았다. 그는 성실하고 빈틈이 없었다. 그의 성실성은 한마디로 '죽기 아니면 살기'였다. 침착하고 다정다감하면서도 어느 상황을 만나면 죽음도 두려워하지 않는 단호함이 있었다.

"지금 먹고 살만한 재산을 모았고, 처음으로 아무런 걱정 없이 하루를 보내게 되었다. 하염없이 벤치에 앉아 있으니 마당의 나무들이 눈에 들어왔다. 갑자기 이런 생각이 들었다. '저 나무에 목을 매면 좋을까, 이 나무에 목을 매면 좋을까?' 이대로 죽었으면 좋겠다는 생각이 들었다."

그는 평범한 듯하면서도 매우 특별한 사람이다. 앞의 글에서도 볼 수 있듯 그는 매우 어려운 가운데서도 희망을 놓지 않았고, 매우 안락함에 임해서도 긴장의 끈을 놓지 않고 자신을 경계했다. 한평생을 미국에서 기업 경영을 해왔지만 그는 여전히 조선의 선비였고, 동양의 고전을 읊조리는 유연함 속에서 그만의 세계를 견지하고 있었다. 그저 성공만으로 만족할 수 없는 장 회장의 치열함이자 바로 그의 진면목이다.

"인생을 돌이켜 보면 내 자신을 위해 살기에는 너무도 평탄하지 않은 인생을 보냈다. 가난하게 변두리 삶을 살았기에 남의 눈에 띄려고 몇 배의 노력을 했는지 모른다. 그런데 역설적으로 남에게 잘 해주다 보니 내 인생이 풍요로워졌다. 부족한 학벌과 무일푼으로 이만큼 성공한 것은 '남에게 주는 능력'이 남보다 조금 더 있었다고 말할 수 있다."

작은 세탁소를 어렵사리 일으키고 미국 최대의 폐지 수집소와 캘리포니아 최대의 염색공장 USDF의 최고경영자가 되기까지 그의 인생 역정은 간단한 것이 아니었다. 마침내 미국 은행의 이사장이 되기까지 남이 잘 때 자지 않았고, 남이 먹고 싶은 것을 먹을 때 자기 수입을 머릿속에서 따져보고 계산이 맞지 않으면 먹지 않았다.

사실 거기까지는 성공한 사람들 누구나가 다 거치는 통과의례였다. 그는 거기서부터 원칙을 세우고 다시 시작했다. 자기만의 독창적인 아이디어와 실천, 끝까지 물러서지 않는 집중적인 결의, 상대방에 대한 배려와 공평하게 함께 나누기, 한 사람 한 사람에 대한 통찰과 사회적인 책임감, 그 나름의 독자적인 경험으로부터 우러난 경영 철학을 펼쳐 오늘의 자기 세계를 일으켰다.

그러나 그의 최대 장점은 성심誠心에 있었다. 다른 사람의 마음을 움켜잡고 감동시키는 그 무엇인가가 있었다. 그것을 '정성'이라 할 수도 있고, '내공'이라 할 수도 있고, 또 '기도'라고 할 수도 있다. 이 책을 읽으면서 느끼게 되겠지만, 책을 한 번 열면 놓을 수가 없다. 단숨에 읽히는 그만의 정감과 매우 단단한 알맹이가 들어 있는 어느 동 시대 사람의 솔직담백한 이야기이기 때문이다.

생텍쥐페리의 말처럼 '세상에서 가장 어려운 일은 사람의 마음을 얻는 일'이다. 그런데 그 일이 장 회장에게 있어서는 그냥 자연스러운 일인 것 같다. 이 책에서 그가 말한 것처럼 사람의 마음을 움직이려면 감동이 필요하다. 그 감동의 원천은 먼 데서 오는 것이 아니라 사람을 사람으로 대접해 주는 작은 친절과 존경에서 비롯된다. 그는 아주 오래 전부터 아무렇지도 않게 그렇게 살아왔던 것이다.

아무리 일자리가 없고 성공이 어렵다 해도 이 책을 읽으면 그 해답이 여기에 있다고 말할 수 있다. 세상이 험하고 제아무리 무상하다 할지라도 장 회장을 만나고 나면 전혀 다른 희망으로 세상을 다시 볼 수 있다고 생각한다. 장 회장의 자상하면서도 단호한 관점은 하나의 '아메리칸 드림'을 보는 것만으로 그치지 않고, 이 세상이야말로 한 번쯤 열심히 살아 볼 만한 가치가 있다는 것을 깨닫게 해준다.

지금 여기, 장정헌 회장이 우리에게로 가까이 오고 있다.

'실로 한 사람이 온다는 건 어마어마한 일이다. 한 사람의 일생이 오기 때문이다. (The fact that a person is coming surely is a big deal because a life comes with it.)'

진정한 용기와 힘은 가슴에서 나온다

– 황기웅(서울대학교 공과대학 전기정보공학부 교수)

장정헌 회장님은 본인이 UCLA에서 박사 학위를 얻기 위해 공부하던 1970년대 후반에 처음 만나 뵈었습니다. 서로 태평양을 사이에 두고 멀리 떨어져 있어 자주 뵙지는 못하지만, 지금까지 30년 넘게 만나면서 좋은 인연을 유지하고 있습니다. 매번 만날 때마다 한결같이 조용하면서도 확신에 찬 모습으로 간간이 사업 현황을 이야기해 주시는 것을 통해 어렴풋이나마 사업하는 분들이 겪는 어려움을 알 수 있었습니다.

하지만 이 책을 통해서 알게 된 것은 그동안 본인이 알고 있었던 것보다 훨씬 더 어려운 시간들이 많이 있었고, 그 시련을 이기기 위해서는 상상도 못할 정도의 힘든 노력과 의지가 필요했다는 것을 알 수 있었습니다. 책의 내용이 너무나 감동적이고, 진실로 가슴에 와 닿는 이야기여서 접하자마자 처음부터 끝까지 단숨에 읽고 나서, 이 이야기는 직장이나 진로 때문에 고민하는 많은 젊은이들과 미국 생활에 어려움을 겪는 분들에게 도움이 되리라 생각되어 감히 추천의 글을 쓰게 되었습니다.

얼마 전 정부에서 발표한 2011년도 통계 자료 중 우리나라의 총 수출입 무역량이 1조 달러를 넘어섰다는 보도가 있었습니다. 문득 장 회장님의 이야기는 1945년에 준비 안 된 해방을 맞고, 남북이 이념 때문에 갈라지고, 이 때문에 6.25전쟁이 일어나 모든 집과 공장들이 잿더미가 되고, 수십만의 목숨이 죽어간 폐허 더미에서 오늘의 한국을 일으켜 세운 불굴의 대 한국인의 표상을 우리가 보고 있지 않나 생각하게 되었습니다. 단돈 600달러를 들고 도미한 후, 한국에 있는 본사의 부도로 시작된 온 가족의 처절한 생존 이야기, 몇 번이나 자살을 생각할 정도로 어려웠던 사업의 부침 중에서도 오직 성실과 노력, 정직함을 바탕으로 어려움을 극복하시고, 이제는 LA 한인 사회에서 가장 성공한 사람들 중 한 분이 되기까지 걸어온 이야기는 그야말로 감동적인 한 편의 드라마 그 자체라는 생각이 듭니다.

LA의 노스리지 지역에서 큰 지진이 있은 후 저희 가족이 LA를 방문해 장 회장님을 만나 뵐 기회가 있었는데, 그때 장 회장님과 사모님이 이런 이야기를 들려 주셨습니다. 지진이 일어난 당일 저녁에 전기가 끊어져 집안이 깜깜한데 누군가 문을 두드리더랍니다. 열어 보니 정부에서 나온 사람들이 피해 점검을 다니면서 다친 사람이 없는지 확인하러 왔다고 하더랍니다. 이들을 보고 미국이란 나라에 대해 더 존경심을 갖게 되었고, 그동안 성실히 세금

　　　　　　　　　　　　　　　　　　　

낸 것을 다행으로 생각하고, 앞으로도 더 열심히 세금을 내기로 마음먹었다고 했습니다.

또한 어려운 이웃들을 위해 꾸준히 기부 활동과 사회봉사를 하시는 모습, 기업을 경영하시면서도 항상 어려운 직원들을 찾아내 실제로 도움을 주시는 따뜻한 마음을 가진 분이라는 것도 알게 되었습니다. 부를 모을수록 더 욕심을 내는 우리 주위의 부자들을 생각해 보면서 장 회장님에 대해 더욱더 존경의 마음을 갖게 됩니다.

옛말에 하늘은 스스로 돕는 자를 돕는다고 했습니다. 40여 년 전에 경제적으로는 극빈의 상태에서 영어는 서툴고, 변변한 기술도 없는 상태에서 가족과 미국 땅에 첫발을 디딘 후 생존 그 자체와의 처절한 싸움에서 승리해 오늘의 장 회장님이 있기까지의 스토리가 이 책에 담겨 있습니다. 혹시라도 직장 찾기에서 좌절을 겪고 계신 분이 있습니까? 외로운 타지 생활 적응에 어려움을 겪는 분이 있습니까? 여러분들 중에 그런 분이 있다면 이 책을 통해 용기를 얻어 보십시오.

저는 이제부터 장 회장님을 '작은 거인'이라고 부를 것입니다. 진정한 용기와 힘은 체구에서 나오는 것이 아니라 가슴에서 나온다는 것을 몸소 보여주셨기 때문입니다. 더불어 이 책의 출간을 진심으로 축하드립니다.

에메랄드 빛 카리브 해가 눈앞에 넘실거렸고, 모래는 눈부시게 희고 아름다웠다. 나는 지상 최고의 여름 휴양지 중 하나인 칸쿤Cancun 백사장에 누워 있었다. 멕시코의 산호초 섬인 칸쿤은 눈이 시리도록 아름다웠다. 하지만 내 마음만큼은 처절한 회색빛으로 물들어 있었다. 며칠 동안 아무런 생각도, 아무런 기억도 떠올리고 싶지 않았다. 따스한 햇볕을 쬐다가 졸리면 '그냥 이대로 죽었으면 좋겠다'는 생각뿐이었다. 이런 내 마음을 아는지 모르는지 철썩거리는 파도 소리가 계속해서 내 귀를 자극했다.

1996년 어느 여름날, 내 전 재산과 나를 믿은 투자자들의 자금을 쏟아 부은 부동산을 놓고 대형 로펌과 사투를 벌인 승부가 바로 1주일 전에 결정됐다. 3년여를 끌며 전력을 다해 에너지를 쏟아 부은 결과는 처절한 패배였다.

LA를 가로지르는 윌셔 가, 그중에서도 코리아타운 중심가에 위치한 센트럴 플라자를 1989년에, 메트로 플렉스 오피스 빌딩을 1991년에 사들였다. 당시의 시가로는 1억6천만 달러였고, 전체 부지 규모는 140만 스퀘어피트, 하루 상주인구는 7천5백여 명에 달했다. 그리고 우리가 설립한 전문 관리업체는 운영을 잘 해서 수익률도 높았다. 하지만 1992년에 발생한 LA폭동으로 인해 코리아타운 내 빌딩의 공실률이 급격히 낮아졌다. 게다가 1994년에는 LA 근교 노스리지Northridge에서 발생한 강진으로 남가주의 부동산 시세가 사상 최저로 급락하는 상황이 벌어지고 말았다. 평상시 같았으면 아무런 문제없던 융자가 갑자기 중단되면서 자금 압박을 받기 시작했다. 위기를 넘기려고 신청한 '파산보호 신청Chapeter 11' 마저 법원에서 거부되고 말았다.

최소한의 보호막이 사라졌고, 내겐 파산선고나 다름없었다. 투자한 모든 돈을 잃었고, 부동산은 빼앗기고, 평생 쌓아 왔던 인간관계는 불신 속에 무너졌다. 마치 배가 난파되어 망망대해에 혼자만 덩그러니 남겨진 기분, 그것도 최소한의 지푸라기조차 잡을 수 없는 절박한 상황이었다.

이대로 있다가는 사고를 치겠다 싶었다. 모든 것을 팽개치고 칸쿤으로 내려온 것도 이 때문이었다. 지금 무엇을 다시 할 수 있고, 또 어떻게 살아가야 할지 막막했다. 순탄치 않았던 미국 이민 초기의 밑바닥 생활이 머릿속에 스쳐지나갔다. 구둣방 수선, 세탁소 등 허드렛일에서 벗어나 겨우 자리를 잡았고, 무역 사업을 발판으로 일어섰다. 그 후 계열사도 6~7개로 늘리며 탄탄대로를 걸었는데, 부동산 불경기의 여파와 함께 덮친 악재로 '아메리칸 드림'은

여지없이 무너지고 만 것이다.

멍하니 바다만 바라보았다. 하얀 거품이 일면서 파도가 몰려왔다.

"처~얼썩, 처~얼썩."

파도는 일정하게, 그러나 끊임없이 밀려왔다. 망망대해를 바로 보고 서 있었지만, 그 역시 내가 아니었다. 어느 순간 몸이 차갑게 느껴졌다. 밀물이 밀려오면서 목 아래로 몸 전체가 바닷물에 잠겼다. 본능적으로 몸을 일으키려는 순간 파도가 치면서 입과 코로 짠 바닷물이 밀려들었다.

"어이쿠~."

버티려는 순간 더 큰 파도가 밀려들었다. 순간 정신이 번쩍 들었다. 인생을 찢어놓으려고 달려드는 문제들도 사정없이 치고 드는 파도와 같다는 생각이 들었다. 마침표 없이 끊임없이 날 괴롭히는 그 지겨움에 몸서리가 쳐졌다.

다 포기하고 싶은 마음뿐인데, 저 멀리서 웃음소리가 희미하게 들려왔다. 한 무리의 젊은이들이 해변에 모여앉아 친구의 서핑 Surfing 연습을 쳐다보며 깔깔대는 것이었다. 내 귀에는 그들의 웃음소리가 거센 파도에 맞서 힘없이 쓰러지면서도 포기하지 않고 다시 서핑 보드에 올라서려는 친구에게 보내는 격려의 소리처럼 들렸다. 1시간 이상 파도에 부딪혀 계속해서 고꾸라지던 그 친구는 끝내 파도에 올라탔다. 하지만 그것도 한순간, 10여 미터를 나가는가 싶더니 다시 파도에 휘말리고 말았다. 이젠 끝이구나 싶었

　　　　　　　　　　　　　　　　　　　　액션 테이커

는데, 그 친구는 다시 서핑 보드에 몸을 맡겼다.

순간 정신이 번쩍 들었다.

'어쩌면 인생의 역경은 저 파도처럼 끝없이 밀려오는 게 아닐까?'

비즈니스야말로 치열한 전쟁터가 아닌가. 경쟁사들과의 피 말리는 싸움 끝에 승리하여 한숨을 돌릴까 싶으면 돈 문제가 발목을 잡고, 겨우 재정 문제를 해결하고 나면 사람 문제가, 사람 문제를 해결하고 나면 파트너들과의 분쟁이 기다리는 등 마치 끝없이 삼키려고 달려드는 파도와 다를 바가 없다.

파도에 밀려 쓰러지면서도 포기하지 않고 다시 올라서는 그 청년의 모습에서 파도는 지겹고 힘든 원망의 대상이 아니라 또 다른 기회를 가져다주는 '축복'임을 깨닫게 된 것이다.

그해 여름으로부터 15년이 흘렀다. 실패한 인생으로 마감할 뻔했던 나는 그 이후 몇 개 회사를 설립해 성공적으로 경영하다가 매각했고, 지금은 시애틀에 있는 유니은행 금융지주 회사의 회장으로 활동하며 인생 3막을 열어 가고 있다.

이 책은 아주 대단한 일을 해냈거나 내세울 만한 업적을 가진 사람에 대한 이야기가 아니다. 그러나 빈곤과 역경 속에서 좌절하지 않고 뚜벅 걸음으로 걸어온 한 남자의 이야기가 담겨 있다. 내 인생 이야기를 고희古稀를 바라보는 나이에 조심스레 전하는 것은 시련과 어려움에 처한 대한민국의 청춘들과 낯선 이민 환경에서 자신만의 도전을 펼쳐 가고 있는 모든 이들에게 희망과 용기를 불어넣는 작은 불쏘시개가 되었으면 하는 마음에서다.

한 가지 더. 자신의 인생은 다른 누군가가 아닌 (이 책을 읽고 있는) 당신의 어깨에 달려 있음을 잊지 말기 바란다. 만약 당신이 고난의 바다에 빠졌다면 파도를 무서워하지 말고 그 파도에 올라타 멋지게 타보라. 사방이 막혀 있다면 그 벽을 바라보지 말고 탁 트인 하늘을 바라보자. 그리고 그곳을 향해 뛰어올라 보자. 거기엔 당신과 함께 나아갈 도전이 있고, 당신이 그토록 바라는 성취의 기쁨이 있다.

마지막으로 이 책의 원고를 완성하기 위해 8개월 간에 걸쳐 구술 내용과 현장 동행 취재를 글로 옮겨 준 LA중앙일보 최상태 기자에게 감사를 드린다. 롤러코스터 같았던 인생 길에서 기쁠 때나 힘들 때나 평생을 한결같이 동행해 준 아내 득희의 사랑과 인내와 내조가 없었더라면 나에게 오늘은 없었을 것이다. 사업이 바쁘다는 핑계로 많은 시간을 함께 보내지 못했던 아빠를 이해하고 잘 자라 준 딸 은록과 은미에게 사랑을 전한다.

이 책을 읽는 모든 독자들이 '액션 테이커 Action Taker'가 되어 성공적인 인생을 누리기 바라며…….

유니뱅크 금융지주 회사 회장 장정헌

ACTION TAKER

1부

사방이 갈 곳 없는
벽이라면

ACTION TAKER

하늘이 무너진다면 이런 심정일까?

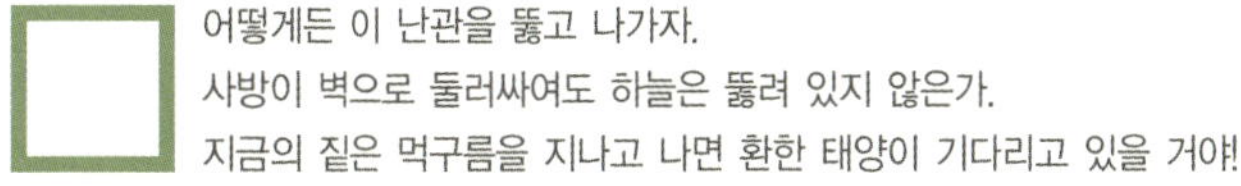

아침 신문을 집어든 내 손이 나도 모르게 떨려 왔다.

"아니 이럴 수가!"

입에서 나도 모르게 신음소리가 새어 나왔다.

LA에서 발행된 한인 신문 1면에 내가 모신 한국 본사 회장님이 검찰로 압송되는 사진이 실렸다. '혐의는 탈세'라는 헤드라인이 검은 바탕에 찍혀 있었다. (그 후 회장님은 무혐의 처분을 받고 풀려나셨다.)

당시 비상용으로 설치해 둔 국제전화와 텔렉스를 이용해 한국 본사와 연락을 취했지만, 그 누구로부터도 소식을 들을 수 없었다. 순간 불안감이 엄습했다. 1970년대 초만 하더라도 그룹 회장이 구속되면 신용도가 추락해 회사가 망하는 것은 시간문제였기 때문이다. 그로부터 며칠이 지나서 본사 직원들과 연락을 시도한 끝에 회사가 법정관리에 들어갔다는 소식을 들었다. 혹시나 하는 실낱같은 희망을 걸고 있었지만 회사는 부도 처리가 되었고, 나는 그 사실을 담담하게 받아들여야 했다.

배가 난파되어 망망대해에 홀로 떨어진 느낌, 차디찬 바닷물 위로 뗏목을 타고 방향도 없이 이리저리 떠다니는 느낌이 이런 것일까? 미국에 온지 2년 만에 오도 가도 못하는 신세가 되고 만 것이다.

사무실에서 짐을 챙겨 집으로 돌아오던 날, 막막함이 물밀듯이 밀려왔다. 업 친데 덮친 격이랄까. 한국에서 송금해 주던 월급도 그달부터 딱 끊기고 말았다. 막막한 이역만리 미국에서 아내와 두 딸을 데리고 생존해야 하는 처절한 전쟁을 알리는 서막이었다. 그 당시 서울 본사에서 송금해 주던 650달러는 비록 많지 않은 월급 이었지만, 우리 네 가족이 생활하는 데는 큰 불편함이 없었다. 하지만 당장 다음 달 방세가 문제였다.

그야말로 진퇴양난이었다. 한국으로 다시 들어갈 수 있는 상황도 아니었다. 집에는 결혼하자마자 함께 미국으로 건너온 아내와 아직 우유를 보채는 두 살, 세 살 된 딸 둘이 있었다. 나도 아내도 한국에서 대학을 졸업하자마자 바로 직장 생활을 시작해서 특별한 기술이 있는 것도 아니었다. 그렇다고 미국 회사에 취업할 수 있을 정도로 영어 실력이 뛰어난 것도 아니었다.

　　　　　　　　　　　　　　　　

"여보, 이젠 어떡하죠?"

아무리 큰일이라도 여장부처럼 담담하게 대하던 아내도 이번만큼은 걱정이 되는지 근심어린 표정으로 물었다.

"글쎄, 어떻게든 살 길을 찾아야지. 나는 내일부터 일자리 몇 군데를 알아봐야 할 것 같아."

아내에게는 애써 태연한 척 말했지만, 벼랑 끝에 선 느낌이었다. 지금처럼 전화 한 통이나 인터넷으로 한국과 바로 연락할 수 있는 시대가 아닌 1970년대의 미국은 그야말로 이역만리 외국 나라였다.

그날부터 신문을 뒤적이며 구인란을 훑어보기 시작했다. 몇 시간째 전화통을 붙잡고 통화를 한 뒤에야 겨우 몇 군데에서 인터뷰 날짜를 잡을 수 있었다. 수영장 청소는 돈 없이 시작할 수 있는 몇 안 되는 직업 중에 하나였다. 아내는 텔렉스 키펀치 기술을 배우는 직업 훈련소에 등록했다. 그 후 3개월 속성 과정을 수료한 아내는 방위산업체인 '휴즈 에어크래프트' 사의 야간 근무 직원으로 취업했다.

아내와 맞벌이를 시작하면서 생활 전쟁이 시작됐다. 나는 오전 8시부터 오후 6시까지 막노동을 찾아 닥치는 대로 일했고, 아내는 오후 8시부터 새벽 2시까지 야간 일을 했다. 차가 한 대여서 아내의 출퇴근을 내가 책임져야 했다. 지금이나 예전이나 LA는 대중교통이 발달되어 있지 않아서 자기 차가 없으면 일을 할 수가 없었다. 그렇다고 차를 한 대 더 구입하기엔 살림이 벅찼다.

퇴근하자마자 집에 가서 아내를 태워 직장에 데려다 주고 집에 오면, 아이들에게 저녁밥을 챙겨 주고 씻겨서 재웠다. 그러고 나서 잠시 눈을 붙였다가 새벽 1시에 일어나서 아내를 데리러 가야 했다. 낮에 하는 일도 육체노동이라서 힘에 부친 나는 머리만 대면 잠이 쏟아졌다. 그렇다고 잠시 방심했다가는 아내가 기다려야 하기 때문에 마음 놓고 잘 수도 없었다.

이런 생활을 몇 개월 반복하다 보니 우리 삶은 윤활유 없는 톱니바퀴 마냥 팍팍해졌다. 나는 밥도 제대로 챙겨 먹지 못했고, 늘 수면 부족에 시달렸다. 아내는 아내대로 살림하랴 직장 생활하랴 두 배로 힘들었다. 더구나 직장 생활이 처음이라서 스트레스를 많이 받았다. 영어 실력이 부족한데다 속성으로 배운 키펀치가 익숙지 않아서 실수가 잦았고, 때로는 상사로부터 질책을 받기도 했다. 하지만 아내는 그런 내색을 전혀 하지 않고 꿋꿋하게 견뎌 나갔다.

그러던 어느 날, 집안 꼴이 형편없고 내 얼굴도 푸석해지자 아내는 3개월 만에 회사를 그만두었다. 다시 먹고 사는 문제를 해결해야 했다.

나는 세상이 모두 잠든 밤이 되면 조용히 앉아서 사색하는 것을 좋아한다. 며칠이고 계속해서 생각하다 보면 반드시 문제가 풀리

     액션 테이커

는 상황을 여러 차례 경험했기 때문이었다. 우선 몇 가지 방안을 간추려 보았다.

'한국으로 돌아갈까?'

우선 한국으로 돌아가는 방안을 생각해 보았다. 그럴 경우 한국에서의 상황이 미국보다 더 열악할 것이라는 생각이 들었다. 직장을 새로 구해야 했고, 본가의 가정 형편이 어려워서 도움을 기대할 수 있는 처지도 아니었다. 게다가 아내 역시 결혼 1주일 만에 장인, 장모가 교통사고로 돌아가셨기 때문에 한국에 연고가 없었다. 이런 사정을 고려하면, 고생을 해도 미국에서 해야 되겠다는 판단이 들었다.

'그렇다면 미국에서 뭘 해서 먹고 살아야 할까?'

그동안 쌓아 왔던 내 직장 경험은 무용지물이 되었다. 자본도 없는데다 영어 실력은 부족했고, 미국에는 아는 친구들도 없었다. 2~3년간 일하면서 관계를 맺었던 미국 회사 인맥은 본사의 부도로 모두 쓸모없게 되고 말았다. '이대론 안 되겠다' 싶어 무조건 밖으로 일을 찾으러 나갔다. 돈이 들지 않으면서 영어를 하지 못해도 할 수 있는 일을 찾아 수영장 청소, 페인트 칠 등 닥치는 대로 일감을 찾으러 다녔다. 그렇게 해도 생활이 쪼들릴 만큼 벌이는 신통치 않았다. 어쨌든 가장으로서 집안을 이끌고 나가야 한다는 책임감이 약간은 소심한 성격의 내게 용기를 불어넣곤 했다.

그러던 와중에 코스타 메사에 있는 일본계 식품 회사에서 경리

일을 하게 되었다. 그리고 주말에는 정원용 나무와 비료를 파는 화원에서도 일했다. 주말에 하루 종일 일한 대가는 고작 20달러였지만, 1주일 식료품을 해결할 수 있는 소중한 돈이었다.

주중에는 경리 일을 맡아서 하다가 주말이면 화원으로 출근했다. 화원에서 내가 맡은 일은 손님이 비료를 사면 가게에서 주차장까지 옮겨 주거나 나무에 물을 주는 육체노동이었다. 뙤약볕 아래서 작은 체구로 비료를 옮기려니 며칠 만에 허리가 결렸다. 비료를 나르고 나무에 물을 주는 단순 반복 작업이 고문을 받는 것처럼 힘들게 느껴졌다. 지금까지 기획과 자금 관리, 마케팅 전략 등 사무적인 일만 해 와서 그런지 내겐 너무 낯선 일이었다. 손은 부르텄고, 발에는 물집이 잡혔다.

"형님, 제가 할게요. 주세요."

고개를 돌려 보니 한국인이었다. 태권도 사범 출신인 '임문규'라는 이름의 건장한 청년이었다. 그는 내가 운반해야 할 비료 포대를 어깨에 걸머지고 덥석 손님을 따라나섰다. 그는 힘든 일은 자신이 할 테니까 나더러 쉬운 일을 하라고 말해 주었다. 서글서글하고 활달한 성격의 문규는 나를 형님으로 부르며 힘든 일을 도맡아 했다.

유난히 덩치가 작은 내게 비료 포대를 들고 주차장까지 가는 일은 보통 일이 아니었다. 하지만 체격이 좋은 문규는 어깨에 두세 포대를 얹고도 전혀 힘들어하지 않았다. 이런 그가 나를 도와주겠

 액션 테이커

다니 천군만마를 얻은 것처럼 고마웠다.

임문규는 한국에서 명문대 체육학과를 졸업한 후 프랑스에 태권도 교관으로 파견된 엘리트 사범이었다. 파견 근무가 끝나고 한국으로 복귀하던 중 미국에 여행 삼아 들렀다가 눌러앉게 되었다고 했다. 그러다 교회에서 만난 여성과 결혼하게 됐는데, 여자 쪽 집안의 반대가 심했다고 한다. 미국에서 지극 정성으로 키운 딸이 영어도 제대로 못하는 태권도 사범과 결혼하겠다고 하니, 부모로서도 쉽게 허락할 수 없었을 것이다. 그런 우여곡절 끝에 결혼에 골인을 했지만, 넉넉하게 살던 처가의 신세를 안 지려고 주말이면 화원에 나와 막노동을 할 정도로 독립심이 강한 청년이었다.

나는 문규의 고민을 들어주며 인생을 좀 더 살아 본 형으로서 이런저런 조언을 해 주었다. 운동을 했고, 한국에서도 엘리트 코스를 밟아 온 그가 미국이라는 낯선 땅에서 밑바닥 인생을 받아들인다는 게 쉽지가 않았다. 그가 처가와의 불화로 몇 번이나 한국으로 돌아가려고 했을 때, 그를 설득해서 눌러 앉히기도 했다. 어려운 상황에서 만난 만큼 그와 나는 정신적으로 서로 의지하며 힘이 되어 주려고 노력했다.

주말까지 포기하면서 맞벌이를 했지만, 생활이 나아지려는 징조는 전혀 보이지 않았다. 시간당 최저임금을 받는 육체노동을 했던 탓에 방세를 내고 나면 겨우 입에 풀칠할 정도의 수입이 전부였다. 한번은 딸아이가 고열로 쓰러져 누워 있어도 병원비를 마련하지 못해 병원에 갈 수가 없었다. 찬물로 연신 딸아이의 몸을 닦으면서 열이 내리기를 간절히 기도했다. 이런 상황에서도 우리 부부는 이를 악물고 견뎌냈다. '언젠가는 좋아지겠지!' 라는 희망 섞인 말로 스스로를 위로하면서 말이다.

인생에서 장애물을 만나면 포기하기는 쉽다. 한두 번 해보다가 안 된다고 머리를 절레절레 흔드는 것이 보통 사람들 아니던가. 나 역시 평범한 사람인지라 고통스러운 현실 앞에서 흔들릴 수밖에 없었다. 그 당시에는 헤쳐 나갈 길이 전혀 보이지 않았다.

'내 인생은 왜 이리도 복이 없는 걸까?' 라는 생각이 들었다. 어려서는 어머니를 잃고 재혼한 아버지와 떨어져서 고아처럼 지냈다. 성인이 돼서는 어렵게 결혼해 장인 장모의 사랑을 받는가 싶었는데, 결혼식 후 1주일 만에 두 분이 교통사고로 돌아가시면서 그토록 원했던 사위 사랑을 미처 느껴 볼 틈도 없었다. 그리고 죽을 각오로 열심히 일해서 미국 지사장으로 발령을 받았는데, 미국에 오자마자 본사의 부도로 이역만리 낯선 땅에 내던져진 것이다. 이런 인생이 살 만한 가치가 있을까 싶었다.

문득 대학 시절에 읽었던 햄릿의 대사가 떠올랐다.

칼 한 자루로 자기 목숨을 끊을 수만 있다면 그 누가 이 시대의
채찍과 조롱, 억압자의 불의, 교만한 자의 경멸, 배신당한 사랑
의 아픔, 법률의 지연, 공무원의 무례, 그리고 엉터리들에게 당
하는 인내자의 핍박을 참고 살아가리.

―「햄릿」 3막 1장

하지만 이제 막 걸음마를 시작한 둘째 딸을 생각하니 이대로 주
저앉을 수가 없었다. 마음을 고쳐먹기로 했다. 포기하지 않고 계
속하기는 어렵지만, 포기는 언제든지 할 수 있지 않은가. 도전해
보다가 정 안 되면 그때 가서 포기해도 되지 않을까 싶었다. 결코
포기하지 않겠다고 굳게 마음먹었지만, 때로는 죽음을 유혹하는
그림자가 내 앞에 길게 드리워지기도 했다. 그렇다 해도 내겐 단
한 가지 생각뿐이었다.

'어떻게든 이 난관을 뚫고 나가자. 사방이 벽으로 둘러싸여도
하늘은 뚫려 있지 않은가. 지금의 짙은 먹구름을 지나고 나면 환
한 태양이 기다리고 있겠지.'

지나고 보니 극심한 가난과 결핍은 오히려 한 개인이 평범한 삶
에서 도약할 수 있는 원동력이 된다는 것을 알게 됐다. 적어도 내
게는 말이다.

마더스데이의 꽃 한 다발이 만든 기적

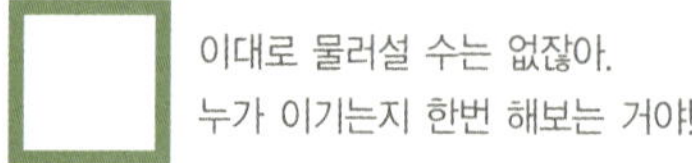

당장 다음 달 방세를 마련하는 일이 가장 큰 문제였다. 당시 내가 살고 있던 아파트는 할리우드에 위치한 방 한 칸짜리 작은 아파트였지만, 비교적 깨끗하고 주변 환경도 괜찮은 곳이었다. 하지만 실직한 상황에서 지금의 방세를 감당하기에는 너무 벅찼다. 결국 더 싼 집을 알아보기로 했다.

할리우드 지역에서 더 싼 집을 찾는다는 건 거의 불가능했다. 따라서 이곳을 벗어나 동쪽으로 가거나 남쪽으로 가야 했다. 방세가 가장 싼 지역은 흑인들이 많이 살고 있는 사우스 LA 쪽이었지만, 그곳은 정말 위험했다. 매일 밤마다 마약상이 활개를 치고, 며칠 걸러 한 번씩 총기 사고가 일어나는 곳이었다. 나는 틈나는 대로 위험하지 않으면서 방세가 싼 곳을 찾아 돌아다녔다.

어떻게든 남쪽으로 가지 않고 구할 수 있는 방법을 찾기 위해 동분서주한 결과, 마침내 저소득층 가정과 노인들을 위해 지어진 아파트가 있다는 것을 알게 되었다. 아파트가 상당히 깨끗하고, 방세도 시세의 절반 이하일 정도로 저렴했다. 그렇다 보니 입주가 문제였는데, 예나 지금이나 하늘의 별따기라 할 만큼 어려웠다. 신청해 놓은 대기자들이 너무 많아서 신청을 하더라도 4~5년은 기본이고, 길게는 10년을 기다려도 입주한다는 보장이 없었다. 그런 까닭에 내가 저소득층 아파트에 신청하겠다고 하자 주변 사람들 모두가 어려울 것이라고 한 마디씩 거들었다.

"괜히 시간만 뺏겨. 신청해 놓고 섣부르게 희망을 갖는 것보다는 일찌감치 다른 곳을 알아보는 게 좋겠네."

남의 말을 듣고 그냥 포기하기는 싫었다. 무엇보다도 저소득층 아파트를 놓치게 되면, 주변 환경이 열악한 지역으로 갈 수밖에 없는 상황이었다. 그렇다고 마냥 기다리기에는 내 처지가 너무 급박했다. 가계 지출 비용에서 방세가 차지하는 비중이 워낙 높다 보니 생활은 갈수록 쪼들리고 있었다.

이곳저곳 수소문한 끝에 USC_{University of Southern California} 인근에 있는 저소득층 아파트를 알게 되었는데, 신축한지 얼마 되지 않은 대규모 복합 단지여서 인기가 높았다. 입주 신청서를 내기로 마음먹고 아파트 매니저가 거주하는 곳을 찾아가 노크하자 "기다려요!"라는 말이 들려왔다. 잠시 후 독일계로 보이는 할머니가 잠금 장치를 풀지 않은 채 살짝 열린 문으로 내 얼굴을 보고는 위아래로 훑어보더니 말했다.

"무슨 일이죠?"

"아파트 입주 신청을 하려고요."

"여기는 이미 몇 년간 입주 신청이 밀려 있어서 추가로 받지 않아요."

할머니는 귀찮다는 듯이 퉁명스럽게 대답했다.

"그렇지만, 일단 신청서라도……."

내 말이 끝나기도 전에 반쯤 열린 문이 '쾅' 하고 닫혔다.

"헬로우, 헬로우~"

몇 번을 불렀지만 대답이 없었다. 실망감을 안은 채 발길을 돌리는데, 문득 이런 생각이 들었다.

'그럼 그렇지. 나한테 돌아올 거면 누군가가 벌써 신청했겠지!'

미국 사람, 그중에서도 독일계 후손들은 빈틈없이 정확한 사람들이다. 이 말을 달리 표현하자면, 예외를 두지 않고 원리원칙에 따라 살아간다는 말이다. 일에 있어서도 마찬가지다. 한국 사람들처럼 정에 따라 편의를 봐 준다거나 규정을 바꾸지 않는다는 것을 짧은 미국 생활에서 알게 되었다.

'그건 그렇다 치고, 왜 신청서조차 낼 수 없는 거지? 내가 아시아인이라고 무시하는 거 아냐!'

　　　　　　　　　　　　　　　　　　　　　액션 테이커

순간 가슴이 벌렁거렸다. 그렇지 않아도 살 길을 찾아 발이 부르트도록 뛰고 있는데, 아파트 입주 신청서조차 낼 수 없다면 이보다 더 억울한 게 어디 있단 말인가? 사실 할머니 매니저가 신청서를 받고 나서 연락을 주지 않았더라면 그냥 '안 되나 보다!' 생각하고 잊어버렸을 것이다. 그런데 이렇게 무시당했다는 생각이 들고 보니 어떻게든 신청서를 내고 말겠다는 오기가 생겼다.

그 다음 주에 다시 아파트 매니저를 찾아갔다. 초인종을 누르자 할머니가 문을 열려다 내 모습을 확인하고는 곧바로 문을 닫으려고 했다.

"할머니, 잠깐만요. 입주 신청서를 내려고 왔어요."

"지금 받아 놓은 신청서만 해도 수천 장이라니까!"

'쾅' 하는 소리와 함께 문이 닫혔다.

잠시 적막이 흘렀고, 하는 수 없이 다시 발길을 돌려야 했다. 맥이 탁 풀렸다. 하지만 그 할머니가 과소평가한 게 하나 있다. 막다른 길에 선 한국 이민자의 근성 말이다. 나는 그날 이후 매주 금요일마다 아파트 매니저의 집을 방문했다. 내가 초인종을 누르면 할머니 매니저는 아예 문을 열지도 않았고, 출입문에 달린 조그만 창을 통해 슬쩍 보고는 안으로 들어가 버렸다.

그렇지만 나는 자나 깨나 그 아파트를 생각했다. '깨끗하고 방세가 싼 이 아파트에서 살 수 있다면 얼마나 좋을까!' 고생하는 아내에게도 나름 면목이 설 것 같았다. 하지만 줄기찬 방문에도 아무런 소득을 얻지 못한 나는 조금씩 지쳐 갔다. 그러던 어느 날, 여느 때와 마찬가지로 버스를 타고 매니저 할머니를 찾아가는 길이었다. 차창 밖으로 입구에 꽃다발을 가득 쌓아 둔 꽃집을 지나치게 되었다. 'Happy Mother' s Day' 라는 플래카드가 내걸린 것을 보니 오늘이 바로 어머니날이었다. 어릴 적에 돌아가신 어머니 생각에 마음이 울컥해졌다. 그 순간 머릿속에 한 가지 생각이 떠올랐다.

막 정류장을 출발하려는 버스 기사에게 세워 달라고 소리치고는 재빨리 버스에서 내렸다. 그러고는 곧장 꽃집으로 들어갔다. 지갑에 있던 현금을 모두 꺼내 장미꽃 한 다발을 샀다. 그 당시의 5달러는 몇 끼 식사를 해결할 수 있는 거금이었다.

매니저 할머니 집에 도착하자마자 초인종을 눌렀다.

"딩동, 딩동~"

보통 때처럼 출입문에 달린 작은 창이 열렸다. 방문객을 확인하는 창이 닫히려다 갑자기 멈췄다. 장미 꽃다발 때문에 내 모습이 잘 보이지 않았던 것일까? 굳게 닫혔던 출입문이 열렸다.

"무슨 일이죠? 누구죠?"라고 묻던 매니저 할머니가 나를 보고는 멈칫했다.

"해피 마더스데이. 이 꽃 받으세요."

순간 정적이 흘렀고, 할머니는 할 말을 잊은 채 당황스러움과 미안함이 교차하는 듯 어색한 표정을 지었다. 할머니는 집안을 향

   액션 테이커

해 큰 소리로 외쳤다.

"영감, 잠시 나와 보구려."

밖으로 나온 할아버지는 장대한 풍모를 지닌 독일계 출신이었다.

"자네인가? 안으로 들어오게."

눈치를 보아하니 이미 나에 대해 잘 알고 있는 듯 했다. 할아버지는 만류하는 내 손을 붙잡고 안으로 들어갔다. 할머니는 건물 관리 매니저로 30년 이상 일해 왔고, 2차 대전에 참전한 퇴역 군인 출신의 할아버지는 아파트 내의 각종 수리를 담당해 왔다고 했다.

"여러 번 왔다갔다는 얘기는 들었네. 그런데 오늘은 웬일로 이렇게 꽃다발까지."

"지나는 길에 꽃을 보게 됐어요. 마침 오늘이 어머니날이기도 하고요."

"어디서 왔는가?"

"한국에서 왔습니다."

갑자기 할아버지가 놀란 표정을 지으며 물었다.

"사우스 코리아 말인가?"

"그렇습니다."

"오, 그렇군! 나는 한국전쟁이 발발하자 곧바로 파병되었지. 낙동강 전선을 사수하던 미 육군 소속이었다네. 그 당시 중공군과 대치하는 상황에서 총탄이 비 오듯이 쏟아졌지. 지금도 그때의 기

억이 생생하다네. 마치 캄캄한 밤하늘에 성탄절 전등을 수놓은 것
처럼 말이네."

　한국에서 왔다는 내 대답이 떨어지기가 무섭게 그는 마치 한국
전쟁 때 잃어버렸던 막내아들이라도 찾은 것처럼 나를 친근하게
대했다. 그러고 나서 그는 수십 년 전 기억 속으로 사라졌던 전쟁
터의 참혹한 광경이 눈앞에 보이는 것처럼 말했다. 한참 동안 전쟁
이야기를 하던 할아버지가 의자에서 일어나 방으로 들어가더니 빛
바랜 낡은 앨범 몇 권을 가지고 나왔다. 오랜만에 집에 사람이 온
듯했다. 사람이 그리워서 뭐라도 얘기하고 싶어 하는 눈치였다. 자
식들이 있었지만, 거의 교류가 없는 듯 했다. 하긴 자식들이 있더
라도 1년에 한두 번 찾을까 말까 하는 게 미국의 현실이니까.

　할아버지는 앨범을 넘기면서 사진 설명을 곁들였다.

　"이건 내가 태어난 동네 사진인데 말이야. 이 분이 아버지고, 옆
에 계신 분이 어머니일세."

　할아버지의 설명은 계속 이어졌다. 그렇게 30여 분이 흘렀을
까? 초, 중, 고교를 지나 대학 사진을 한참 본 뒤에야 한국전쟁 참
전 시절의 사진이 등장했다. 빛바랜 흑백 사진을 보자 묘한 감정
이 들었다. 내 나이 여덟 살 때 겪었던 6.25전쟁의 기억이 어렴풋
이 떠올랐고, 만약 그때 '미군과 유엔군의 도움이 없었더라면 지
금의 내가 이 자리에 있을 수 있을까?' 라는 생각이 들었다.

　할아버지, 할머니는 내게 사진을 보여주고 설명하느라 신이 났

　　　　　　　　　　　　　　　　　　액션 테이커

다. 내 머릿속 한쪽에서는 아파트 이야기를 꺼낼 것인가 말 것인가를 놓고 생각이 꼬리를 물고 생겨났다. 얼마 뒤면 다른 집으로 옮겨야 하는데, 살 집을 구하지 못해 발을 동동 구르고 있을 아내와 아이들 모습이 끊임없이 떠올랐다.

1시간이 넘도록 사진을 보는 것은 거의 고문에 가까웠다. 이 세상에서 가장 곤욕스러운 것이 나와 관계없는 사람의 사진첩을 들여다보는 것이라는 사실을 이때 처음으로 알게 되었다. 그로부터 또 얼마간의 시간이 흐른 후 창가로 어둠이 찾아들 무렵 마침내 앨범의 마지막 장이 닫혔다. 할아버지는 매우 만족스러운 표정을 지어보였다. 그러고 나서 할아버지는 내가 가장 듣고 싶어 했던 질문을 던졌다.

"미스터 장, 뭐 필요한 게 없는가?"

나도 모르게 두 손에 힘이 들어갔다. 하고 싶은 말을 지금까지 꾹 참고 있었으니 말이다.

"있고말고요. 지금 당장 아파트가 필요합니다!"라는 말을 할 수 있는 절호의 찬스가 온 것이다. 짧은 순간이었지만 내 머릿속은 바쁘게 움직이기 시작했다.

'혹시라도 지금 당장 입주할 수 있는 아파트가 있나요?'

'입주하려면 몇 년을 기다려야 하죠?'

'대기 시간을 좀 더 앞당길 수는 없을까요?'

이런 질문들이 목구멍까지 올라왔지만, 내가 이 말을 꺼내는 순간 오늘 이 분들에게 순수한 의도로 꽃을 드리려던 취지가 한순간에 손상될 것이라는 생각이 들었다.

"없습니다. 오늘은 지나가다 어머니날이라서 꽃을 사드리고 싶었습니다. 나중에 입주 신청서 한 장 받으러 오겠습니다."

이 말을 하곤 자리에서 벌떡 일어났다. 그 순간 할아버지가 급하게 소리쳤다.

"왜 이렇게 서두르나. 잠시 자리에 앉아보게. 오늘 온 김에 신청하고 가게. 어서 앉게나."

나는 비록 임대 아파트를 구하는 중이었지만 구걸하고 싶지는 않았다. 아무런 대가없이 꽃을 사오고, 몇 시간에 걸쳐 사진 이야기를 들어주었으면 응당 아파트 입주를 부탁해 오리라는 할아버지의 예상을 여지없이 깨버린 것이다. 다급해진 쪽은 오히려 할아버지였다.

할아버지가 안으로 들어가더니 입주 신청서를 가지고 나왔다. 그러고는 책상에 앉더니 필요한 방 숫자와 급여, 가족관계 등을 물으며 직접 신청서를 작성하기 시작했다. 서류 작성을 끝낸 할아버지가 내게 디파짓deposit할 비용이 있는지를 물었다. 비용은 20달러라고 했다. 그런데 전 재산을 털어 꽃을 사왔던 터라 돈이 없었다. 머뭇거리는 내 모습을 보고 사정을 짐작했는지 할아버지가 자기 지갑에서 20달러를 꺼내 신청서와 함께 첨부했다.

"이건 내가 미리 낼 테니까 다음에 와서 함께 아파트를 둘러보도록 하세. 방은 몇 개짜리를 원하는가?"

나는 잠시 머뭇거리다가 대답했다.

"두 개의 베드룸이면 됩니다. 특별히 원하는 스타일은 없습니다."

가능하면 좋은 아파트를 얻고 싶어 전부 둘러볼 생각도 있었지만, 어떻게 보면 아파트 매니저가 가장 잘 알지 않겠는가. 그래서 섣불리 나서는 것보다는 할아버지의 재량에 맡기기로 했다. 그 다음날 아파트를 보러 오라는 연락이 왔다. 입주 신청서를 내고도 몇 년이 걸릴지 모르는데, 불과 몇 주 만에 아파트를 구할 수 있게 된 것이다.

"이쪽은 햇볕이 잘 드는 남향에다 욕실이 넓으니까 201호가 좋지 않을까?"

"영감, 아이들이 있으니까 맘껏 뛰놀 수 있는 103호가 어때요?"

할아버지와 할머니는 우리 가족에게 어떤 방이 필요한 지를 놓고 상의하고 있었다. 굳이 내가 말할 필요도 없었다. 두 군데로 압축된 방 중에서 마지막 결정만 하면 됐다. 방이 결정되자마자 주말에 곧바로 이사를 했다. 입주 신청서를 내고 나서 불과 1주일 만에 주변 환경이 쾌적하면서 방값은 절반 수준에 불과한 저소득층 아파트로 옮겨갈 수 있었다. 이삿짐 정리가 거의 마무리되던 날 할아버지 매니저가 나를 따로 불렀다.

"이곳 사람들이 얼마나 기다려서 들어왔는지 물어볼 거야. 그러면 몇 년을 기다려서 들어왔다고 하게. 입주 신청서를 내자마자

들어온 사람은 자네가 처음이라네.”

아닌 게 아니라 매니저 할아버지의 말씀처럼 미리 입주해 있던 한국인 이웃들이 우리 집에 와서 물었다.

“이렇게 좋은 아파트를 싸게 얻을 수 있는 곳은 많지 않아요. 그런데 얼마나 기다렸어요?”

어느 정도 시간이 흐르고 나서 ‘하늘의 별따기’라는 저소득층 아파트를 불과 한두 달 만에 얻게 된 사연을 이야기해 주자 모두들 놀라워했다.

이 일은 어쩌면 사소한 사건이었지만, 내게 큰 자신감을 가져다주었다. 포기하지 않고 끈질기게 시도하면 미국에서도 통한다는 일종의 확신 같은 것이었다. 그때 새로 얻은 아파트를 보고 기뻐하던 아내의 모습이 지금까지도 선명한 기억으로 남아 있다.

안될 거라고 생각하여 시작해 보지도 않고 포기했더라면, 이와 같은 결과를 얻지 못했을 것이다. 최악의 상황에서도 포기하지 않고 꽃으로 기회의 문을 두드린 것처럼, 어딘가에는 분명히 기회의 문이 존재한다. 그리고 끝까지 포기하지 않는 사람만이 기회의 문을 찾게 된다는 점을 기억해 두기 바란다.

구두 깁는 아내

아내가 이 지경이 되도록 나는 뭘 했단 말인가. 사내로 태어나 이게 무슨 노릇인가. 땅을 파고, 막일을 하더라도 더 이상 아내를 밖으로 내몰지는 말자. 이제부터는 내가 나서자. 여보, 제발 살아만다오.

아내는 다시 직장을 구했다. 부품 조립 공장에서 저녁 10시부터 아침 6시까지 근무하는 현장 근로자로 일하게 된 것이다. 한국에서는 북창동 부잣집 딸로 태어나 영문학을 전공한 재원이었지만, 미국에서는 생존을 위해 선택의 여지가 없었다.

새벽 5시 반이면 아내를 데리러 가기 위해 곤히 자는 아이들을 차에 옮겨 태우고 공장으로 가는 일이 반복되었다. 미국에서는 12세 미만의 아이들만 집에 두는 것이 법으로 금지되어 있기 때문이었다. 자칫 이웃에서 신고라도 하게 되면 부모가 구속될 정도로 엄격하게 적용된다.

"후두두둑~"

어느 날, 밤새 내리던 비가 새벽녘에 이르러 폭우로 변해 있었다. 공장 앞에서 기다리던 아내가 우리 차를 보고 반갑게 빗속을 뛰어와 차에 타려다가 멈칫하더니 비를 맞으며 서 있었다. 운전석에서 기다리던 나는 무슨 일이 있는가 싶어 차에서 내려 아내에게 다가갔다. 뒤로 돌아선 아내는 장대 같은 비를 맞으며 오열하고 있었다. 승용차 뒷좌석에 이리저리 누워 정신없이 자는 어린 두 딸을 보는 순간 서러움이 복받친 것이다. 울음이라기보다는 비명에 가까울 정도로 가슴에서 쏟아져 나오는 소리였다. 집으로 오는 차 안에서 우리는 서로 아무 말이 없었다. 언제까지 이렇게 희망 없는 삶을 계속해야 하는지 답답해 미칠 지경이었다.

그로부터 며칠이 지난 후 아내가 굳은 표정으로 말했다.

"여보, 내게 3천 달러만 구해 주세요."

아내는 내게 이유를 묻지 말고 3천 달러를 구해 달라고 했다. 어렵게 돈을 구해 주었는데, 그 날 이후로 아내는 매일 밤 10시가 넘어서야 집에 들어왔다. 나중에 안 사실이지만, 아내는 조그만 구두 수선 가게를 구입해서 일을 배우고 있었다. 구두 수선 가게는 우리가 살고 있는 어바인에서 40분 정도 떨어진 라하브라La Habra에 있었다.

아내가 구두 수선 가게를 시작하면서 살림살이가 조금씩 나아졌다. 하지만 남자들도 쉽지 않은 구두 수선 일을 여자가 한다는 생각에 마음이 아파 왔다. 가끔씩 잠든 아내의 손을 볼 때면 굳은살이 박혀 있었고, 구두약 때문인지 피부가 점점 더 거칠어졌다.

  액션 테이커

어느 순간부터는 내 마음 한 구석에 왠지 모를 불안감이 자리 잡기 시작했다.

하루는 아내가 일을 마치고 올 시간이 지났는데 오지 않았다. 불안한 마음에 급히 차를 급히 몰아 가게에 가 보니 문이 열려 있었고, 가게 문 앞에는 다량의 핏자국이 남아 있었다. 그런데 아내가 보이지 않았다. 순간 불안감이 밀려오면서 앞이 캄캄해졌다. 정신을 차리고 가게 옆 제과점에 가서 물어보니 아내가 구급차에 실려 갔다고 말해 주었다. 미친 듯이 차를 몰아 병원에 도착해 보니 아내는 의식을 잃은 채 병원 침대에 누워 있었다.

나중에 자초지종을 알아보니 아내가 구두 수선을 하다가 연장에 찔리는 사고가 일어났다고 했다. 가게가 원유 생산 지역에 위치해 있어서 군화 같은 작업용 신발을 수선하는 경우가 많았다. 밑창을 갈 때는 구두를 가슴에 안고 왼손으로는 구두를 잡고, 오른손에 쥔 날카로운 칼로 밑창을 뜯어내야 하는데, 실수로 칼이 왼손에 깊숙이 박혔던 것이다. 그런데도 아내는 병원에 가지 않은 채 철철 흐르는 피를 붕대로 동여매고 수선을 계속했다고 한다. 수선을 맡긴 손님이 찾으러 오는 시간에 맞추려고 그랬을 것이다. 하지만 응급 처치가 제대로 안 된 상처에서는 계속 피가 흘러나왔고, 수선이 끝날 즈음 의식이 몽롱해지자 이대로 안 되겠다 싶어 도움을 청하기 위해 가게 밖으로 나오는 순간 의식을 잃었다고 한다. 생각보다 너무 많은 피를 흘렸던 것이다.

병원에 누워 있는 아내를 물끄러미 쳐다보면서 나 자신을 한없이 자책했다. 이 지경이 되도록 아내를 사지로 내몬 남편이란 작자가 바로 나라는 사실이 너무 한심하게 느껴졌다. 병원에서 긴급수혈을 하는 등 필요한 조치를 취했지만, 이틀이 지나도록 아내는 여전히 의식불명이었다.

"여보, 이대로 죽으면 안 돼! 죽으면 안 돼!"

아내의 까칠해진 손을 잡고 이 말을 내뱉자 나도 모르게 눈물이 쏟아졌다. 주변의 시선도 의식하지 않은 채 얼마나 많이 울었는지 모른다. 태어나서 이렇게 많이 울어본 것은 처음이었다.

'아내가 이 지경이 되도록 나는 뭘 했나. 사내로 태어나 이게 무슨 노릇인가. 땅을 파고, 막일을 하더라도 더 이상 아내를 밖으로 내몰지는 말자. 이제부터는 내가 나서자. 여보, 제발 살아만다오.'

나는 아내의 병상 곁에서 며칠 밤을 꼬박 새면서 굳게 결심했다. 그리고 한국과 미국에서의 짧은 직장 생활을 제외하고는 사업 비슷한 것조차 해 본 적이 없었지만, 어떻게든 사업을 시작해서 집안을 일으켜야겠다는 마음으로 간절히 기도했다. 간절한 호소가 신에게 닿았던 것일까? 아내가 눈을 떴다.

"여보, 여기가 어디에요?"

아내의 그 첫마디에 눈물이 핑 돌았다. 병상에 앉아 아내의 손을 잡고 한참을 그대로 있었다. 블라인드가 쳐진 병실 창가에는 햇살이 잦아들고 있었다.

시애틀에서 아메리칸 드림을 꿈꾸다

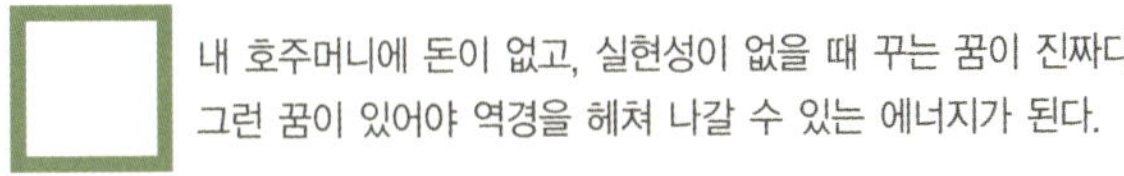

미국에 올 때만 해도 우리 가정이 이렇게 밑바닥으로 떨어질 줄은 전혀 예상하지 못했다. 경리과장 출신의 나는 막일로 전전하고, 유복한 가정에서 자란 아내는 구두 수선공으로 일하게 되었으니 말이다.

나는 동화기업에 입사하고 나서 20대 후반에 경리과장으로 승진했다. 40대가 되어야 승진 후보에 오르내리는 자리를 10년이나 일찍 진급한 것이다. 그 당시 공석이었던 경리과장을 대신해 회사 전체 재무 시스템을 개선하여 업적을 인정받은 덕분이었다. 그 후로도 승승장구하던 나는 미국 지사장으로 발령을 받으면서 회사 경력에 최고 방점을 찍는 중이었다. 원목을 수입해야 하는 우리 회사의 입장에서 미국은 매우 주목 받는 시장이었고, 나는 미국 지사장으로서 안정적인 원목 수급과 거래처를 확대해야 하는 임무를 맡았다.

그때만 해도 우리 회사는 한국에서 소비되는 원목의 70%를 미국에서 수입하는 원목업계의 큰손이었다. 내가 근무하던 동화기업은 1947년에 설립된 목재 회사로, 설립 초기에는 제재 공장만 있었으나 갈수록 성장하면서 가구 공장, 선박 회사까지 소유하게 되었다. 1974년에는 인도네시아와 일본, 미국에 지사를 두고 미국 등지에 가구 품목 8백만 달러를 포함해 2천만 달러의 물량을 수출하고 있었다.

미국 지사장으로 부임하여 할리우드 인근에 아파트를 구한지 얼마 되지 않아 미국 원목 회사 간부의 초청으로 시애틀을 방문하게 되었다. 비행기에서 내려다 본 시애틀은 너무나 아름다웠다. 푸른 녹지 사이로 그림처럼 아름다운 주택들이 줄지어 늘어선 모습이 인상적이었다.

공항에 도착하자 마중을 나온 회사 간부가 나를 캐딜락에 태웠다. "이 차가 그 유명한 캐딜락이구나!" 나는 혼잣말로 중얼거리면서 차에 올랐다. 그 당시 캐딜락은 미국 대통령이 주로 타고 다니는 자동차 브랜드로 알려져 있었다. 잘 닦아 놓은 도로를 달려 도착한 곳은 해변 인근의 고급 주택가였다. 한국에서 1970년대 초반의 격변기를 거쳐 온 내가 상상하는 최고급 주택은 기껏해야 아파트 정도였기 때문에, 이곳의 색다른 분위기는 신세계나 다름 없었다.

군인 머리처럼 짧게 깎인 녹색 잔디가 집 앞으로 깔려 있었다. 버튼을 누르자 거라지(garage : 차고) 문이 악어 입처럼 쩍 벌어졌다. 지금이야 우스운 이야기지만, 그때만 해도 집 안에 차를 주차한다는 생각조차 못 할 때였다. 제임스 딘이 출연했던 영화「에덴의 동쪽」에서 보았던 장면을 내 눈으로 직접 보고 있다는 게 믿기지 않을 정도로 흥분되었다. 실내로 들어가자 우아한 가구가 놓여 있는 응접실이 한눈에 들어왔고, 크리스털 조명이 내리쬐는 고급스러운 부엌 식탁이 미국식 고급 주택의 화려함을 한껏 뽐내고 있었다. 무엇보다 나를 놀라게 했던 건 식사 후의 깜짝 이벤트였다.

식사가 끝나자 나를 초대한 마이클이 물었다.

"미스터 장, 시애틀에 오신 게 이번이 처음이시죠?"

"네."

"그렇다면 제가 아름다운 시애틀 시내 전경을 보여드리죠."

마이클은 나를 뒷마당으로 안내했다. 순간 내 입이 쩍 벌어졌다. 뒷마당은 작은 길을 따라 해변의 개인 부두로 이어져 있었고, 부두 왼편에는 수상 비행기가 오른편에는 요트가 정박해 있었다.

"이쪽으로 타시죠."

"부르릉~"

마이클이 수상 비행기 조종석에서 시동을 걸자 경쾌한 엔진 소리가 뿜어져 나왔다. 쌍발 프로펠러가 서서히 돌아가면서 바닷물 위를 부드럽게 미끄러져 나아가자 물결이 일면서 양편으로 갈라 졌다. 잠시 후 바닷물을 가르며 힘차게 나아가던 수상 비행기가 하늘로 솟구쳐 올랐다.

“야~아~”

나도 모르게 탄성이 터져 나왔다. 아래로는 만년설을 흰 머리처 럼 둘러쓰고 있는 레이니어 마운틴과 함께 시애틀이 자랑하는 아 름다운 피어와 파머스 마켓 등이 펼쳐져 있었다. 조금 더 지나자 푸른 숲속 사이로 크고 작은 호수가 듬성듬성 보였고, 호숫가에는 낚시를 드리운 사람과 물놀이를 하는 아이들도 보였다. 저 멀리 바다 쪽으로는 대형 상선부터 하얀 돛을 단 요트가 조화를 이루고 있었다.

40여 분의 비행이 끝나자 수상 비행기는 고도를 낮추고 바다 위에 미끄러지듯이 내려앉았다. 착륙한 후에도 하늘에서 보았던 아름다운 풍광이 눈앞에 아른거리며 내 가슴은 계속 콩닥거렸다.

마이클의 아내가 디저트와 와인을 들고 요트로 안내했다. 바닷 가에서 치즈 케이크를 먹으며 와인을 마시고 있자니 세상에 이런 호사가 없는 듯 했다.

이날의 경험은 미국에서 부자로 산다는 게 이런 모습이라는 걸 알게 해주었고, 나에게 부자가 되고 싶다는 강력한 동기를 부여했 다. 나중에 끼니 걱정을 해야 할 정도로 죽어라 고생할 때도, 세탁

소를 운영하며 먹고 살 만해졌을 때도 자만하지 않고 앞으로 나아
갈 수 있도록 한 원동력이 되었다. 또한 이처럼 아름다운 시애틀
해변에 나만의 별장을 갖고 싶다는 생각을 하게 되었고, 훗날 이
꿈은 실제로 이루어졌다.

지금 생각해 보면 등산을 해도 8부 능선에 열 번 올랐을 때보다
한 번 정상에 올랐을 때 엄청난 에너지를 얻는 것과 비슷한 이치
라는 생각이 든다. 8부 능선을 열 번씩 올라도 전체 풍광을 조망
할 수 없기 때문에 힘들다는 생각만 하게 된다. 하지만 한 번이라
도 정상에 오르게 되면 발아래 풍광을 360도로 조망할 수 있기 때
문에, 말로 표현할 수 없는 성취감을 느끼게 된다. 그리고 내가 어
떤 노력을 기울였을 때 어떤 결과를 이루어내는지 알게 되어 다음
번에 오를 때 더 큰 힘을 갖게 된다.

그날 마이클이 보여주었던 시애틀의 풍경은 내게 아메리칸 드
림의 의미를 느끼게 해준 계기가 되었다. 나는 힘이 들 때마다 시
애틀의 아름다운 풍경을 떠올렸고, 조그만 사업적 성공을 이루었
을 때도 이 정도에서 만족할 수 없다는 열정으로 나 자신을 채찍
질하게 되었기 때문이다.

내 호주머니에 돈이 없고, 실현성이 없을 때 꾸는 꿈이 진짜다.
그런 꿈이 있어야 역경을 헤쳐 나갈 수 있는 에너지가 된다.

집을 팔아 세탁소를 사다

이민자의 직업 결정에는 공식이 있다. 공항에서 누가 마중을 나오느냐에 따라 직업이 결정된다는 것이다. 식당을 하는 사람이 마중 나오면 식당에서 일하게 되고, 페인트공이 나오면 페인트 일을 배울 가능성이 99%였다. 공항에 마중을 나오는 사람은 대부분이 친척이나 가장 가까운 친구이기 때문에, 직업을 선택할 때 큰 영향을 받는다. 내 경우에는 이민이 아닌 지사 주재원 형태로 왔기 때문에, 이민자의 직업 선택에서는 예외였다고 할 수 있다. 하지만 본사의 부도로 상황은 180도 바뀌었고, 배수진을 쳐야 하는 곤경에 처하고 말았다.

미국에 이민 오는 사람들 중에는 한국에 있는 집을 처분하고 온 사람과 그렇지 않은 사람에 따라 마음가짐이 다르다. 한국에 집이 있는 사람들은 상황이 조금만 어려워지면 그냥 접고 돌아가겠다는 생각을 하지만, 집을 팔고 온 사람들은 결사적으로 덤빈다. 나도 어렵게 마련한 집을 팔아 비즈니스를 시작한 계기가 있었다.

사람은 누구를 만나느냐에 따라 삶의 진로와 방향이 크게 달라지는데, 내 운명도 마찬가지였다. 그때가 1월쯤이었다. 해안 지대에 위치한 로스앤젤레스는 12월부터 3월까지 20여 일 정도 비가 내린다. 그날도 주말에 비가 와서 일을 나가지 못하고 집에 있는데, 10여 년간 연락이 없던 대학 친구가 불쑥 찾아왔다.

"오랜만일세. 세차장을 운영하는데 비가 와서 공쳤지 뭐야. 집에 가려다 우연히 자네 소식을 들었다네. 요즘 어떻게 지내나?"

"지사장으로 나왔는데, 한국 본사가 부도가 났지 뭔가. 어렵사리 일본계 회사에 취직해서 일하는데 한 달 월급이 600달러라네. 생활비가 부족해서 주말이면 인근 화원에 나가서 막일을 하고 있다네."

"그래? 한 달에 600달러는 내가 하루에 버는 돈일세. 미국에서는 사업을 해야 돈을 벌 수 있다네. 큰 자본 없이 시작하기에는 세탁소가 딱이야. 일단 가진 것을 팔아서라도 세탁소를 시작하게. 내가 소개해 줌세."

모처럼 낯선 땅에서 친구를 만나 밤늦도록 술잔을 기울였다.

마침 나 역시 아내가 병상에 누워 있을 때 결심했던 약속을 지키기 위해서 이런저런 업종을 알아보고 있던 때였다. 그 당시 한인들이 많이 진출해 있던 분야는 리커 스토어(Liguor Store : 규모가 작은 동네 슈퍼마켓), 식당, 세탁소 등 주로 노동을 해야 하는 사업체였지만 무엇을 해야 할지 선뜻 결정하기가 어려웠다.

그래서 친구가 소개해 준 중개업자를 통해 세탁소를 알아보기 시작했다. 매물을 찾아보는 동시에 전미세탁업협회에 세탁소 창업에 관한 안내 책자를 보내달라고 편지를 보냈다. 협회에서 보내온 책자를 스무 번도 더 읽었다. 안내 책자에는 미국에 세탁소가 몇 개 있고, 미국인들이 1년 동안 세탁비로 사용하는 금액, 사용하는 화공약품의 종류, 효율적인 세탁 기계의 배치, 섬유에 관한 기초 지식 등이 자세히 나와 있었다. 세탁소를 운영하기 위해 반드시 알아 두어야 할 정보를 충분히 숙지하는 한편, 세탁 기술을 배우기 위해 3개월간 드라이클리닝 스쿨에도 나갔다.

게다가 1970년대 초반은 미국 여성들의 사회 진출이 폭발적으로 늘고 있던 시기였다. 나는 여성의 사회 활동이 활발해지면서 가정일, 특히 세탁 일을 대신하는 드라이브인(drive-in : 자동차를 탄 채 이용할 수 있는) 세탁소가 인기를 모을 것이라는 판단이 들었다. 세탁소는 리커 스토어보다 상대적으로 안전했고, 비교적 깨끗한 비즈니스였다. 무엇보다 일요일을 쉴 수 있다는 장점이 있었다.

세탁소를 시작하기로 결심한 후 무엇보다 입지가 중요하다고 판단했기 때문에, 세탁소 자리를 물색하기 위해 수십 일 동안 드넓은 LA 지역을 이 잡듯 뒤지고 다녔다. 헬기를 전세 내서 주변 지역의 교통 흐름을 살펴보고 싶다는 생각까지 했을 정도였으니 말이다. 오후에도 임대로 나온 가게를 방문해서 세탁소가 들어설 자리에 햇볕이 어느 정도 드는지도 점검했다.

중개인도 세탁소가 들어설 자리는 첫째도 둘째도 '위치'라고 귀에 못이 박히도록 알려 주었다. 또한 더러운 세탁물을 들고 번화한 거리를 활보하려는 사람은 없으며, 직장 생활을 하는 주부들이 차 안에 아이들을 놓아 둔 상태에서 세탁물을 맡길 수 있는 세탁소가 좋은 곳이라고 가르쳐 주었다. 즉 가게 위치는 번화가가 아니라도 차를 세탁소 앞에 정차하고 옷을 맡길 수 있는 '드라이 브 인 클리너'가 전망이 있다는 것이다.

LA 남쪽 어바인에 살던 내가 샌퍼낸도 밸리San Fernando Valley 까지 매일 60~70마일을 운전해 가면서 세탁소 자리를 찾아 헤맸다. 가장 마음에 들었던 업소는 우리가 사는 곳에서 정반대로 75 마일(120Km) 떨어진 '레세다Reseda'라는 도시에 매물로 나온 세탁소였다.

그때가 1977년이었다. 안내 책자의 내용과 우리가 보고 온 세탁소는 최적의 조건을 갖춘 위치에 있었다. 우리 부부는 중개인을 통해 구입 의사를 밝혔고, 세탁소 주인과 만날 날짜가 정해졌다. 세탁소 주인은 '해롤드'라는 이름을 가진 백발의 유대인 할아버지였다. 심장수술을 받은 이후 세탁소에 자주 나오지 못한다고 했다. 그는 나를 보자마자 중개인에게 대뜸 물었다.

"이 분들은 어디서 왔죠? 중국인가요, 일본인가요?"

"한국에서 오셨습니다."

"그래요? 한국 사람이라면 안 팔겠어요. 없던 일로 합시다."

주인이 이유 없이 돌아서자 당황한 중개인이 이유를 물었다.

"해롤드, 무슨 일 때문에 그러시는 거죠?"

"지금까지 많은 한국인들이 찾아왔어요. 모두들 사겠다고 해놓고 계약까지 했지만, 모두 사지 않았어요. 더 이상 농락당하고 싶지 않아요."

그때만 해도 리커 업소에서 일하던 한인들이 조금 덜 위험하고, 낮 시간에 일하는 세탁소를 사기 위해 마구 뛰어들던 시기였다. 계약을 했다가 아니다 싶으면 막판에 취소하는 경우가 빈번했던 탓에 업계에서 한인들에 대한 이미지가 아주 나빠졌다.

둘 사이의 대화를 듣고 있는데, 이대로 있다가는 일이 안 될 것 같아서 내가 직접 나섰다.

"일단 계약금으로 2만 달러를 드리겠습니다. 2주일 후에 특별한 이유 없이 구입하지 않으면 계약금을 가져도 좋습니다."

인수 가격이 8만5천 달러였으니, 계약금 2만 달러는 누가 보더라도 혹할 만한 조건이었다. 곰곰이 생각하던 해롤드가 밝은 표정을 짓더니 그 자리에서 계약서에 사인했다.

막상 계약이 성사되기는 했지만 나머지 6만5천 달러를 어떻게 마련할 것인지에 대해서는 대책이 없었다. 워낙 다급한 나머지 앞뒤를 재지 않고 계약 조건이 튀어나왔던 것이다. 다행히 부동산 경기가 좋아서 살고 있는 집값이 껑충 뛴 것이 내가 믿고 있던 유일한 자금줄이었다.

종자돈이 된 그 집은 어바인에 있던 조그마한 단독 주택이었다. 지금은 미국의 '강남 8학군'으로 불리는 교육 도시 어바인은 당시만 해도 대부분의 땅이 오렌지 밭이었다. 이곳에 월남전 상이용사를 위해 지어진 집이 싼 값에 나왔다는 말을 듣고 집을 보러 갔다. 집값이 3만3백 달러였는데, 가진 돈이 턱없이 부족했다. 하지만 그 집과 인연이 되려고 했는지 일이 묘하게 풀렸다. 그 집을 소개해 준 부동산중개인이 '샐리'라는 여자였는데, 부동산 중개인 자격증을 얻고 난 후 내가 첫 손님이었던 것이다. 그녀는 앳된 얼굴에 토끼처럼 선한 눈을 가진 아가씨였는데, 자신의 첫 번째 계약을 성사시키기 위해 필사적으로 여러 가지 방법을 알려 주었다.

1976년 2월, 드디어 집값의 5%를 내고, 95%는 30년 융자를 받아 미국에서의 내 첫 꿈을 이루었다. 은행에 내는 돈은 매월 270달러였다. 그런데 처음 집에 투자한 1,515달러의 종자돈이 아홉 번 이사를 다니는 동안 미국 세법의 도움으로 나중에는 250만 달러가 넘는 저택을 구입할 수 있게 되었다.

미국에서 집을 사고팔며 재산을 모을 수 있는 노하우는 뒤에서 별도로 설명하겠다. 미국에서 부동산을 투기가 아닌 투자의 개념

으로 집을 사서 재산을 늘리고자 하는 이들에게는 많은 도움이 되
리라 생각한다.

세탁소를 구입하기 위해 7만8천 달러에 집을 내놓았는데, 1주일
만에 매매계약이 체결되었다. 3만3백 달러에 구입한 집이 7만8천
달러에 팔릴 수 있었던 것은 캘리포니아에 찾아온 부동산 경기 호
황 때문이었다. 1870년에 캘리포니아 금광이 발견되어 수많은 사
람들이 몰려든 이후 100년 만에 찾아온 호경기였다. 조상의 은덕
인지 아니면 미국에 와서 열심히 살려고 몸부림치는 가난한 이민
자에게 조물주가 내려 준 혜택이었는지는 몰라도 운이 좋았다.

6개월간의 절망, 그리고 희망을 발견하다

그렇게 꼼꼼히 체크하며 세탁소를 샀는데, 왜 그 많은 한국인들이 사려다가 포기했는지에 대해서 깊게 생각해 보지 않았던 게 불찰이었다.

주인 해롤드가 심장 수술을 받아 종업원들에게 오랫동안 맡겨 놓았던 탓에 가게가 매우 불결했다. 게다가 세탁소가 쇼핑센터 뒤 주차장에 위치해 있어서 길에서 잘 안 보인다는 것도 큰 단점으로 작용했다. 한 달 수입이 7천 달러라는 말을 믿고 2주간 조사 후 구입했는데, 실제 매상은 4천 달러밖에 되지 않았다. 세탁소라는 게 인건비 장사이다 보니, 직원을 줄이고 나와 아내가 일을 더 해야 하는 구조였다. 아직 신참인 우리 부부가 1인 4역을 해야만 했다.

집사람은 카운터, 옷 수선, 포장, 그리고 블라우스 다림질을 했고, 나는 세탁 기계 작동과 배달, 바지 다림질, 청소 등을 맡았다.

지금은 법이 바뀌었지만, 그 당시에는 세탁소를 운영하려면 주 정부에서 실시하는 섬유, 기계, 화공약품에 관한 실기와 필기시험을 통해 자격증을 취득해야 했다. 시험 준비하랴 일 배우랴 하루 4시간씩 자는 생활이 6개월 이상 계속되면서 몸은 더욱더 야위어 갔다. 가끔씩 세탁소를 찾아온 지인들이 나를 월남에서 온 베트남 사람인줄 알았다며 걱정해 줄 정도였다.

세탁소를 인수한 후 종업원들의 텃세도 만만치 않았다. 6개월 동안 기계 한 번 돌려 보지 못했고, 주인이면서도 종업원들의 눈치를 보며 실무를 익혔다. 퇴근 시간만 되면 만사를 제쳐 두고 나가는 직원들 때문에 밤 시간 동안 우리가 정리정돈을 해야 했다. 결국 오랫동안 마음대로 일해 온 직원들과 피할 수 없는 전쟁을 치러야 했다. 한쪽 눈을 잃어 인상이 사나운 곤잘레스와 덩치가 산만한 미첼이 나를 가장 힘들게 했다. 곤잘레스는 내가 기계라도 만질라 치면 난리를 쳤다.

"헤이, 챙(저자의 미국식 이름은 '존 챙'). 지금 뭐하는 거예요. 당신 때문에 집중할 수 없잖아요!"

곤잘레스는 내가 세탁 기계 곁으로 오기만 하면 민감한 반응을 보였다. 내가 혹시라도 기계 작동법이라도 배울까 봐 불안했던 것이다. 미첼은 일처리가 느려서 속 터지게 하는 경우가 많았다. 게다가 모든 종업원이 곤잘레스와 미첼의 지시를 받고 있어서 낮에는 세탁 기계를 작동할 수조차 없었다. 세탁소 주인이면서도 마음대로 직원을 해고할 수 없는 상황이 우리 부부를 더욱 힘들게 했다.

아내는 저녁이 되면 낮에 한꺼번에 맡아 놓은 세탁물에 전표를 붙이고, 수선할 옷을 고치느라 정신이 없었고, 나는 기계 조작법을 배우느라 자정이 넘어서야 집으로 갈 수 있었다. 세탁소에서 놀다 잠이 든 두 아이를 밤늦게 차에 태워 집으로 돌아오면, 내가 아이를 씻기고 집안일을 하는 사이에 아내는 전등 아래서 내일 수선할 옷을 미리 손보는 작업을 했다. 그렇게 한두 시간을 일하고 잠시 자다가 깨어 보면 새벽이었다. 그러고는 다시 아이를 어린이집에 맡기고 출근하는 일이 반복되었다.

이런 노력에도 불구하고 단골손님은 조금씩 떨어져 나갔다. 주인이 바뀌면서 들어온 새 주인이 동양계였기 때문이었다. 세탁물을 가지고 온 손님들은 아내가 카운터로 가서 반갑게 맞으면 안색이 바뀌었다.

"해롤드는 요즘 어떻게 지내요?"

"그분은 그만두었어요. 우리가 주인입니다."

그러면 단골손님 대부분은 세탁물을 가지고 그대로 나가 버렸다. 이런 일이 반복되자 아내는 답답한 마음에 카운터 뒤에 주저앉아 울곤 했다.

안 되는 사람은 뒤로 넘어져도 코가 깨진다고 했던가. 세탁소 운영으로 숨이 턱턱 막히는데, 강도까지 당하는 일이 생겼다.

어느 날 오후 3시쯤이었다. 선글라스를 쓴 백인 젊은이 한 명이 세탁소로 들어왔다. 갈색 쇼핑백에서 세탁물을 꺼내는가 싶더니 검은색 권총이 튀어나왔다. 차가운 총열이 내 복부에 닿자 섬뜩한 기분이 느껴졌다.

"돈 내놔. 어서!"

나는 금전등록기에서 돈을 꺼내 강도 앞으로 내밀었다. 처음 당하는 일이라 숨조차 쉬기 어려웠다.

"손들고 뒤로 돌아!"

나는 숨을 죽인 채 그대로 따랐다. 상대가 보이지 않으니 공포심이 더 크게 느껴졌다. '딸깍' 하고 방아쇠 당기는 소리가 날까 싶어 신경이 극도로 예민해졌다. 그때 무엇보다 내 마음을 졸였던 것은 아내의 안전이었다. 직원들은 모두 퇴근하고 아내만 바로 뒤편에서 청소를 하고 있었는데, 만약에 카운터로 오게 된다면 우리 둘 다 목숨을 잃을 수도 있는 상황이었다.

다행이 강도는 총을 쏘지 않았고, 도로변에 대기하고 있던 차를 타고 급히 사라졌다. 나는 반사적으로 쫓아 나갔다. 하지만 강도가 탄 차는 이미 사라지고 없었다. 그때는 무서운 것도 몰랐다. 그저 하루 애써 일한 돈을 빼앗겼다는 분노가 더 컸다. 나중에 안 사실이지만, 강도를 추격하는 행동이 얼마나 위험한지를 몰랐었다. 뒤늦게 신고를 받고 출동한 경찰관은 이렇게 말했다.

"강도가 뒤돌아서라고 하면 상당히 위험해요. 당신은 운이 좋은 것 같군요. 돈을 찾겠다고 쫓아가다가 총에 맞는 경우가 많으니까 절대로 쫓아가지 마세요."

이 사건을 겪은 후로 몇 개월간 계속된 악몽에 시달렸다. 밤새 강도에 쫓기는 악몽을 꾸는가 하면 총에 맞아 피를 흘리는 꿈이었다. 새벽에 소리를 지르며 일어나 보면 옷이 식은땀에 흠뻑 젖어 있었다. 가뜩이나 적자에 시달리다 보니 악몽을 꿀 때마다 심신은 더욱 지쳐 갔다.

전 재산을 털어 세탁소를 시작했던 탓에 정말로 돈이 없었다. 당장 살 집과 차가 필요했지만, 도저히 엄두가 나지 않았다. 특히 살 집을 마련하는 게 문제였다.

"애가 몇 명이라고요?"

"둘입니다."

"죄송하지만 방이 조금 전에 나갔어요."

집주인들은 아이가 있으면 방을 내주지 않았다. 노년층이 많이 사는 백인 동네라서 아이들이 있으면 시끄러워지기 때문에, 아이가 있는 젊은 부부에게는 방을 세놓지 않으려고 했다. 심지어 '비어 있음Vacancy' 표지가 붙어 있는 데도 손사래를 치는 아파트 매니저들도 많았다. 할 수 없이 세탁소 인근 지역을 직접 돌아다니며 집을 구하다가 한국 사람을 만났다. 그때만 해도 한국인들이 많지 않아서 길을 가다 만나면 서로 초대해서 식사도 같이 할 정도였다.

그분의 도움으로 아이들과 함께 들어갈 수 있는 아파트를 아주 싼 값으로 빌릴 수 있게 되었다. 그런데 임대료가 싼 데는 이유가 있었다.

"아~악!"

밤에 잠을 자던 아내가 비명을 질렀다. 엉겁결에 일어나 불을 켰더니, 세상에! 아이들이 누워 있는 방안에 손가락만한 바퀴벌레들이 새까맣게 진을 치고 있었다. 불을 켜자 바퀴벌레들이 일제히 벽에 난 구멍 속으로 사라졌다. 아내는 자면서 뭔가 물컹한 게 느껴져 잠이 깼고, 그것이 벌레라는 것을 알고 비명을 질렀던 것이다.

사실 방세가 싼 만큼 주변 환경이 좋지 않을 것이라는 예상을 했지만, 이 정도일 줄은 미처 몰랐다. 아내가 털썩 주저앉더니 아이들을 끌어안고는 하염없이 울기 시작했다.

"바퀴벌레가 온 방에 천지야! 이게 사람 사는 집이야? 이렇게 살 거면 결혼은 왜 했어? 아이들 하나 제대로 누일 곳도 구하지 못하면서."

내 가슴을 사정없이 찌르는 말이었지만, 아무 말도 할 수 없었다. 친척 한 사람 없는 미국으로 이민 와서 아무리 힘들어도 불평 한번 하지 않던 아내였다. 이런 격한 반응을 보인 것은 결혼하고 나서 처음이었다. 자신은 희생하더라도 아이들을 위해서는 어떤 일도 참아내던 아내였다. 그런데 본인은 참을 수 있지만, 자식들이 받는 고통은 참을 수 없었던 것이다.

　　　　　　　　　　　　　　　　　　　　액션 테이커

그날은 도저히 잠을 이룰 수 없었다. 무작정 밖으로 나와 하염없이 주택가를 걸었다. 날이 새도록 골똘히 생각해 보았지만, 현재 상황을 헤쳐 나갈 방법이 떠오르지 않았다.

간밤에 겪었던 이런 아픔도 아침이 되면 세탁소 일 때문에 금방 잊어버리곤 했다. 아이들을 가까운 어린이집day care에 맡기고 곧장 세탁소로 출근하면 자정이 넘어서 집으로 돌아올 수 있었다. 세탁소를 인수한 이후 1주일에 80시간이 넘도록 일했지만, 적자를 벗어나지 못했다. 돈도 없다 보니 미칠 지경이었다.

사람이 막다른 상황에 놓이게 되면 극단적인 생각을 할 때가 있다. 그 당시의 내가 그랬다. 아무리 애를 써도 이익은커녕 직원들 월급 주는 것조차 어려워지자 매상을 속인 전 주인 해롤드에 대한 분노로 가득 찼다. 너무 화가 나서 하루에도 몇 번씩 너도 죽고 나도 죽어야겠다는 생각을 했다. 실제로 권총을 구입하기도 했지만, 아내와 자식들을 위해서 이래서는 안 된다는 생각에 정신을 번쩍 차리고 실행 단계에서 마음을 바꾼 적도 있었다. 내겐 이 정도로 절박했던 때였다.

매달 '적자 행진'은 멈추지 않았다. 나는 최후의 수단을 강구했다. 아내 몰래 50만 달러짜리 생명보험에 들었다. 내가 자동차 사고로 위장해서 죽으면 아이들과 아내의 생활이 나아질 거라고 생각했기 때문이다.

실제로 세탁물을 싣고 배달하는 도중에 자동차 사고가 난 것처럼 위장하면 된다고 생각했다. 그래서 세탁소 인근 거리인 물홀랜드 드라이브_{Mulholland Dr.}를 운전하면서 사고 지점으로 적당한 곳을 눈여겨보며 예행연습을 했다.

죽기로 결심한 날이 다가왔다. 막상 시동을 켜고 출발하려는 순간이었다. 갑자기 가족 생각이 났다. 미국에 와서 고생만 시킨 아내와 두 딸을 남겨 둔 채 죽는다고 생각하니 눈물이 앞을 가렸다.

'그동안 고생만 시키고 호강 한 번 시켜주지 못했는데…….'

아내는 나와 결혼식을 올린 지 일주일 만에 장인, 장모가 돌아가시는 비극을 당했다. 무역을 하기 위해 상당한 기간을 미국에서 보낸 장인어른은 장남과 함께 딸 결혼식에 맞춰서 입국했고, 오랜만에 들린 한국에서 전국 일주를 가시고 싶어 했다. 예식이 끝나고 나서 짐을 꾸려 경부고속도로를 타고 내려간다고 했는데, 그날은 눈이 많이 내려서 왠지 느낌이 좋지 않았다. 장모님도 가고 싶어 하지 않았지만, 이미 내린 결정이어서 취소하기도 어려웠다.

그로부터 일주일 후 경찰서에서 연락이 왔는데, 장인어른 성함을 대고 아는 사람이냐고 물었다.

"무슨 일입니까?"

"교통사고로 한 명이 사망하고, 한 명이 중상입니다. 전화 받는 사람은 누구시죠?"

"네. 사위입니다."

내 신원을 확인하더니 급히 대전으로 내려오라고 했다. 병원에

　　　　　　　　　　　　　　　　　액션 테이커

서 장인 장모의 참혹한 시신을 보고는 그 자리에 주저앉고 말았다. 그 당시 아내는 임신 중이었는데, 연애 기간에 아이를 가져 몸이 무거웠다. 사망 소식을 알릴 경우 충격으로 유산할 가능성이 컸기 때문에, 아내에게는 도저히 알릴 수가 없었다.

그런 내게 한국은 가난과 시련의 땅이었다. 서러움과 죽음의 그림자를 떨쳐내고 성공하기 위해 미국까지 왔는데, 이렇게 죽는다고 생각하니 너무 서러웠다. 몇 시간을 차 안에서 울다가 마음을 다잡고 세탁소로 돌아왔다.

이런 내 마음을 모르는 아내가 퉁명스럽게 한마디 던진다.

"아니, 이렇게 바쁜데 무슨 배달을 그렇게 오래 하는 거예요. 빨리 와서 밀린 옷들 다림질 좀 해요."

"알았어. 바로 갈게."

나는 밀린 세탁물을 가져다가 다림질을 시작했다. 흰 와이셔츠 아래로 눈물방울이 떨어졌다.

역설적이지만 극한 절망의 밑바닥에 닿자 오히려 한 줄기 희망이 솟아났다. 마음속으로 이런 생각이 들었다.

'죽을 각오면 무엇을 못하겠는가?'

밤새도록 책상에 앉아 세탁소 운영을 구상했다.

'어떻게 해야 매출을 늘릴 수 있을까?'

'어떻게 해야 유색인종 새 주인이 싫어서 발길을 돌리는 단골손님을 불러올 수 있을까?'

'어떻게 하면 효과적으로 일을 처리할 수 있을까?'

지금으로 치면 일종의 경영 혁신이 필요했다. 비록 대여섯 명의 직원이 일하는 작은 세탁소였지만, 고객을 늘리고 매출을 올리는 데는 나만의 전략이 필요했다. 단순하게 열심히, 부지런히 일한다고 해서 이길 수 있는 싸움이 아니라는 것을 깨달았기 때문이다.

동양인이 백인 동네에서 세탁소를 영업하면서 겪는 주변 환경, 직원들의 불성실한 근무 태도, 고객 감소로 인한 매출 감소 등 복합적인 문제였다. 나는 본질에 초점을 맞추고 생각에 생각을 거듭했다. 본질은 '깨끗하고 신속한 서비스'였다. 실제로 아침 또는 오후에 세탁물을 맡기는 사람은 맞벌이 주부들이 많았다. 맡기는 시간을 1~2분만 아낄 수 있어도 출퇴근길에서 10여 분을 줄일 수 있었다. 세탁물에 묻은 얼룩은 최신 기술을 사용해서 제거하고, 와이셔츠 단추가 떨어진 것은 추가 비용 없이 무료로 달아 주면 인기를 끌 수 있겠다고 생각했다. 본질에 최대한 충실하면 세탁소를 살릴 수 있겠다는 생각이 들었다.

다음날 새벽, 평소보다 한 시간 일찍 일어나서 신발 끈을 동여 맸다. 잠에서 깬 아내가 물었다.

"새벽부터 어디 가는 거예요?"

"응, 일어났어? 세탁소에 가보려고."

아직 어둠이 채 가시지 않은 길을 차를 몰고 가면서 주문을 외우듯 냅다 소리쳤다.

"한번 해보는 거야! 절대로 물러서지 않을 거고, 무슨 일이 있어도 포기하지 않을 거야!"

그러면서 마음속으로 다짐했다.

'아내를 위해서, 아이들을 위해서 꼭 살아서 성공할 거야!'

매일 아침 집을 나와 세탁소로 가는 길은 나만의 경건한 의식을 실천하는 시간이 되었다.

말에는 힘이 있다. 생각에는 에너지가 있다. 이 힘과 에너지를 어떻게 사용하느냐에 따라 미래의 문을 여는 사람이 되기도 한다.

죽기 밖에 더하겠어?

아침 일찍 세탁소에 도착하자마 더러워진 세탁소 주변을 빗자루로 박박 쓸었다. 그러던 어느 날, 누군가가 나를 응시하는 게 느껴졌다. 백인 중년 신사였다. 나중에 알고 보니 우리 세탁소 건너편에 있는 뱅크오브아메리카Bank of America 지점장이었다.

매일 아침마다 서로 마주치다 보니 자연스럽게 인사를 나누게 되었다. 그는 열심히 일하는 내 모습을 며칠 동안 주의 깊게 지켜보았다면서 세탁소에 대해 이것저것 물어보았다. 나는 세탁소 상황에 대해 말해 주었고, 그는 미국식 경영 노하우와 조언을 들려주었다.

그는 다른 직원들보다 먼저 출근해서 자신이 해야 할 일을 마치고는 직원들에게 지시 사항을 적어 놓았다. 오전에는 직원들과의 회의에 참석하고, 오후에는 주요 고객들을 만나러 다녔다. 일찍 퇴근해서 일을 많이 안 하는 것 같으면서도 기일에 맞춰 목표를 달성하는 매우 부지런하면서도 비즈니스 감각이 있는 미국인이었다. 아침 청소를 시작하면서 만나게 된 그와의 인연은 훗날 내가 다른 사업을 확장하면서 신용 대출을 받는 데 큰 도움을 주었다.

사실 이런 상황까지는 기대하지 않았지만, 아침마다 청소를 하기로 결심한 데는 이유가 있었다. 사실 세탁소는 청결한 외관이 무엇보다 중요하다. 세탁소 안팎이 깨끗하면 고객들은 기분이 좋아지고, 무의식적으로 '세탁소를 깨끗하게 관리하는 사람들이라면 세탁물도 깨끗하게 세탁할 것'이라는 생각을 하게 된다.

전 주인 해롤드는 심장수술을 받은 이후 세탁소 운영을 직원들에게 맡기고는 매달 수금만 해왔다고 한다. 그렇다 보니 곤잘레스와 미첼이 실질적인 주인 노릇을 했지만, 1년에 한 번이라도 청소를 하는 것인지 의문이 들 정도로 청소 상태가 엉망이었다.

세탁소를 인수했을 때의 청결 상태는 최악이었다. 벽에는 거미줄이 쳐져 있었고, 보일러실에서 흘러나온 물이 바닥에 흥건했다. 종업원들은 물이 새는 것을 방치한 채 합판 몇 장을 깔아놓고 그 위에서 작업을 했다. 세탁소 바닥에는 먼지와 물이 뒤엉켜 있어 마치 진흙 바닥을 방불케 했다. 세탁소 간판도 워낙 낡아서 청결한 세탁소라는 느낌이 들지 않았다. 그럼에도 불구하고 사람 좋은

해롤드가 오랫동안 운영해 왔기 때문에 그를 믿고 찾아오는 오래
된 단골들이 많아서 근근이 유지되는 실정이었다.

나는 틈타는 대로 하드웨어 스토어(Hardware store : 철물점)에 들러
바닥 재료를 사다가 깔았다. 벽에는 페인트칠을 새로 하고 구멍도
메웠다. 세탁소 외부는 리모델링 수준으로 깔끔하게 수리하고, 간
판도 새로 달았다. 아내는 예쁜 액자를 사다가 벽에 걸었다. 수리
에 필요한 재료들은 판매점의 정기 세일을 이용해서 싸게 구입할
수 있었다. 이런 노력을 기울인 결과 세탁소를 찾는 손님들의 반
응이 눈에 띄게 달라졌다. 또한 단골손님들은 이런저런 피드백을
해주기도 했다.

"세탁소가 아주 깨끗해졌어요."

"나무 바닥으로 새로 깔았네요."

불결한 세탁소에서 청결한 세탁소로의 이미지 변신에 성공함으
로써 손님들에게 '세탁 기술도 좋을 것'이라는 인식을 심어 준 것
은 세탁소를 운영하는 데 큰 힘이 되었다.

다음은 속도를 개선할 차례였다. 손님은 기다리는 것을 싫어한
다는 전제를 깔아놓았다. 손님은 최대한 빨리 세탁물을 던져버리
고 집으로 가거나 일을 보러가고 싶어 한다는 사실에 주목했다. 친
절한 서비스보다는 빠른 서비스가 우선이라고 생각했던 것이다.

시간을 조금이라도 줄이기 위해 손님의 이름을 차량이나 번호
판과 연계해서 외웠다. '흰색 도요타가 오면 마이클', '회색 머스

                                              액션 테이커

탱은 캐리' 하는 식으로 고객 이름을 외우는 방법이었다. 이렇게 하면 세탁물을 찾으러 오는 차가 세탁소 앞 도로에 들어서자마자 고객이 누구인지를 확인할 수 있고, 주차하는 동안 세탁물을 미리 찾아 놓을 수 있다. 그리고 손님이 들어왔을 때 반갑게 이름을 부르며 세탁물을 내놓으면 깜짝 놀랐다. 이때 손님들은 마치 마법에 홀린 듯 멍한 표정으로 바라보면서 저마다 혼잣말로 중얼거렸다.

"와우~"

"어메이징!"

"원더풀!"

일부 손님은 "어떻게 내가 온 걸 미리 알았죠?"라고 묻고는 주변을 둘러보며 감시 카메라가 있는지 살펴보기까지 했다. 나는 손님 앞에서 계산만 하면 되니까 고객 한 명당 소비하는 시간도 크게 줄어들었다.

세탁물을 맡기는 경우에는 더 간단했다. 나는 속으로 '10초 땡'이라고 이름 붙인 게임을 즐겼는데, 세탁소에 들어와서 10초 안에 접수를 끝내고 나가는 것을 말한다. 고객이 주차하는 동안에 이미 인보이스에 이름을 써놓고 백을 준비해 놓는다. 손님이 오면 이름을 부르며 반갑게 인사하고 나서 세탁물 수량만 확인한 후 영수증을 주면 그만이었다. 손님 이름은 거의 외우고 있었기 때문에 가능한 일이었다. 그리고 나서 손님이 없을 때나 한가할 때 세탁 방식에 따라 분류해 놓았다.

하루는 백인 할머니가 가지고 오던 세탁물을 할아버지가 가지
고 왔다.

"해롤드는 잘 지내죠? 언제 와요?"

"지금은 제가 이곳 주인입니다. 인수한지 6개월쯤 됐습니다. 많
이 이용해 주세요."

할아버지가 내려놓으려던 세탁물을 다시 집어 들며 말했다.

"아, 해롤드가 세탁소를 팔았어요? 미안합니다. 그냥 가야겠어요."

할아버지의 행동과 표정에서 동양인은 미덥지 못하다는 인식이
확 풍겼다.

"손님, 오셨으니까 세탁물을 맡기고 가세요. 만약 찾으러 오셔
서 마음에 들지 않으면 세탁비를 안 받을게요. 조금이라도 옷이
상하면 새 옷 값으로 돌려드리겠습니다. 할머니는 이미 우리 집
단골이에요. 레이스가 많은 할머니의 옷을 조심해서 다룰 수 있는
곳은 우리 집밖에 없거든요."

할머니 이야기를 꺼내자 할아버지가 세탁물 가방을 내려놓으며
말했다.

"그럼, 당신 말을 믿고 맡겨 보겠소."

그 당시로는 생소한 개념인 세탁비 전액 환불 제도를 도입하는
전략을 택했다. 동양인이라서 못 미더워하는 백인 고객들을 잡으
려면 진정한 서비스로 승부해야 한다고 생각했다. 효과는 곧바로
나타났고, 강한 자신감으로 밀고 나가자 믿고 맡기는 고객들이 점

　　　　　　　　　　　　　　　　　　　　　액션 테이커

차 늘어나기 시작했다.

처음에는 이런 차이를 잘 모르던 손님들도 우리 세탁소를 눈여겨보기 시작했다. 주변에서 가장 빨리 맡길 수 있고, 정확한 세탁소라는 사실이 알려지면서 점차 입소문이 퍼지기 시작했다. 이는 서비스의 본질을 깨끗하고 신속한 데 맞췄기 때문에 가능한 일이었다. 뿐만 아니라 세탁소에 오는 손님들의 이름은 기본이고 가족들 이름까지도 달달 외웠다.

나는 세탁소 운영과 관련해 마지막 안간힘을 썼다. 매출이 오를 때마다 광고를 하는 것은 물론 손님들에게 필요한 세탁물 관리 요령이 담긴 달력, 줄자 등을 서비스로 제공했다. 또한 주요 고객에게는 꽃과 와인을 선물했다.

마지막으로 선택한 비장의 카드는 무료 수선과 단골 고객을 위한 선물이었다. 와이셔츠를 다려도 단추가 없으면 무용지물이다. 손님이 단추를 달아 달라고 미리 말하지 않아서 단추 없는 와이셔츠를 받아들고 망연자실하는 사람들이 많다는 것을 알게 되었다. 이런 경우에는 아무리 깨끗한 셔츠나 바지라도 입을 수 없게 된다. 그래서 다림질을 하다가 단추가 없으면 똑같은 단추를 찾아서 무료로 달아 주었다.

"저번에 단추 달아 주었죠? 너무 고마워요. 수선해 달라고 말한다는 걸 깜박했는데, 달려 있더군요. 챙겨 줘서 고마워요."

수선비를 주겠다면서 지갑을 꺼내는 손님들에게 "이건 무료 서비스입니다."라고 말하면 더 놀라워했다.

더 나아가 아내는 터지기 쉬운 허리 부근에 천을 덧대 촘촘히 박아 주었고, 터진 곳이나 얼룩도 무료로 수선해 주었다. 대신 정식 수선은 제 값을 받았다. 사실 세탁보다는 수선 작업의 마진이 높았다. 힘들게 다림질을 해봐야 셔츠 한 장에 몇 센트가 남지만, 수선의 경우는 간단한 작업이라도 3~5달러를 남길 수 있었다. 본업보다 부업으로 돈을 벌 수 있는 구조라는 걸 안 후부터는 수선 작업에 부쩍 신경 쓰면서 순익도 올라가기 시작했다.

단골 고객을 챙기는 것에도 많은 신경을 썼다. 1년에 수천 달러의 세탁비를 쓰는 고객도 있는데, 그동안 너무 방치해 놓았다는 생각이 들었다. 세탁소를 찾는 사람들은 사소한 세탁 실수가 발생하면 언제든 다른 세탁소로 갈 수 있는 사람들이었다. 그래서 1년에 두 차례 연간 세탁비를 기준으로 보상제도(금액에 따라 생일에 와인이나 프로모션 상품을 선물했다.)를 만들었다. 세탁물을 찾으러 온 고객에게 "해피버스데이. 수잔!"이라고 축하 인사를 건네며 와인을 선물하면 백이면 백 모두가 고마워했다.

지성이면 감천이라고 했던가. 이런 노력 끝에 8개월째부터 매출이 가파르게 오르기 시작했다. 생명보험에 가입할 정도로 절박했던 위기의 순간이 서서히 걷히면서 미래를 설계하는 삶의 희망은 조금씩 커져 갔다.

  액션 테이커

배우면서 노하우를 찾다

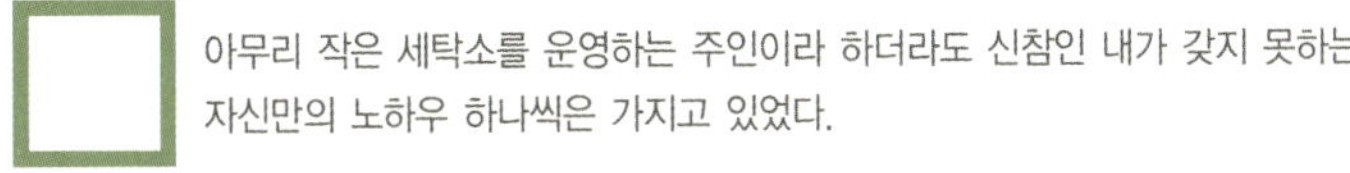

나와 아내 둘이서 하루 종일 블라우스와 바지 몇 백 장을 다림질했다. 미국 직원들이 '칼 퇴근' 하면 그때부터 잔무와 수선, 본격적인 다림질이 시작됐다. 한참을 다리다 아내와 얼굴을 마주 보면 몸 안의 에너지가 모두 빠져나간 사람처럼 얼굴이 창백했다. 말 그대로 입안에 단내가 날 정도로 열심히 일했다.

우리 부부는 시간에 쫓겨 잘 먹지도 못했다. 먹고 싶어도 빠듯한 살림에 사먹지 못했다는 말이 맞을 것 같다. 일본식 덮밥 체인 요시노야Yoshinoya에서 파는 불고기 덮밥을 먹고 싶었지만 비싼 가격에 주차장까지 갔다가 돌아온 적도 많았다. 와이셔츠 한 장을 빨아서 다림질해야 받는 돈이 77센트, 이것저것 빼면 고작 10~20센트가 우리 손에 떨어지는 셈이었다. 그런데 덮밥 하나에 2달러 50센트를 주고 먹자니 너무 아까웠다. 대신 바로 옆에 있는 멕시칸 식당에서 부리토(Burrito : 고기, 쌀, 양파 등을 넣어 둘둘 말은 멕시코 음식)는 가격이 싸서 질릴 정도로 자주 먹었다.

우리 세탁소 바로 옆에는 술집이 있었는데, 동양인이 와서 세탁소를 하는 게 못마땅했는지 텃세를 부렸다. 세탁소 앞길에 차를 세워 놓기 일쑤였고, 차를 빼달라고 하면 밤에 큰 돌을 던져 대형 유리창을 깼다. 우리는 밤 10까지 일하다 퇴근하지만, 술집은 새벽 2시까지 영업하기 때문에 싸움을 해도 질 수밖에 없었다.

앞에서 이기고 뒤로 지는 것보다는 유화책을 펴기로 했다. 틈나는 대로 술집에 들러 맥주를 마시면서 친해졌고, 프로모션을 위해 만든 쿠폰이나 액자, 캘린더 등을 가져다주기도 했다. 이렇게 해서 처음에는 눈도 안 맞추며 냉담하던 술집 주인이 먼저 아는 체를 할 정도로 친해졌다. 나중에는 우리 세탁소 앞에 주차하려는 사람이 있으면 직접 나서서 막아 주기도 했다.

"여보, 잠시 다른 세탁소 좀 둘러보고 올게."

우리 세탁소가 안정을 되찾으면서 오후 시간에 다른 세탁소를 방문하기 시작했다. 일종의 벤치마킹이었다. 나는 다른 세탁소에서 배울 점을 찾으려고 애썼다. 어느 업소든 자신만의 노하우가

　　　　　　　　　　　　　　　　　　　　　　액션 테이커

있게 마련이고, 그것만 모아서 활용한다면 몇 개월에서 몇 년 치의 시행착오를 줄일 수 있었다.

처음에는 다른 업소를 찾아가 "안녕하세요."라고 반갑게 인사하면 반가워하기보다는 경계의 눈빛으로 바라보았다. 같은 한인 업소라서 경쟁자로 생각하는 듯 했다. 그래서 한두 번 방문했다가 내가 필요한 것(운영 정보)을 얻으려고 하기보다는 그들에게 필요한 도움을 주려고 애썼다.

다른 세탁소에 방문할 때는 빈손으로 가지 않고 커피나 빵, 아이스크림 등을 사들고 갔다.

"날씨도 더운데 시원한 음료수 한 잔 드세요."

반갑게 인사하고는 그들이 먹고 쉬는 동안 바지나 블라우스를 다림질해 주기도 했다. 얼마 지나지 않아 어느 세탁소를 가더라도 환영을 받게 되었다. 그러면서 조금씩 마음을 열고 새로 나온 세제는 어느 것이 좋은지, 얼룩을 빼는 효과적인 방법, 단골손님을 관리하는 방법 등에 대해 알려 주기 시작했다.

아무리 작은 세탁소를 운영하는 주인이라 하더라도 신참인 내가 갖지 못하는 자신만의 노하우 하나씩은 가지고 있었다.

'어떤 주인이라도 반드시 배울 점이 있구나. 상대가 누구든 경청해 보자. 세탁소를 경영했다면 반드시 한 가지 이상은 배울 수 있는 노하우가 있다.'

내가 여러 한인 세탁소를 찾아가면서 마음에 새긴 신조였다.

‘저 주인은 이렇게 손님 응대를 하는구나.’

‘이 세탁소는 최신 세탁 기술을 잘 활용해서 얼룩 잘 빼는 곳으로 소문났군.’

‘몇 명 안 되는 직원을 저렇게 하면 효과적으로 배치할 수 있구나.’

이러한 과정을 거치면서 나는 최적의 운영 방식과 업데이트된 지식을 배울 수 있었고, 이는 매출 증가로 나타났다.

미국 사회의 변화와 흐름을 알기 위해 신문을 부지런히 읽었다. 특히 「LA타임스」 비즈니스 면을 부지런히 읽었다. 시시각각으로 바뀌는 노동법 문제부터 부동산, 세무, 일반 법률문제까지 소규모 자영업을 시작하기 위해 필요한 상식들을 넓혀 갔다. 「중앙일보」, 「한국일보」 등 한인 신문을 읽으면서 전문가 칼럼도 부지런히 읽었다. 무엇보다 한국 교민들이 전하는 ‘구전 정보’에 의지하지 않고 내 스스로 깨우쳐 나갈 수 있도록 애썼다.

동네 주민에게서 외면 받던 우리 세탁소는 1년 만에 동네의 보물로 부상했다. 또한 ‘신속하고 친절한 세탁소’라는 이미지를 얻게 되면서 꼭 필요한 가게가 된 것이다. 미국인들은 실력을 인정받으면 밀어 주는 것도 확실했다. 손님들은 우리를 가족처럼 대했다. 아내와 나의 퍼스트 네임First name을 부르며 안부를 묻는 고객들을 보면서 미국인들이 정 붙이기는 어려워도 한번 사귀면 나이와 성별을 떠나 친구처럼 될 수 있다는 사실을 알게 되었다.

 액션 테이커

기업형 세탁소 1달러 클리닝과의 전쟁

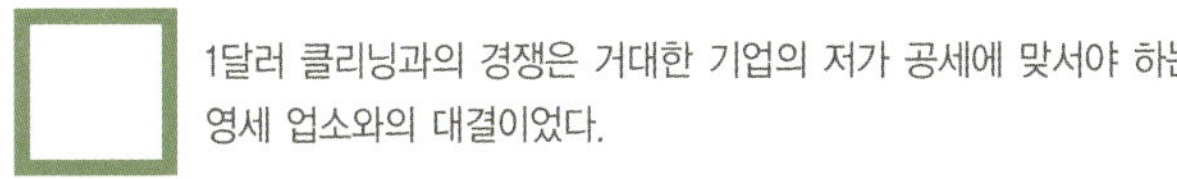

1달러 클리닝과의 경쟁은 거대한 기업의 저가 공세에 맞서야 하는
영세 업소와의 대결이었다.

조금씩 안정되어 가던 세탁소 운영에 청천벽력 같은 소식이 전해졌다. 기업형 세탁소 '1달러 클리닝1dollar dry cleaning'가 우리 동네로 진출한다는 소식이었다. 우리 세탁소가 위치한 쇼핑몰 바로 뒤편 가게 자리로 들어온다고 했다. 어느 날, 공사 중인 업소 간판에 '1달러 클리닝 곧 입점'이란 큰 플래카드가 내걸렸다. 이를 지켜보던 우리 부부의 가슴은 철렁 내려앉았다.

1달러 클리닝이 어떤 곳인가. '어떤 세탁물이라도 1달러로 해결'이라는 슬로건을 내건 기업형 세탁소 체인으로 빠르게 성장하면서 소자본으로 움직이던 동네 세탁소를 퇴출시키고 있었다. 세탁비가 기존 가격의 절반 이하에 불과했고, 최신 설비를 사용하여 세탁 기간을 줄임으로써 높은 경쟁력을 확보하고 있었다. 그래서 1달러 클리닝이 입점하는 곳 주변의 세탁소는 더 이상 버티지 못하고 망해 나갔다.

이런 소문을 익히 알고 있던 우리 부부는 간담이 서늘해졌다. 이런 두려움을 서로 얘기하지는 않았지만, 겨우 기반을 잡은 우리 세탁소의 명운도 예외일 수 없다는 사실을 누구보다 잘 알고 있었다. 나는 아내 모르게, 아내는 나 모르게 잠시 바람 좀 쐬고 오겠다며 나가서 새로운 세탁소 입점 상황을 체크했다.

'휴, 벌써 보일러 장비가 들어왔네.'

'이제 카운터 시설이 설치되었으니, 보름 뒤면 문을 열겠네.'

진척 상황을 수시로 체크하면서 우리가 직면하게 될 운명의 그날을 생각했다. 게다가 우리 세탁소 바로 뒤편에 들어오게 돼 직접적인 타격을 보게 될 터였다. 개업 1주일을 남기고서는 프랜차이즈 본사에서 실시하는 오픈 예고 광고물이 거리에 넘쳐났다. '이제 가장 저렴한 세탁비로 가장 빠른 서비스를 즐기세요.' '모든 세탁물이 1달러' 등의 전단지가 거리에 뿌려졌다. 문을 열자마자 각종 프로모션을 진행하는 만큼 초반 몇 개월은 큰 타격을 받게 될 것이다.

밤에 잠이 오질 않았다. 어떻게 대응할 것인가? 세탁비를 낮춰 경쟁하면 지금의 마진으로도 큰 수익이 남지 않는 상황에서 장기전으로 갈수록 불리해진다. 그렇다고 세탁비를 올리면 손님이 더

　　　　　　　　　　　　　　　　　　　　액션 테이커

떨어져 나갈 것이라는 불안감이 엄습했다. 밥을 먹을 때도 차를 운전할 때도 대응 전략을 생각해 내느라 머릿속은 정신이 없었다.

1달러 클리닝이 개장을 이틀 남겨 둔 날, 하도 답답해서 일찍 세탁소를 나와 집으로 돌아왔다. 방에 앉아 있는데, 책꽂이에 꽂혀 있는 '경영학 개론' 서적이 눈에 띄었다. '명색이 대학에서 경영학을 공부했는데!' 라는 생각이 들어 마음을 추스르고 앉아서 책을 읽다가 무릎을 쳤다. 공포의 '1달러 클리닝'에 맞설 수 있는 대책이 생긴 것이다. 그것은 바로 '차별화' 였다. 무한 경쟁에서 살아남을 수 있는 해답이었다.

우선 나만의 가치와 서비스를 창조해 고객의 필요를 충족시킬 수 있는 상상력이 필요했다. 나는 조그만 세탁소 주인으로서가 아니라 제품과 비용, 기업 환경의 변화에 따라 의사결정을 하는 경영자라고 생각했다. 지금의 위기는 거대한 기업의 저가 공세에 맞서야 하는 영세 업소와의 대결이었다. 대다수 주민이 백인 중산층인 이곳에서 승부처는 가격이 아니라 '커스텀화customize된 서비스' 에서 판가름이 날 것이라는 생각이 들었다. 동이 터오는 아침 햇살을 바라보면서 '해볼 만한 승부는 지금부터' 라는 확신을 가지고 일어설 수 있었다.

아침에 출근하자마자 새로운 플래카드를 주문해서 세탁소 앞에 내걸었다. 'Hand Finished' 라는 문구와 함께 가격 인상을 알리는 내용이었다. 가격이 싼 기계식 세탁소를 겨냥해 고급화 전략으로 선회한 것이었다. 세탁비도 인상했다. 와이셔츠는 77센트에서 1달러 25센트로 인상했고, 나중에는 2달러 50센트까지 올렸다. 그동안 손님들 눈치를 봐가면서 몇 센트씩 인상하던 것과 비교하면 엄청난 인상이었다. 특히 털이 많고 세탁이 힘든 배낭 백, 모피 등은 가격을 네 배 이상 올렸다. 종전의 2달러 수준에서 무려 8달러로 올린 것이다. 일만 많고 마진은 낮았지만 서비스 차원에서 해오던 것이었다. 이 참에 아예 빼버리자는 심정으로 가격을 대폭 올려버린 것이다. 아내가 걱정스러운 눈으로 쳐다보며 물었다.

"한 번에 이렇게 많이 올려도 괜찮은 건가요?"

"두고 봐. 결국엔 손님들이 몰릴 테니까."

초반 승부에서는 고전을 면치 못했다. 무려 절반에 가까운 단골 손님을 빼앗길 정도로 타격이 컸다. 1달러 클리닝이 대대적인 오픈 프로모션을 진행하면서 손님들이 한꺼번에 빠져나갔다. 그도 그럴 것이 세탁비를 기존 비용의 절반으로 내린데다 각종 무료 쿠폰을 나눠 주니 어느 손님인들 가지 않겠는가. 세탁을 많이 하던 고객일수록, 세탁비를 많이 지출하던 우량 고객일수록 1달러 클리닝으로 많이 옮겨 갔다.

일감이 많아 점심 먹을 시간조차 부족해서 허리 한 번 펴고 쉬어보는 게 소원이었던 우리 세탁소가 한산해졌다. 세탁소를 시작하고 나서 처음으로 직원에게 가게를 맡기고 우리 부부가 외식을 할 정도였으니까 말이다.

그런데 이상한 일이 생겼다. 2주를 넘기고 3주째가 되면서 1달러 클리닝으로 갔던 손님들이 한 사람씩 우리 세탁소로 다시 찾아오기 시작했다. 1달러 클리닝은 그랜드 오프닝 이후 엄청난 손님들이 몰렸다. 한꺼번에 물량이 많아진데다 빨리 세탁해서 마감 시간을 맞추려다 보니 세탁 품질이 떨어졌다. 세탁물이 정확하게 구분되지 않는 바람에 여성 블라우스와 담요가 섞여 얼룩이 생기는 일이 수두룩했다. 우리 세탁소에서 해주는 무료 수선이나 신속한 서비스를 기대하기 어려웠다. 깔끔한 마무리를 원했던 손님들이 돌아온 것이다.

"가격이 싸다고 해서 가봤는데, 영 엉망이야. 세탁 품질이 말이 아니야!"

우리 세탁소를 찾은 손님들이 불만을 쏟아냈다.

"무슨 일이세요?"

"1달러 클리닝이 하도 싸다고 해서 맡겼더니 흰 셔츠가 노랗게 변했지 뭐야!"

"배낭 백 세탁비가 싸다고 맡겼더니 개털이 하나도 안 떨어졌더군. 이거 다시 세탁할 수 없을까? 비싸도 괜찮아요."

그러면서 손님들은 '원래 세탁소를 옮기려고 한 게 아니라 동네에 생겼다니까 한번 가본 것'이라며 미안함을 감추지 않았다. 개인의 이익이 우선하는 미국 사회에서 듣기 어려운 말이었다.

손님들은 우리가 인상한 가격에 놀라는 표정이었지만, 일감을 많이 뺏기고 더 정성스럽게 해주기 위해 가격이 오른 것을 이해해 주었다. '손 마감Hand Finished'이란 문구는 보다 고급스러운 이미지를 풍겼다. 마치 기계 세차보다 손 세차가 비싸지만 정교한 세차를 의미하듯 말이다.

그리고 배낭 백은 손이 많이 가는데다 세탁 방법도 까다로웠지만, 서비스 차원에서 해줬다. 이제는 그럴 필요가 없었다. 배낭 백 세탁비를 몇 배로 올리자 이 물량이 고스란히 1달러 클리닝으로 옮겨 갔다. 우리 일을 크게 덜 수 있었고, 굳이 우리 세탁소로 온다 해도 높은 마진을 보장받을 수 있게 되었다.

그렇게 경쟁이 시작된지 1년만에 첫 주인이 손을 들었고, 여러 차례 주인이 바뀐 끝에 3년이 되는 어느 날 1달러 클리닝 문 앞에 '문을 닫습니다'라는 사인이 내걸렸다.

그 이후로 일은 전보다 훨씬 적게 하면서도 매출은 그대로 유지되었다. 그렇다 보니 여유가 생겼고, 시간이 나면서 손님들을 좀 더 친절하게 대할 수 있게 되었다. 뿐만 아니라 다른 세탁소도 자주 방문할 수 있는 여력이 생기게 됐다.

포기하지 않는 집념으로

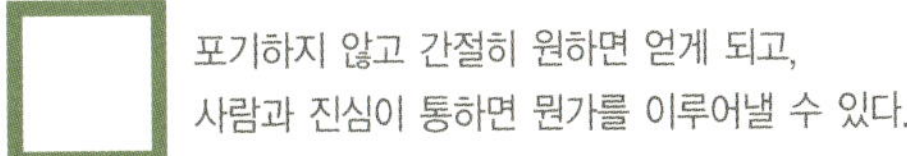

생애 첫 비즈니스인 세탁소를, 그것도 낯선 언어와 문화를 가진 미국에서 시작하면서 수없는 열패감을 맛보았다. 그때마다 포기하고 싶은 마음이 굴뚝같았지만 잡지에서 읽은 한 여인의 스토리가 큰 힘이 되었다. 나는 그 내용을 복사해서 카운터에 붙여놓고 좌절감이 들 때마다 읽곤 했다. 그녀의 이야기는 포기하고 싶은 마음이 찾아올 때마다 내게 큰 위로가 되었다.

그녀는 원래 신문기자 출신이었다. 결혼과 동시에 직장을 그만두고 글과 담을 쌓았다가 사고를 당해서 병상에 오래 있으면서 소설을 쓰기 시작했다고 한다. 그녀가 소설을 완성하기까지는 장장 7년의 시간이 걸렸고, 그 이후 3년 동안 무려 스물다섯 개 출판사에 원고를 보냈지만 번번이 퇴짜를 맞았다고 한다.

한 번도 책을 내 본 적이 없는 무명작가의 원고를 받아서 출간해 줄 출판사가 한 곳도 없었던 것이다. 수많은 출판사를 찾아 헤매다 보니 원고는 너덜너덜해지고 말았다. 그러던 어느 날, 그녀는 뉴욕에 있는 유명 출판사 편집장이 그녀가 사는 지역을 방문했다가 기차로 돌아간다는 소식을 듣게 되었다. 수소문 끝에 역으로 찾아갔고, 막 기차에 타려던 편집장을 간신히 만날 수 있었다. 그녀는 편집장에게 비장한 각오로 다가가서 그 원고 뭉치를 건네며 말했다.

"장거리 여행에 심심할 터이니, 제 원고를 읽어 주세요."

매달리다시피 원고 뭉치를 맡기는 바람에 편집장은 어쩔 수 없이 받아들고 기차에 올랐다. 하지만 편집장은 이런 요청을 어디서든 받기 때문에, 원고 뭉치를 선반에 올려놓은 뒤 거들떠보지도 않았다. 편집장이 탄 열차가 다음 역에 도착했을 때 역무원이 전보를 전했다. 전보에는 이런 내용이 적혀 있었다.

"한 번만 읽어 봐 주세요."

몇 시간 전 자신에게 원고를 떠안기다시피 건넨 그 여인이었다. 하지만 그는 모처럼의 장거리 여행을 망칠 생각이 없었다. 그런데 기차가 역에 설 때마다 같은 내용의 전보가 배달되었고, 마침내 세 번째 전보를 받아든 편집장은 그녀의 집념에 혀를 내둘렀다. 그는 자리에서 일어나 선반에 올려놓았던 원고를 꺼내 읽기 시작했다.

그런데 그 원고를 읽으면 읽을수록 깊게 빠져들었다. 편집장은 거대한 장편의 서사 속에 빠져들었고, 생생한 묘사에 매료되고 말았다. 심지어 기차가 목적지에 도착해 승객들이 짐을 챙기는 시간에도 편집장은 원고에서 눈을 떼지 못했다.

편집장은 출판사로 돌아와서 그 원고를 책으로 만들어 출판했고, 책은 출간되자마자 전대미문의 베스트셀러가 되었다. 영화로까지 제작되어 12회 아카데미 시상식에서 작품상 등 8개 부문을 휩쓸었다. 그녀는 수상과 동시에 세계적 작가의 반열에 올라선 것은 물론 퓰리처상까지 받게 되었다.

예상했겠지만 그녀는 불후의 명작 『바람과 함께 사라지다』의 저자로 잘 알려진 마가렛 미첼이다. 그녀가 편집장에게 원고를 건네주고 나서 '이제 됐어!' 라고 생각하여 전보를 보내지 않았더라면, 이런 기적 같은 일이 생겨났을까? 그랬다면 미첼이 신문사를 그만두고 소설을 쓰기 시작했던 지난 10년 동안의 수고가 물거품으로 돌아가지 않았을까?

그녀의 이야기는 내게 포기하지 않는 집념의 중요성을 생생하게 상기시켜 주었다. 나 역시 포기하지 않고 앞으로 계속 나아갔더니 전혀 알지 못했던 세탁 비즈니스에서 일종의 '도'를 경험하게 되었다. 또한 학창 시절에 그렇게 많이 들었던 '하늘은 스스로 돕는 자를 돕는다!' 라는 말이 실감나게 다가왔다. 다른 말로 바꾸자면 스스로 하지 않으면 하늘도 도울 수 없다는 말이 되기 때문이다.

내게는 이러한 작은 성공이 모여 다음 단계로 올라설 수 있는 힘이 되었다.

남들은 저소득층 아파트에 입주한 것을 대수롭지 않게 생각하겠지만, 내게는 '작은 기적'이었다. 최소한 3~4년 이상 기다려야 하고, 기다린다고 해도 입주가 보장되지 않는 아파트를 불과 2개월도 안 돼 얻었다. 방세가 저렴하고 깨끗한 곳에서 살다 보니 정신도 맑아졌다. 아내는 싸고 깨끗한 곳에서 살게 되어 너무 만족해했다. 아이들도 틈만 나면 밖에 나가서 뛰어놀며 좋아했다. 나도 어떻게 해서 그렇게 완고한 독일계 할머니, 할아버지의 마음을 움직여서 이 아파트로 들어왔는지 신기할 따름이었다.

어렵게 세탁소를 인수했고, 거의 망할 뻔했다가 다시 성공적으로 일어설 수 있기까지는 '포기하지 않은 마음'이 가장 중요했다. 미국 이민 초기의 모진 어려움을 겪으면서도 간절히 원하면 얻게 되고, 사람과 진심이 통하면 뭔가를 이루어낼 수 있다는 사실을 알게 되었다. 또한 '요청의 힘Power of Asking'이 얼마나 중요한 지도 알게 되었다. 그때 깨달은 삶과 비즈니스의 원칙은 다음과 같다.

- 필요한 것을 말하기 전에 사람의 마음을 먼저 열어라.
- 내가 필요한 것보다 상대방이 필요한 것을 우선시하라.
- 협상의 주도권을 쥐기 전까지는 아쉬운 소리를 하지 마라.
- 한국 사람이든 미국 사람이든 진심은 결국 통한다.

무역을 시작하다

 고객을 위한 작은 관심이 더 큰 보상을 가져다준다.

세탁소 운영이 어느 정도 자리를 잡으면서 사업을 키우고 싶다는 생각이 들었다. 그 자금을 마련하는 방편으로 부동산을 택했다. 그동안 내 집을 장만하느라 신규 분양 아파트부터 기존의 주택단지까지 LA 인근 지역을 수없이 돌아다니면서 자신감을 얻었기 때문이었다.

우선 수입이 들어오는 대로 돈을 모아 작은 아파트 유닛을 샀다. 번듯한 아파트가 아니라 낡았지만 조금만 손보면 쓸 만한 소형 아파트를 중심으로 말이다. 서너 가구가 살 만한 아파트는 가격이 그렇게 높지 않았고, 매달 받는 방세로 융자금을 충당할 수 있었다.

오전에 세탁소에서 어느 정도 큰일을 끝내 놓으면, 오후에는 공구 가방을 메고 밖으로 나섰다. 싸게 산 아파트는 페인트칠, 배관, 조경 등 손볼 게 많았다. 목수나 배관공을 부르면 가뜩이나 인건비가 비싼 미국에서 도저히 수리비를 댈 수가 없었다. 나는 필요한 설비 기술을 하나씩 익혀 가면서 보기 흉한 아파트를 깔끔하게 바꾸었다. 렌트 수요가 많아지면서 아파트는 몇 채로 불어났고, 이것을 담보로 조그만 사업체를 시작할 수 있는 기반이 마련됐다.

본격적으로 내가 할 만한 사업체를 찾아보기 시작했다. 얼마 뒤 LA 동쪽으로 1시간 거리에 있는 콜턴 시Colton City에 위치한 폐지 수집소가 시세보다 싼 값에 나왔다. 깨끗한 일은 아니었지만 돈벌이가 될 것 같은 예감이 들었다. 무엇보다 재료비가 들지 않으면서 경기를 쉽게 타지 않는 점, 특히 개발도상국에서 폐지와 알루미늄, 고철에 대한 수요가 급증하고 있다는 점이 장점으로 부각됐다.

나름대로 타당성 검사를 끝내고 폐지 수집소를 매입했다. 막상 회사에 나가 보니 첫날부터 가관이었다. 고지를 수집해 오는 사람들이 거의 실업자, 장애인, 알코올 중독자 등이어서 회사 분위기가 어수선했다. 마당 중앙에 저울이 있었고, 계산소는 초소처럼 따로 세워 놓고 작은 창구 하나만 뚫어져 있었다. 폐지를 수집해 온 사람들은 줄이 길어지면 뙤약볕 아래서 긴 시간을 서 있어야 했다. 의례 싼 고철이나 폐지를 팔러 왔기 때문에 이런 불편함은 당연하게 받아들이는 것 같았다.

이를 지켜보던 나는 아이디어를 생각해냈다. '고객을 제대로 대

 액션 테이커

접하라’ 는 경영학의 원칙을 이 폐지 수집소에 적용시켜 보자는 생각이었다. 아무리 차림새가 남루하고 행색이 초라한 사람들도 우리에게는 고객이었다. 고객을 이렇게 대접해서는 안 된다는 생각이 들었다. 우선 접수처 직원에게 친절한 응대를 주문했고, 나도 직접 팔을 걷어붙이고 나섰다.

“헤이, 톰!”

“하이, 조지!”

세탁소를 운영할 때와 마찬가지로 자주 오는 사람의 이름을 외우고, 먼저 다가가 반갑게 맞이했다. 또한 이곳을 찾아오는 고객들에게 고마움을 표시하는 뜻으로 마당 한쪽에 도넛과 콜라를 몇 상자씩 쌓아 놓고 공짜로 먹을 수 있게 했다. 직원들은 공짜 음식을 내놓으면 노숙자들이 모두 가져간다며 난감해 했다. 하지만 공짜 도넛을 먹으러 빈 깡통 몇 개를 들고 오더라도 우리 고객이라며 그대로 추진하라고 했다.

처음에는 몇 박스씩 가져다 놓아도 순식간에 동이 났다. 또한 사람들이 난리법석을 떠는 통에 혼란스러웠지만, 며칠이 지나자 그들 사이에 차츰 질서가 잡혀졌다. 그들 스스로 룰을 만들어서 한 사람이 하나씩 먹도록 자율적으로 움직였다. 무료 도넛과 친절한 서비스는 비용에 비해 효과가 컸다. 아주 먼 곳에서까지 사람들이 몰려들었다.

새로운 복병이 나타났는데, 그것은 바로 더위였다. 캘리포니아 지역은 분지여서 내리쬐는 태양열이 그대로 지열로 바뀌었다. 이곳을 찾는 사람들이 늘어나자 뙤약볕에서 기다려야 하는 줄은 더 길어졌고, 한낮에는 숨이 턱턱 막힐 정도였다. 접수를 받는 직원은 사무실에서 에어컨을 쐬며 일하고 있는데, 돈을 벌어다 주는 고객은 뙤약볕 아래서 기다린다는 게 마음이 편치 않았다.

며칠을 지켜보다가 '수도 파이프 폭포'를 만들어 보자는 생각이 들었다. 수도관에 작은 구멍을 나란히 뚫은 다음, 그 속으로 물을 흘려보내면 구멍 사이로 폭포처럼 뿜어져 나오는 일종의 인공 폭포였다. 기다리는 사람들에게 구경거리도 되고, 그 주변도 시원해지니 일석이조였다. 쉽게 말하면 스프링클러를 공중에 단 것인데, 그 당시만 해도 이런 시설을 한 곳은 거의 없었다.

이러한 작은 서비스에 감동받은 고객들이 우리 수집소의 단골이 되었다. 집에서 가까운 폐지 수집소를 놔두고 일부러 몇 블록이나 떨어진 우리를 찾아왔다. 그것도 동양인이 운영하는 작은 폐지 수집소를 말이다. 인수한지 몇 개월 만에 고객 수가 두세 배로 늘어났다. 매출 또한 이와 비례해서 상승했다.

그러자 폐지 시장을 장악하고 있던 유태인 사회에서 나에게 관심을 갖기 시작했다. 기존의 폐지 수집소에서 문제가 발생할 때마다 제일 먼저 나와 의논했다. 같이 손을 잡고 해보자는 등 협력을 제안하기도 했다. 나는 파트너십을 맺었고, 내가 지분을 가지고 경영에 참여하는 폐지 수집소가 하나둘씩 늘어나기 시작했다. 수

집 물량이 많아지면서 폐지를 직접 수출하면 사업을 더 확장할 수 있겠다는 생각이 들었다. 중간 거래상에게 헐값에 넘기던 것을 해외로 직접 수출하면 마진을 몇 배나 더 늘릴 수 있기 때문이었다.

그쯤에 예전에 몸담았던 동화기업의 사주도 인도네시아에서 재기에 나서고 있었다. 코리아와 인도네시아의 이름을 따서 만든 '코린도 그룹'이 바로 그 회사였다. 내가 모시던 승상배 회장의 장남 승은호 씨가 기업을 재건하고 있었다. 지금은 인도네시아 최대 기업 중의 하나로 성장했지만, 그때만 해도 걸음마 단계였다. 승은호 회장은 나와 같은 동갑으로 미국 지사장 때도 여러 번 만난 적이 있었다. 폐지를 수출하는 동시에 원목을 취급하면 좋겠다는 생각이 들어 승은호 회장에게 편지를 썼고, 1980년 6월쯤 긍정적인 답변을 받았다.

장형께

낯익은 글씨의 편지를 접하고 너무나 반가웠습니다. 이제는 여러 가지 형편도 좋아지고, 가족 모두 편안하다니 더할 수 없는 기쁜 소식입니다.

요즘 이곳은 경제적으로 여러 가지 문제점이 있고, 회사 형편도 좋은 편이 못 됩니다만 그런대로 잘 움직이고 있습니다. 이 고비만 잘 넘기면 다시 잘 될 것이라 생각하고, 불황을 어떻게 타개해 나가느냐 하는 것에 대하여 전사적으로 연구 검토하고 있는 중입니다.

그런 와중에 장형이 원목을 취급해 보고 싶으시다니 좋은 생각입니다. 아직도 저를 잊지 않고 '동화'를 통해서 무언가를 해보려고 애써 주시는 데 대하여 충심으로 감사를 드립니다. 앞으로도 협력할 사항이 있으시면 망설이지 마시고 말씀해 주세요. 저또한 장형의 도움이 필요하면 언제든지 부탁할 테니, 그때는 귀찮다 마시고 돌봐 주시기를 바랍니다.

사실은 본사가 부도 처리된 후 미국에서 급거 귀국한 적이 있었다. 경리과에서 퇴직금을 받아가라고 했지만 은행과 모든 거래가 끊기고 자산이 동결된 승상배 회장의 어려움을 내 눈으로 보고 차마 그 돈을 받아 올 수 없었다. 그 돈이면 미국에서 조그만 가게를 시작할 수 있는 종자돈이 될 수 있었지만 말이다. 그 일을 통해 나는 승상배 회장과 직장 상사와 부하직원의 관계에서 좀 더 깊은 관계로 발전할 수 있었다.

그 이후 인연이 있어 아들인 승은호 회장과 손잡을 수 있게 된 것이다. 승은호 회장은 당시 비자 문제가 해결되지 않아 미국으로 오지는 못했다. 하지만 다른 측근을 보내 미국과 인도네시아 사이에서 함께 시작할 수 있는 무역 품목을 찾기 위해 논의했다.

1989년, 드디어 '웰위시트레이딩'을 설립했다. 첫 품목은 재활용 가능한 폐지를 모아 인도네시아로 수출하는 일이었다. 본사는

     액션 테이커

LA 코리아타운에 두고, 공장은 샌버나디노 카운티 콜턴에 건립했다. 처음에는 수만 톤을 수출했지만, 시간이 지나면서 물량이 늘어나기 시작했다.

코린도 그룹도 무섭게 성장했다. 인도네시아 10위권에 드는 무역 회사와 1위의 제지 공장을 보유한 해외 기업으로서 전국 각지에 학교를 세워 인도네시아 국민들로부터 큰 신뢰를 받고 있었다. 또한 나에게도 코린도 그룹은 제지와 폐지 사업에서 또 다른 울타리가 될 수 있었다.

사업 초기에 웰위시트레이딩의 수출 물량은 월간 수백 킬로그램에 불과했지만, 시간이 지나면서 연간 20만 톤까지 늘었다. 그중에서 신문 폐지가 절반을 넘었다. 인도네시아 50%, 중국 20%, 한국 15%, 인도와 방글라데시에 15%를 팔았다. 동북아 및 동남아시아 지역의 문맹률이 줄어들면서 신문을 읽는 사람들이 크게 늘어났던 것이다. 수출입하는 품목도 점차 늘어났다. 처음에는 폐지와 고철로 시작했지만 나중에는 자동차와 목재, 해산물 등 팔지 않는 품목이 없을 정도였다.

무역이 본격화되면서 세탁소를 팔았다. 장사가 워낙 잘 되어 인수했던 가격의 4배를 받고 팔았다. 우리 세탁소를 인수한 새 주인에게 키를 넘겨주던 날 우리 부부는 그동안의 고생이 주마등처럼 스쳐가면서 남다른 감회에 젖었다. 워낙 단골이 많았던 세탁소여서 인수한 주인들마다 모두 부자가 되어서 나갔다.

시계를 3시간 앞당겨 맞춰 두다

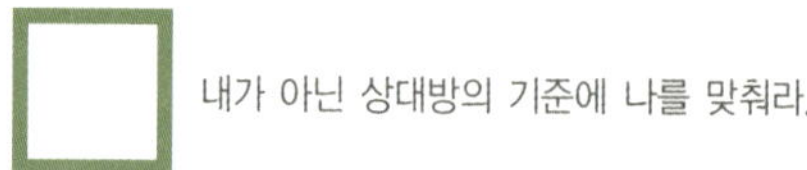

무역은 사람을 알아 가는 일이었다. 미국에서 비행시간만 20시간에 가까운 동남아로 출장 갈 때는 몇 주 전부터 사전 준비에 힘썼다. 그리고 도착한 당일부터 돌아오는 날까지 미팅을 할 정도로 빡빡하게 일정을 짰다. 그렇게 먼 곳까지 갔다면 고객 한 사람이라도 더 만나고, 업체 한 곳이라도 더 방문해야 한다고 생각했기 때문이다.

또한 출장을 가기 전에는 고객의 성향이나 취미를 미리 파악해 두었고, 그곳에서 고객과 나눈 대화나 가족 사항을 명함 뒤에 꼼꼼히 적었다. 돌아오는 비행기에서는 기록한 명함을 보면서 그 사람에 대한 인상을 떠올리려고 애썼다. 후속 조치가 필요한 경우에는 미국에 도착하자마자 곧바로 해결했다. 이런 조치는 거래처에 신용을 쌓는 데 큰 도움이 되었다. 그러다 몇 개월 후 해당 국가를 방문해서 전에 만났던 업체의 대표를 다시 만나면 첫 대화를 이런 식으로 풀어 나갔다.

"아드님이 지난 6월에 고등학교를 졸업했죠? 경영학을 전공한다고 들었는데, 대학생활은 어떻게 보내고 있나요?"

"이번 여름에 부부 동반으로 태국 여행을 다녀오신다고 했는데, 즐거우셨나요?"

그러면 상대방은 미국에 사는 내가 이런 것까지 챙긴다며 깜짝 놀라는 반응을 보인다. 이런 질문은 상대방과 좀 더 깊이 있는 대화를 나눌 수 있게 해준다. 그래서 서로 대화에 빠져들다 보면 예정된 미팅 시간은 훌쩍 지나가고, 비서가 방문을 몇 번 노크한 다음에야 비로소 사업 본론으로 들어가기 일쑤였다.

나는 이러한 개인적인 친밀감과 병행해서 본격적인 사업 이야기가 진행되면 정확한 사업 정보를 알려 주려고 애썼다. 미국에서 발행되는 각종 관련 잡지 등을 읽고 분석한 리사이클링 트렌드나 JP모건, 메릴린치 등에서 유료 메일링 서비스를 통해 얻은 미국 기업들의 변화를 일목요연하게 정리해서 소개해 주었다. 그러면 거래처 사장들은 등받이 기댄 채 앉아 있던 몸을 곧추세우고는 내 이야기에 집중했다.

"앞으로 3개월 뒤에 폐지 시장이 요동친다고요? 그럼 미리 물량을 확보해 두어야겠군요."

상세한 정보를 얻게 된 사장들은 내가 미팅을 마치고 나갈 때 엘리베이터 앞까지 나와 배웅을 했다. 내가 전해 준 예측은 상당히 정확했고, 덩달아 나에 대한 신뢰도 올라갔다.

무역 사업이 탄력을 받으면서 거래처 확보를 위해 동부로 출장을 가야 할 기회가 많았다. 내 사업에 대해 직접 설명할 기회가 많아진 것이다. 거래처들이 미국인인 만큼 영어로 그들을 설득하려면 완벽한 프레젠테이션이 필요했다. 그래서 다양한 각도의 질문에 대비해 완벽한 시나리오를 준비해야 했다.

사업 내용을 명확하게 전달하기 위해 수십 차례에 걸쳐 프레젠테이션을 준비했다. 이민 1세대인 나에게 완벽한 영어 구사는 커다란 도전이었다. 우선 영문으로 간단한 초안을 만들어 놓고 수시로 연습했다. 회사에서는 영어권 직원들을 모아놓고 직접 프레젠테이션을 하면서 피드백을 들었다. 억양, 발음 등에서 수정할 사항을 메모해 놓고 흥얼거릴 만큼 외웠다. 완벽주의자는 아니지만 한 번의 미팅, 한 번의 프레젠테이션에 모든 것을 쏟아 부었다.

무엇보다도 자신감 있는 태도가 중요했다. 이를 위해 출장 1~2주 전부터 동부 시간에 시계를 맞추어 일정을 시작했다. 동부는 서부보다 3시간이 빠르다. 뉴욕 시간으로 오전 9시면 LA는 새벽 6시다. 뉴욕에 도착하면 아침 9시에 회의를 시작할 때가 많았다. 밤 비행기를 타고 공항에 내리자마자 호텔에 잠시 들렀다가 곧바로 회의실로 직행했다. 특히 시차 적응이 안 돼 정신이 멍한 상태에서 영어로 의사소통을 할 때는 더욱 그랬다.

대부분의 사람들은 실수를 하더라도 "시차 적응이 아직 안 됐어요."라고 변명하곤 했다. 하지만 나는 이런 작은 것에서부터 달라져야 한다고 생각했다. 그래서 출장 2주 전부터 새벽 5시에 일어나는 습관을 들였다. 6시에 출근해서 업무를 시작했더니 사장이 때 이른 아침에 나와서 일하는 것을 보고 직원들이 긴장하기도 했다. 하지만 차츰 익숙해지자 나중에는 내가 일찍 와서 일해도 사장이 출장을 가는 것으로 여기게 됐다.

이렇게 2주를 생활하다가 뉴욕에 가면 시차에 쉽게 적응할 수 있었다. 일정을 아끼기 위해서 때로는 밤 비행기를 타고 새벽에 도착해서도 잠시 호텔에 들러 반드시 샤워를 했다. 머리와 복장을 단정하게 한 상태로 회의 시간에 맞춰 도착하면 다들 혀를 내둘렀다. 나에게는 너무도 당연한 방식이었지만, 가끔 직원들을 데리고 가면 일정을 맞추지 못해 힘들어했다. 직원들은 내 모습을 보고 "사장님은 원래 체력이 좋으신가 봐요."라고 말한다. 시차 적응을 위한 내 나름대로의 노력은 모른 채 말이다.

캘리포니아 최대 염색 공장으로 키우다

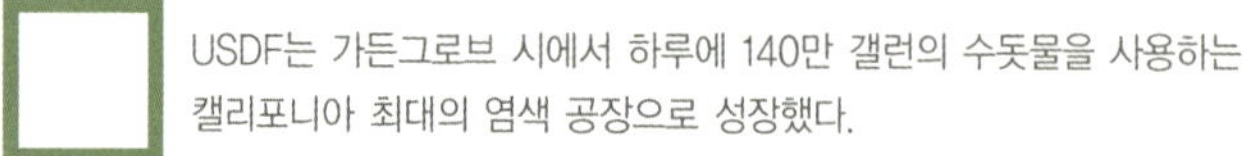

무역업이 디딤돌이었다면 제조업은 이를 딛고 올라서는 도약의 단계였다. 제조업을 해야 돈을 번다는 생각은 동화기업의 승상배 회장을 모시면서 배운 철학이었다. 경리과장으로 승진한 후로 회장님을 수행해서 현장을 방문할 기회가 많았다. 승 회장은 차 안에서나 회의에서 항상 제조업의 중요성을 강조했다. 제조업을 발판으로 금융업을 이해해야 거래를 할 수 있다는 것이 승 회장의 지론이었다. 이것은 내가 무역업에 성공해서 제조업에 발을 디디게 했고, 훗날 은행업에 집중하는 계기가 되었다.

내가 염색 공장에 참여하게 된 것은 우연한 기회였다. 한국행 비행기를 탔다가 옆 좌석에서 고등학교 동창이던 김동일 사장을 만났다. 그는 1990년 LA 남쪽에 있는 오렌지카운티 가든그로브에 파트너와 공동으로 'USDFUS Dyeing and Finish Inc'라는 염색 공장을 설립해서 공동으로 운영하고 있었다. 당시 LA 다운타운 자바 시장이 성장하면서 염색과 봉제 수요가 급속도로 증가했다. 자바 시장은 원단, 봉제, 의류업체들이 모여 있는 곳으로서 초기에는 유태인들이 장악하고 있었는데, 1990년대 들면서 부지런하고 솜씨 좋은 한국인들이 그 자리를 치고 올라가기 시작했다.

"장 사장, 요즘 무역이 잘 되고 있다면서?"

"경기가 좋아서 괜찮아. 김 사장은 요즘 사업이 어때? 염색 수요가 많아지고 있다고 들었어."

"정신 없을 정도로 주문은 밀려오는데 회사 경영이 문제야. 사공이 많아서 산으로 가는 것 같아 걱정이야."

"산으로 가다니?"

"사장이 셋이야. 뭘 하나 결정하려고 해도 시간이 너무 오래 걸려. 조금씩 양보하면 될 텐데, 서로 양보하지 않으니까 의사결정이 너무 힘들어. 아랫사람도 사장들 눈치 보느라 서로 편이 갈려 있다네."

USDF는 자바 시장의 활황을 타고 만들어진 회사였다. 파트너 세 명이 모여 설립했는데, 처음 계약할 때부터 '파트너 협정Partner agreement'도 없이 회사를 만들었다고 한다. 물론 초기에는 아무런 문제가 없었지만, 회사가 성장하면서 파트너 간에 갈등이 심해졌다고 한다. 서로 대표를 자임하면서 직원 채용, 계약 등 경영권을 좌지우지하려들면서 보이지 않던 알력이 수면 위로 부상했던 것이다. 세 명 모두가 '대표'라고 적힌 명함을 들고 다니는 바람에 거래업체에도 혼선을 가져왔다. 사장실도 각자 만들어 직원들을 따로 관리하면서 갈등은 정점에 달했다. 회사를 방문한 손님들이 결정권자가 누구인지 몰라서 고개를 갸우뚱거릴 정도였다. 이 모든 문제점은 회사를 세울 때 제대로 된 계약을 만들지 않은 한국인 특유의 인정에서 비롯됐다.

"장 회장, 우리 회사 지분을 인수해서 들어오는 건 어때?"

그 후 LA에서 만난 김 사장이 내게 사업 참여를 정식으로 제안했다. 나는 염색업계의 성장 가능성을 놓고 곰곰이 생각했다. 원단 수요는 늘어나는데, 해외에서 만들어 들여오는 데는 너무 많은 시간이 걸렸다. 하자가 생겨 반품하고 다시 들여오려면 시간은 두세 배 이상 걸린다. 따라서 미국에 염색 공장을 두고 실시간으로 필요한 원단을 제공하는 회사가 절대적으로 필요했다. 나는 지체 없이 뛰어들기로 결정했다.

무역에서 번 돈으로 USDF 지분을 100% 인수했고, 김동일 씨를 제외한 파트너 두 명을 내보냈다. 그리고 그 지분의 일부를 김동일 씨에게 주고 사장직을 맡겼다. 또한 추가로 자금을 투입해서 그동안 부채에 허덕이던 회사를 정상화시켜 나갔다. 그러기 위해서는 조력자들이 필요했다. 김동일 사장은 브라질 이민 출신으로

 액션 테이커

사업 추진력이 강했고, USDF가 창립될 때부터 근무했기 때문에 경영 전반에 대해 잘 알고 있었다. 또한 스페인어에 능통해서 라틴계 직원들과의 의사소통에도 탁월했다.

다른 한 축으로 오랫동안 잘 알고 있던 찰스 김 씨를 부사장으로 영입했다. 그는 서울대 상대를 나와 일본 중소기업의 미국 지사에서 20여 년간 근무하여 미국식 경영에 정통했다. 그래서 김동일 사장에게 부족했던 미국식 경영 노하우를 접목시키는 데 적격이었다. 24시간 돌아가는 염색 공장 특성상 생산 공정을 책임질 수 있는 전문가가 필요했다. 수소문 끝에 샌디에이고에 있는 소니 브라운관 공장에서 공장장으로 근무하는 짐 심 씨를 소개받았다.

짐 심 씨는 연세대에서 생산 관리를 전공하고, 미국 GMCGeneral Motor Company를 거쳐 소니 브라운관 공장에서 생산 공정을 담당하고 있었다. 그와 연락이 닿자마자 직접 샌디에이고 공장을 방문했다. 어마어마한 공장 규모에도 놀랐지만 '예방 정비preventive maintenance'를 통해 기계의 사용 연한을 110%까지 활용하고 있는 점이 놀라웠다. 지금은 예방 정비가 일반적인 개념이었지만, 그때만 해도 혁신적인 발상이었다. 예를 들어, 3,000시간을 쓸 수 있는 모터 1대가 있다면 2,500시간을 쓴 뒤 떼어내 새로운 부품으로 교체해서 사용하면 잔고장이 없이 3,300시간 이상을 사용할 수 있다. 이 공장에서는 작업 시간에 기계가 멈추는 상황을 상상할 수조차 없을 정도로 탁월한 정비 시스템을 갖추고 있었다.

소니 공장에서 감명을 받은 나는 심 공장장에게 우리 회사를 보여주고 의견을 듣고 싶다고 했다. 몇 차례의 간곡한 요청 끝에 그가 가든그로브에 있는 우리 회사를 방문했다.

"장 회장님, 저 혼자서 공장을 돌아보고 싶습니다."

그가 다른 직원의 도움은 필요 없다면서 혼자 돌아보겠다고 요청했다. 그러고는 공장 내부와 외부를 여러 번 돌아본 후 높은 곳에 올라가서 직원들의 행동을 유심히 관찰하기 시작했다. 일종의 모션 스터디motion study였다. 한참 지나서 그가 우리 회사의 생산 공정과 직원 배치에 대해 조언해 주었는데, 전문가답게 그의 지적은 매서웠다.

"장 회장님, 죄송하지만 이 공장은 제조업의 기본이 되어 있지 않습니다."

심 공장장은 비효율적인 기계 설치와 동일 작업의 분산화 등을 예로 들어 설명했다. 중복되는 작업 동선과 불필요한 움직임이 너무 많았다. 그래도 염색 공장 치고는 최고의 설비를 갖추었다고 생각했는데, 그의 지적은 큰 충격이었다. 이런 문제점을 고치지 않고서는 생산성을 일정 수준 이상으로 올리기 어렵다는 판단이 섰다.

심 공장장 같은 인재가 회사에 있어야 비로소 생산 공정이 자리 잡을 수 있을 거라는 판단이 들었다. 몇 개월에 걸친 구애 작전 끝에 그를 USDF의 공장장 겸 부사장으로 스카우트했다. 이제 비로소 성장을 위한 발판이 만들어진 것이다. 나는 염색 공장을 운영해본 경험이 전혀 없었지만, 시스템만 갖추어지면 회사가 자율적으로 움직일 것이라고 생각했다. 그런 의미에서 나는 전문 경영인에게 권한을 주고, 그가 필요로 하는 부분을 채워 주는 역할에 치중했다.

1년 정도 생산 공정을 정비하고, 숙련된 인력을 키워내는 등 내실을 다진 후부터 회사는 본격적인 성장 궤도에 오르기 시작했다. 가격은 그대로면서 원단의 질이 급격하게 높아지자 각처에서 주문이 쏟아졌다. 공장 전체가 주문량을 맞추느라 정신없이 돌아갔다.

이런 기쁨도 오래 가지 않았다. 경영진 내부에서 갈등이 생긴 것이다. 원인은 김동일 사장과 찰스 김 부사장의 파워 게임이었다. 김동일 사장은 찰스 김이 사사건건 의사결정에 발목을 잡아 제대로 된 경영을 할 수 없다며 그의 퇴출을 강력하게 주장했다.

"장 회장, 찰스 부사장 그 사람 못 쓰겠어요. 매사를 미국식이라면서 처리하니 답답한 것이 많네요. 융통성이 없어서 회사 성장에 발목을 잡는 경우가 많습니다. 이제 회사도 어느 정도 자리를 잡았으니 그 사람을 내보내시죠."

하지만 내가 보기에 찰스 김 부사장은 큰 흠이 없었다. 미국 노동법에 정통하면서 주류 인사들과 인맥을 갖춘 이는 그 사람뿐이었다. 경영 성과도 좋은데다 결정적인 흠결이 없는데 무작정 내보낼 수는 없었다. 찰스 부사장과 김 사장이 첨예하게 대립하는 부분은 세금 문제였다. 김동일 사장은 세금을 다 낼 필요가 있느냐는 생각이었고, 찰스 부사장은 많이 내더라도 세법 규정에 따라야 한다는 입장이었다. 두 사람을 불러 양쪽 얘기를 다 들어봤지만, 물과 기름 같은 관계였다. 화해 가능성은 거의 없어보였다.

찰스 김 부사장을 버릴 마음도 없었다. 하지만 이를 묵과해서도 안 된다고 판단했다. 경영진의 내부 갈등이 합리적인 정책 결정을 막을 것이기 때문이었다. 대신 김동일 씨가 사장 권한으로 그를 해고하기 전에 미리 손을 써야 했다. 나는 이사회에서 정식 안건으로 이를 제안했다. 이사회 추인 없이는 부사장을 해고할 수 없도록 결의한 것이다. 김동일 사장은 내 결정에 대해 매우 격렬하게 반응했다.

"찰스 저 사람 때문에 회사가 어려워지고 있는데, 해고하지 못하도록 만들다니요?"

내 인내력도 바닥이 났다. 사업을 하는 데는 마주 보는 것보다 중요한 것이 같은 방향을 볼 수 있느냐는 것이다. 같은 생각, 같은 비전을 추구해도 험난한 시장에서 이길까 말까인데, 지금처럼 분열되어서는 도저히 승산이 없었다.

김 사장과 결별하기로 했다. 그에게 두 가지 옵션을 줬다. 하나는 이사회에 정식 안건으로 올려 해고를 결정하는 방안과 다른 하나는 자기 지분을 돌려주는 것이었다. 당연한 귀결이지만 김 사장은 후자를 택했다. 자기 지분을 달라고 해서 초기 지분 60만 달러에서 4배로 늘어난 225만 달러를 만들어 주었다. 그의 명예도 지켜 주면서 부자로 만들어서 내보낸 것이다. 초기에 사업을 할 수 있도록 길을 열어 주고, 조력자였던 김 사장을 내보낼 수밖에 없었던 나도 괴로웠다. 며칠 밤을 새면서 다른 방안을 모색해 보았지만, 그것 외에는 대안이 없었다.

나는 찰스 김 부사장을 사장으로 승진시키는 한편 짐 심 공장장을 경영 총괄 부사장으로 승진시켰다. 이를 기반으로 USDF 성장에 다시 가속도가 붙었고, 해가 다르게 매출이 늘었다. USDF는 가든그로브 시에서 하루에 140만 갤런의 수돗물을 사용하는 캘리포니아 최대의 염색 공장으로 성장했다. 또한 아메리칸 어패럴 등 메이저 의류 회사로부터 제작 주문을 받는 회사로 튼실하게 자리를 잡아 갔다.

회사가 규모 있게 성장하면서 다른 경쟁사들로부터 견제를 받기 시작했다. 하지만 좋게 받아들이기로 했다. 어느 분야에서든 견제 없는 곳이 있겠는가. 나는 견제도 경쟁의 하나라고 보았다. 그래서 투명성을 최대 무기로 삼아 이를 극복해 왔다. 그 결과 모든 것이 공개되고, 은행의 영향을 받지 않을 정도로 건전한 재무구조 덕분에 2000년대 초반에 불어 닥친 불경기도 어려움 없이 잘 극복할 수 있었다.

전문 경영인 시스템을 구축하다

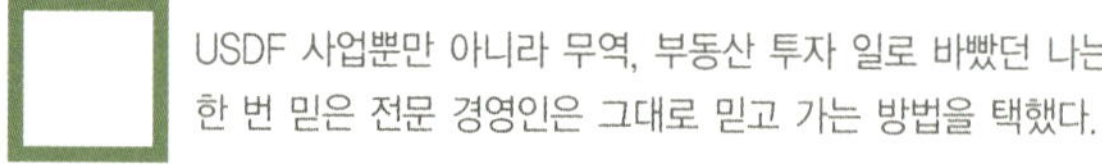

1년에 한 번 열리는 회사 야유회는 장관이었다. 직원 350여 명과 가족 등 모두 1,500여 명이 참석하는 대규모 파티였다. 게다가 직원들 출생 국가가 멕시코부터 파라과이, 과테말라, 브라질, 필리핀, 한국, 일본 등 그야말로 인종의 도가니라 불러도 손색이 없었다. 이러한 대규모 야유회를 계획한 데는 즐거운 직장을 만들자는 내 소신도 있었지만, 서로를 이해하는 계기로 삼아야 한다는 깊은 뜻이 있었다.

사실 인종과 문화가 서로 다른 직원들이 함께 일하다 보니 서로에 대한 사소한 오해가 갈등으로 발전할 가능성이 높았다. 미국 사람들이 보기에는 한국인이나 일본인이나 별 차이가 없다고 느낀다. 그렇다고 한국인을 일본인이라고 부르면 큰 모욕이라는 사실을 알지 못한다. 중남미 사람들도 비슷한 예가 적용된다. 스페인어를 쓴다고 무심코 "당신은 멕시칸이냐?"라고 불렀다가는 큰 문제가 생긴다. 멕시코를 별로 좋아하지 않은 엘살바도르나 과테말라 출신일 수 있기 때문이다.

직원 야유회였지만 원하는 경우에는 가족과 친구들을 초청하도록 했다. 라틴계 직원은 평상시에도 가족 결속력이 대단해서 각종 이벤트에 가족들이 빠짐없이 참석했다. 1,500여 명이 참석하는 대규모 야유회를 개최하려면 넓은 장소가 필요했다. 605번 프리웨이를 타고 롱비치Longbeach 쪽으로 가다 보면 리저널 파크Regional park가 나오는데, 이곳에서 파티를 열었다. 인원이 너무 많다 보니 직계 가족은 오른 손목에 파란 띠를, 친척은 노란 띠를, 친구들은 녹색 띠를 착용하도록 해서 구별할 정도였다. 케이터링을 불러 음식과 술을 무제한으로 먹을 수 있도록 했다. 각종 공연과 게임 프로그램을 만들어서 한쪽에서는 축구 경기를 하고, 다른 쪽에서는 오락을 즐기면서 하루 종일 편히 쉴 수 있도록 했다. 아이들을 위해서는 마술사를 불러 공연을 했다.

잔디 중앙에는 경품으로 나눠 줄 선물을 산더미처럼 쌓아놓았는데, 가장 기다리는 경품은 오후 6시에 추첨하는 초대형 TV였다. 그해 미국에서 출시된 TV 가운데 가장 큰 최신형 제품을 경품으로 내놓았다. 모두들 추첨 시간을 손꼽아 기다릴 만큼 큰 인기를 끌었다.

별도로 사진작가를 초빙해서 하루 종일 가족, 친구들과 즐거운 시간을 보내는 직원들을 촬영하도록 했다. 행사가 끝난 후에는 공장 벽 전체에 야유회 사진을 붙여 놓은 모습도 장관이었다. 일주일간 전시한 후에는 모두 나누어 주었다. 이렇게 한바탕 신나게 놀고 나면 회사 분위기가 훈훈해졌다.

나는 화합을 다지는 외적인 노력 외에 직원 모두가 내 회사처럼 여기며 일할 수 있는 실질적인 방안을 마련하기 위해 애썼다. 그 중에서 가장 많이 신경 썼던 것은 '이윤 분배profit sharing' 프로그램이었다. 나 역시 남 밑에서 일해 보면서 회사가 잘 되면 반드시 직원에게 보상해 주어야 한다는 생각을 일종의 강박관념처럼 갖게 되었다. 이사회에서 회사의 장기적인 성장을 위해서는 이런 프로그램을 마련해야 한다고 설득하여 결국 관철시켰다.

그 결과 흑자가 예상되는 해에는 연말에 임직원에게 보너스를 지급했다. 직원들은 일한 만큼, 회사가 잘 되는 만큼 돌려받을 수 있다는 것을 알게 되자 회사에 대한 충성도가 높아졌다. 다른 업종에 비해 상대적으로 높은 이직률을 보이던 염색업계에서도 장기 근속자들이 많이 생겨났다.

매출과 관련된 세금 보고는 철저하게 했다. 내가 회사 경영에 참여하던 초창기부터 상장회사 회계를 담당하는 CPA 회사와 계약해 매년 결산을 하도록 했다. 자영업을 하는 한인들 대부분은 세금을 적게 내려고만 생각했지 세금 낸 실적이 탄탄한 자료가 되어 은행이나 투자기관으로부터 융자를 받을 수 있는 토대가 된다는 생각은 못하는 것 같았다. 매년 재정 보고서와 감사 보고서를 만들어 경영 성과를 분석하여 다음 해의 사업을 예측하는 자료로 만들었다.

한번은 국세청에서 감사를 나왔다가 "동일 업종에서 이렇게 세금을 많이 내는 기업은 없다"며 놀라기도 했다. 특히 오너와 가족이 경영하는 시스템이 아니라 전문 경영인이 경영하는 시스템에 대해 후한 점수를 줬다.

이사회는 전문성을 갖춘 사외이사들을 천거해 구성했다. 은행장, CPA 회사 대표, 언론인 등 각 분야의 전문가들이 포함되도록 했다. 사외이사들은 사내에만 머무를 수 있는 경영진의 시각이나 식견을 외부로 돌려 업그레이드 해주는 역할을 했다. 한 달에 한 번 있는 이사회를 회사에서만 열지는 않았다. 레스토랑이나 야외로 장소를 옮겨서 탄력적으로 운영했다. 모두가 참석하여 자유로운 분위기에서 창의적인 아이디어를 낼 수 있도록 한 것이다. 나는 무엇보다 즐길 수 있다는 느낌을 줄 수 있도록 노력했다.

나는 '마이크로 매니지먼트Micro Management'를 하지 않으려고 애썼다. 전문 경영인 사장이 있으면서 회장이 자주 간섭하는 것은 오히려 사장의 자율적인 경영에 도움이 되지 않기 때문이다.

공장을 방문한 뒤에는 내 차 윈도우에 투서가 꽂혀 있는 일이 많았다. 주로 인사 발령에 관한 불만들이 주를 이뤘다. 처음에는 한두 번 열어 보았지만 나중에는 봉투를 뜯지도 않고 사장에게 건네주었다. 대신 투서 가운데 주요한 사항이라고 판단되면 어떻게 처리했는지 결과만 알려 달라고 했다. 이렇게 한 이유는 사장의 권위를 세워 주기 위해서였다. 오너 회장이 머리를 들고 다니면 전문 경영인이 자리를 잡기가 어렵기 때문이다.

회사를 자주 방문하지 않은 이유도 이런 이유 때문이었다. 자주 가게 되면 보고받는 사항 외에 여러 가지 일을 보게 된다. 그렇게 되면 무의식적으로 지적하게 되고, 개입할 수 있는 여지가 점차 많아지기 때문이다. 가끔씩 방문할 때는 시간대를 오전 11시 30분으로 잡았는데, 그렇게 하면 사장실에서 30분 정도 보고를 받고 나서 임직원들과 함께 식사를 할 수 있었기 때문이다.

내 역할은 임직원을 격려하고, 힘을 북돋아 주는 데 맞췄다. 그들 스스로 더 열심히 일하도록 만드는 동기 부여에 힘썼다. 동기 부여라기보다는 그들의 이야기를 들어주고, 이해해 주고, 칭찬해 주는 일이 대부분이었다. 그들이 평소에 가기 어려운 고급 레스토랑을 함께 간다거나 유명 휴양지에서 워크숍을 열어 그동안의 노고를 치하하는 것에 내 영향력을 집중했다. 일부 이사들은 채찍보다 당근을 많이 쓴다는 비판을 하기도 했지만, 나는 강제로 사람을 ‘푸시push’한다고 해서 변화하는 것은 아니라고 믿었다.

물론 권한을 위임하는 경영 방식이 무조건 좋다는 것은 아니다.

사장이 회장 모르게 돈을 빼돌릴 수도 있고, 직원들을 장악해서 회사에 해를 끼치는 사업을 벌일 수도 있기 때문이다. 하지만 잘되어도, 잘못되어도 어차피 모든 게 내 책임이라고 생각했다. USDF 사업뿐만 아니라 무역, 부동산 투자 일로 바빴던 나는 한 번 믿은 전문 경영인은 그대로 믿고 가는 방법을 택했다. 물론 안전장치도 마련해 놓았다. 사장의 보고만 듣는 게 아니라 수시로 CFO로부터 실적 및 재무제표를 받아서 경영 상황을 확인했다.

젊어서부터 경리과장 출신으로 어느 정도 숫자만 보고를 받아도 전반적인 회사 경영과 자금 사항을 파악할 수 있는 능력이 회사 경영에 도움이 됐다. 나이가 들어서 알게 된 사실은 젊어서 경험하고 배운 것 중에는 훗날 반드시 쓰이게 된다는 것을 알고 감탄한 적이 있다. 따라서 젊었을 때는 배우고 경험하는 데 온 힘을 쏟아야 한다.

회사를 8개로 늘리다

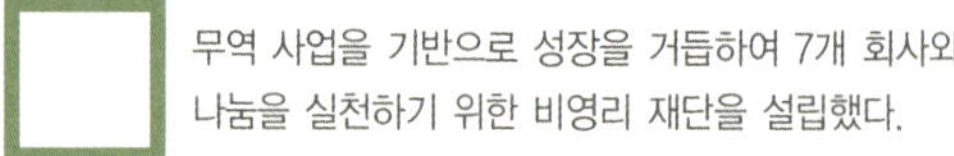

무역 회사가 잘 되면서 사업이 확장되어 나갔다. 원단 염색과 가공을 하는 USDFUS Dyeing and Finishing Inc와 재활용 회사 앰코 리사이클링 LLCAmko Recycling LLC를 중심으로 8개 회사가 설립되었다. 1990년에 불과 180만 달러의 자금으로 시작한 이 회사는 성장을 거듭하여 원단 염색 생산 능력으로는 캘리포니아 최대 규모로 성장했다. 하루에 15만 톤의 원단 생산력을 갖추었고, 300여 명의 직원으로 24시간 풀가동됐다.

세 번째 회사는 티셔츠 회사였다. 'Hooked On Us'로 미국 스포츠용품 회사 리복Reebok을 비롯해서 풋락커Foot Locker 등에 니트 셔츠Knit Shirts를 만들어 공급했다. 미국에서 생산되는 실을 구입해 편직한 후 염색과 봉제를 하던 회사였다. 남미에서 공장을 운영하고, 많은 양을 요르단Jordan에서 제조 수입했으며, 2004년 기준으로 연간 생산량이 1,200만 장 정도였다.

네 번째로 설립한 ‘Intertex LLC’는 원단을 확보하기 위한 회사였다. 면사Cotton Yarn는 카자흐스탄에서, 화학사는 동남아시아에서 수입해 원단을 만들고, 미국 전역의 의류 제조 회사에 공급하는 역할을 했다.

다섯 번째로 설립한 ‘Star USA’는 원단 생산에서부터 포장까지 한꺼번에 처리할 수 있는 회사로서 의류와 인프린팅(Inprinting : print, weld, embroidery, emboss and heat transfer), 패키징packaging을 한곳에서 처리하는 ‘브랜드 서브 매뉴팩처링Brand Sub Manufacurer’이었다.

여섯 번째로 설립한 회사는 ‘웰위시 인베스트먼트Wellwish Investments LLC’로서 내가 관여하는 회사의 여유 자금과 운영 자금의 효율성을 극대화하기 위해 세워졌다. 주식과 채권, 그리고 부동산 투자를 통해 수익을 창출하는 투자 회사였다. 평소부터 미국 신문 경제 면과 경제 뉴스를 수없이 읽어 오며 쌓은 감각을 실전에서 경험할 수 있는 좋은 기회였다.

일곱 번째로 설립한 회사는 ‘GTSC’로서 연방 정부기관에서 필요로 하는 소프트웨어 개발 및 유지 관리, 그리고 보안 솔루션을 개발, 운영하는 회사였다. 특히 이 회사는 국방부 산하 보안 장비 개발 프로젝트를 담당했다.

　사업이 본격적인 궤도로 올라서면서 평소 나눔을 실천할 수 있
는 비영리 재단을 설립하기로 했다. 첫째 딸 은록의 이름을 따서
캘리포니아 사우스베이South Bay 지역에 '에버그린 크리스찬 서비
스센터'를 설립했다. 미국에는 연방 정부와 주 정부에서 제공하는
여러 가지 프로그램과 혜택이 있다. 그러나 영어가 부족하고 이민
정착 기간이 짧은 한인 이민자들은 이 혜택을 받기가 어려웠다.
따라서 이 단체는 초기 이민자들에게 많은 혜택이 가도록 상담과
서류 작성을 도왔다.

　한인 노인들 중에는 영어 실력이 부족해서 시민권을 취득하지
못하는 분들이 많았는데, 이는 시민권자에게만 주어지는 복지 혜
택을 그만큼 늦게 받는 것을 의미했다. 이러한 문제를 해결하기
위해 미국 시민권 시험에 쉽게 합격할 수 있는 프로그램을 운영해
한인 사회에 큰 도움을 주었다. 또한 에버그린 크리스찬 서비스센
터에서 필요한 운영 자금을 지원했고, 나 또한 연간 개인 소득의
5%를 운영 자금으로 제공해 지속적으로 운영될 수 있는 틀을 마
련했다.

　　　　　　　　　　　　　　　　　　　　　　　　액션 테이커

경영자에게 믿음과 자유를 줘라

나는 전문 경영인에게 원칙과 가이드라인을 제시한 후
철저하게 자유를 주는 경영 방식을 취했다.

한꺼번에 8개 회사를 운영하는 것이 가능했던 것은 바로 전문 경영인 시스템을 잘 활용했기 때문이다. 나는 직접 경영하기보다 각 회사에 전문 경영인을 영입해 경영하는 방식을 택했다. 소유와 경영의 분리를 꾀하고, 실적 위주의 예측 가능한 경영을 할 수 있다는 장점을 적극 활용했던 것이다.

회사를 여러 개 만든 이유를 알려면 미국 사회에 흐르는 주류와 비주류의 개념을 이해할 수 있어야 한다. 어느 사회나 마찬가지겠지만, 미국 사회에도 소수 민족이 주류 사회에 진입하는 과정에 보이지 않는 많은 장벽이 존재한다. 또한 이민 1세대로서 사업을 추진하는 데 언어와 문화의 장벽, 그리고 투자 재원이 부족한 것은 어쩔 수 없는 현실이다.

이런 이유로 한 회사를 크게 키우는 것보다는 중소기업을 여러 개 만들어서 주류 사회와의 충돌을 피하면서 공존하는 것도 좋겠다고 생각했다. 또한 이익이 3년 정도 계속되면 큰 회사보다 중소 규모의 회사가 매각하기 쉬울 것이라는 계산도 있었다. 미국에서는 회사를 세탁소 팔 듯 사고팔면서 이익을 얻을 수 있다는 점도 작용했다. 이런 방식으로 사업을 할 때 가장 중요한 것은 믿음이다. 그래서 나 같은 경우는 전문 경영인에게 원칙과 가이드라인을 제시한 후 철저하게 자유를 주는 경영 방식을 취했다.

제조업에서 손을 뗀 지금은 금융지주 회사의 이사장을 맡고 있다. 제조업과 여러 가지 여건은 다르지만 원리는 같다. 은행에 관련된 전반적인 경영 활동은 은행장이 맡고, 미래의 성장 계획이나 신규 투자 방안 등은 이사회를 거쳐 결정하는 데 영향력을 행사하고 있다.

회사를 세우고 전문 경영인을 영입하려 할 때마다 주위에서 이런 반대를 했었다.

"아니, 전문 경영인을 어떻게 믿어요. 책임은 안 지고 성과를 내는 일에만 치중하지 않습니까? 그러다가 아랫사람들과 규합해 회사를 빼돌리면 어떻게 하시려고요. 게다가 몰래 돈을 빼돌릴 수도 있지 않나요? 우리는 이런 사례를 많이 봐왔습니다."

이러한 진심어린 충고를 많이 들었지만, 나는 좋은 사람을 채용해서 적절한 견제 장치를 마련해 놓는다면 충분히 해결될 수 있다고 보았다. 그런 한편으로 각 회사에서 최고 의사결정 조직인 이사회가 제대로 작동하도록 했다. 분기에 한 번씩 개최할 때는 회사의 매출과 성장을 검토했다. 또한 회사별로 운영위원회가 있어서 매달 각 회사의 문제점을 점검하고 지원하는 일을 맡았다. 더불어 정기 이사회에는 주주 이사만 참석하는 것이 아니라 사외이사들이 참여해서 회사의 기본 방향을 결정하고, 각 회사의 사업계획과 실적을 검토하도록 했다.

지금은 한국 기업에서도 사외이사 제도가 확립되었지만, 그때만 해도 낯선 개념이었다. 나는 사업 초기에 회사를 운영할 때도 미국 기업을 본 따 사외이사 제도를 도입해 활용했다. 사외이사의 역할은 특히 주주 이사들 간에 이해관계가 얽혀 의사결정이 어려울 때 회사에 도움이 되는 객관적인 의견을 구할 수 있는 장점이 있었다. 고유 업무가 아닌 분들이나 전문가들이기 때문에, 회사로서는 틀에 박힌 경영에서 벗어날 수 있는 유익한 의견을 얻을 수 있다. 사외이사에는 금융계의 전문 경영인, 변호사, 공인회계사, 언론인이 참여하도록 하고, 임기는 1년으로 하되 회사 공헌 여부에 따라 연임도 가능하도록 했다.

매 분기별로 열리는 이사회는 회사의 투명성을 대외에 보여줄 수 있기 때문에, 필요한 경우 회사를 매각하거나 다른 회사를 인수할 때 은행과 관계기관으로부터 높은 신용도를 확보할 수 있었다. 한편 전문 경영인은 연봉 이외에 실적에 따라 이익 분배를 받도록 했다. 또한 재임 기간 동안 사장의 권한과 의무를 명시하고, 고용계약을 체결해서 회사 운영을 맡겼다.

직접 경영하는 것이 아니라면 사람을 잘 쓰는 것이 무엇보다 중요하다. 이를 위해 일이 되도록 만드는 인재를 찾는 일에 노력을 기울였다. 사람을 판단할 때는 한 번 보고 판단하지 않으려고 노력했다. 이는 많은 시행착오 끝에 얻은 경험이었다. 어떤 때는 저 사람이면 되겠다고 판단하여 채용했는데 별로인 사람이 있고, 어떤 사람은 특별한 인상이 없었는데 시간이 지날수록 신뢰가 가는 사람이 있었기 때문이다. 또한 회사에서 아무리 똑똑한 인재를 뽑더라도 나중에 딴 주머니를 차려는 사람들에게는 회사를 맡겨 봐야 소용이 없다는 사실을 경험하고 나서 재능보다 인격에 비중을 두고 사람을 찾게 되었다.

회사를 설립할 때 파트너로서 가장 경계해야 하는 사람은 처음부터 자기 이익을 챙기려고 하는 사람들이다. 전문 경영인도 마찬가지였다. 만일 투자자 세 사람이 30%씩 출자해서 회사를 만드는데, 외부의 전문가에게 회사를 경영해 달라고 요청했다고 하자. 그럴 때 나머지 10% 지분의 돈을 내고 들어오면 좋겠다고 제안하고, 그 결과를 지켜보면서 그 사람의 행보를 조심스럽게 예측해 볼 수 있다. 자기 돈을 넣고 일하는 전문 경영인과 그렇지 않은 전문 경영인은 하늘과 땅 차이였다. 경영 비전과 회사의 미래에 대해서는 침을 튀기면서 열정적으로 이야기하는 사람이더라도 회사에 한 푼도 투자하지 않거나 첫 연봉계약에서 지나치게 많은 금액을 요구하는 사람을 영입해서 성공한 사례는 없었다.

자신이 경영하는 회사에 자기 돈을 투자한다면 누가 시키지 않더라도 전력투구하게 마련이다. 또한 처음에 시작할 때 연봉을 적게 받더라도 성과를 내서 많이 가져가겠다는 생각을 가진 사람이 훨씬 더 능동적으로 일한다는 것도 경험으로 알게 되었다.

ACTION TAKER

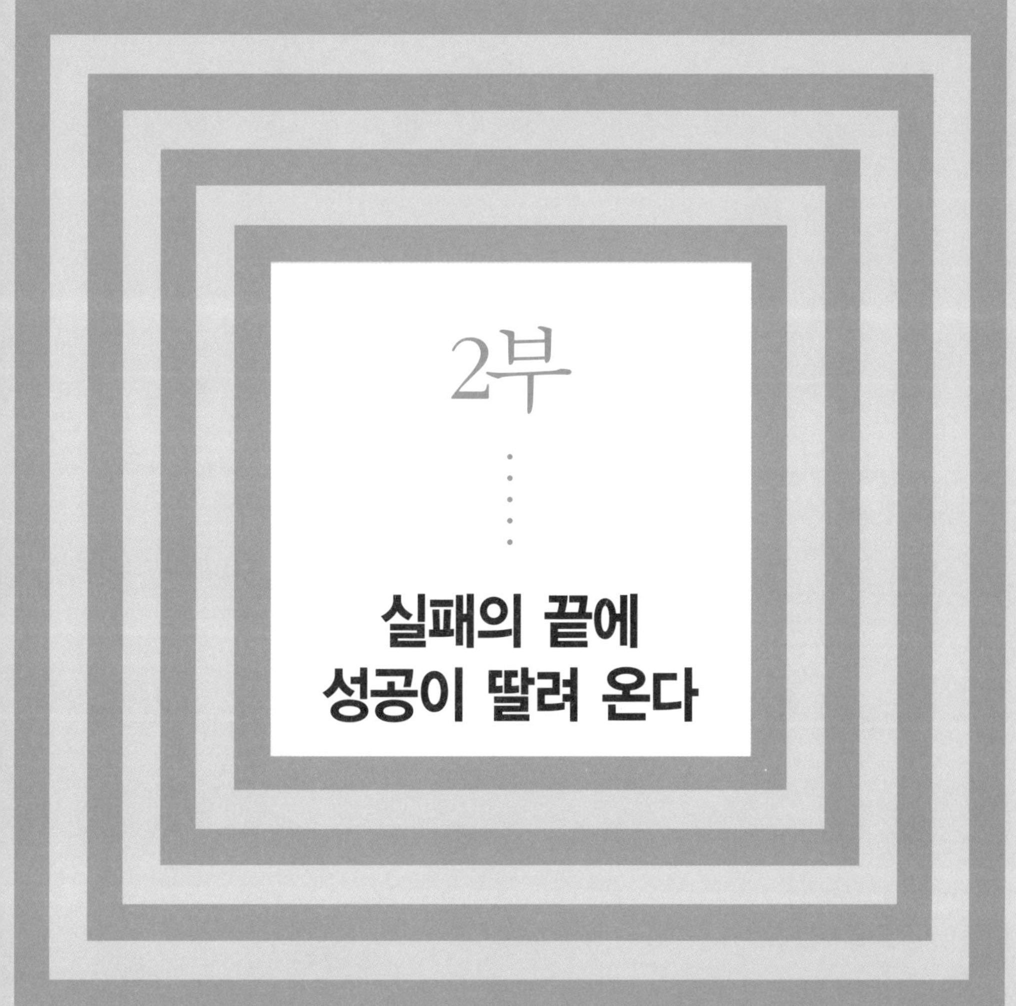

2부

실패의 끝에
성공이 딸려 온다

A C T I O N   T A K E R

위기가 찾아오다

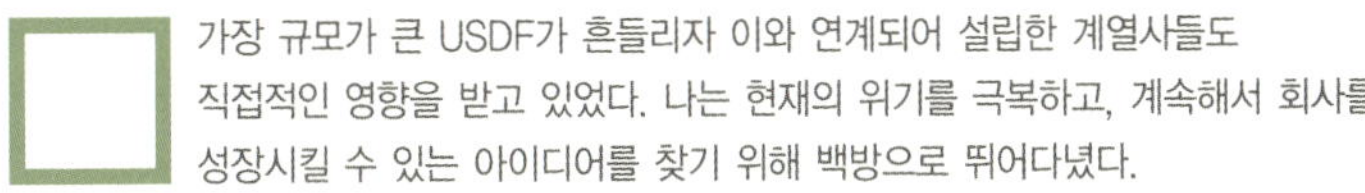

가장 규모가 큰 USDF가 흔들리자 이와 연계되어 설립한 계열사들도 직접적인 영향을 받고 있었다. 나는 현재의 위기를 극복하고, 계속해서 회사를 성장시킬 수 있는 아이디어를 찾기 위해 백방으로 뛰어다녔다.

2000년대 초반, 창립 후 초고속 성장을 거듭하던 USDF에 빨간불이 켜졌다. 기본 색상의 원단이 중국에서 원가 이하의 가격으로 쏟아져 들어오면서 정상적인 경쟁이 불가능할 정도로 시장 가격이 흔들렸다. 게다가 IMF 경제위기가 불어 닥친 한국에서 도산한 염색 공장들이 무더기로 기계를 떼어내 미국으로 들여와 공장을 차렸다. 한때는 50여 개 이상의 염색 공장이 난립할 정도였다. 그러다 보니 어떻게든 공장만 유지하자는 생각에 죽기 살기로 저가 경쟁에 돌입했고, 이로 인해 미국 내 염색 공장의 경쟁력은 크게 악화되었다.

엎친 데 덮친 격으로 경영을 총괄하고 있던 찰스 김 사장이 갑자기 교통사고로 사망했다. 오랜 경영 노하우와 방대한 네트워크를 가진 경영의 중추가 사라져 버린 것이다. 특히 전문 경영인에게 회사 경영을 믿고 맡겨 온 나에게는 타격이 컸다. 염색 업계에서 잔뼈가 굵은 젊고 성실한 사장을 영입해 경영을 맡겨 보았지만 쉽지 않았다. 그리고 한 번 떨어진 매출액을 복구하는 데는 상당한 시간을 필요로 했다.

가장 규모가 큰 USDF가 흔들리자 이와 연계되어 설립한 계열사들도 직접적인 영향을 받고 있었다. 나는 현재의 위기를 극복하고, 계속해서 회사를 성장시킬 수 있는 아이디어를 찾기 위해 백방으로 뛰어다녔다. 그리고 지인들에게서 소개받은 전문가들의 아이디어를 듣고 사업을 확장하기 시작했다.

우선 인건비가 저렴한 온두라스와 니카라과 등 남미 지역의 봉제 공장을 사들였다. 원단 염색 분야에서 고전하고 있었기 때문에 장점을 살릴 수 있는 부분, 즉 직접 원단을 팔거나 의류를 만들어서 판매하는 수직 계열화 기업을 만들었다. 이 과정에서 전문 지식의 결여로 뛰어난 전문 경영인을 채용하는 데 실패했다. 추천을 받았지만 제대로 된 검증을 하지 못해 일어난 일이었다. 당시 내 나이가 65세를 넘기면서 판단력이 흐려진 탓이었다. 사소한 것 하나를 시작하더라도 엄청난 스터디와 사전 준비를 하는 게 나의 경영 스타일인데, 시간이 촉박한 가운데 여러 가지 일을 처리하는 과정에서 생긴 일이었다.

한번은 티셔츠 프린팅 회사를 인수했을 때의 일이다. 형제가 운영하는 회사였는데, 자금을 투자하고 나서 얼마 되지 않아 적자가 났다는 보고를 받게 되었다. 투자금이 부족해서 일어난 일이라며 자금 지원을 요청해 왔다. 나는 그 회사를 직접 방문해서 사장을 만나보기로 했다. 아무런 통보 없이 그 회사로 출근했는데, 사장 형제는 아직 출근하지 않은 상태였다. 2층 계단으로 올라가 공장을 내려다보니 직원들의 근무 태도가 엉망이었다. 사장인 형은 9시가 넘어서 출근했고, 동생은 10시가 지나서 회사에 나왔다. 내가 사무실로 들어가자 사장은 깜짝 놀라면서 변명을 둘러댔다.

"장 회장님 오셨군요. 제 아들이 보이스카우트 행사에 참가한다기에 데려다 주고 오느라 늦었습니다."

"동생은 아직 나오지 않았나요?"

"네, 부장은 거래처에 들렀다가 온다고 했습니다만……."

하지만 직원들에게 미리 알아본 결과로는 매번 출근 시간이 들쭉날쭉하다고 했다. 사장에게 경영과 관련된 사항을 몇 가지 물어보았지만, 제대로 된 답변은 하나도 들을 수 없었다. 경영 악화에 관한 질문에도 변명 아니면 거짓으로 일관했다. 그때까지 이 회사에 160만 달러를 투자한 터였지만, 미련은 하나도 없었다. 사장 형제는 "이번만 투자해 주면 회사를 정상화하겠다."는 말로 사정했지만, 그 어떤 신뢰도 느낄 수 없었다. 그래도 야박하게 회사를 뺏기보다는 그냥 넘겨 주고 알아서 경영하라고 했다. 내가 베풀 수 있는 최소한의 자비였다.

하지만 그들은 회사를 인수하고도 2년간 세금을 보고하지 않았다. 심지어 국세청으로부터 거액의 세금을 부과받고도 지금까지 납부하지 않았다고 한다. 결국 국세청에서는 전 사장이었던 내게 세금을 내라고 하지만, 변호사에게 알아보니 법적으로는 구속력이 없다고 한다. 내 선의를 악용해 피해를 끼친 그들을 보며 안타까운 마음이 들었다. 그래도 더 이상 자금을 투자하지 않아 이만한 피해에서 끝나게 되었다고 스스로 위로했다.

한번은 이런 일도 있었다. 한국 내 대기업 출신 지사장을 사장으로 영입해 스포츠용품 회사를 설립했다. 설립 초기에 적자로 고전하다가 흑자로 돌아서기 시작하던 어느 날, 사장이 나를 만나자고 했다. 이미 '풋락커Foot Locker'라는 매장에는 납품을 시작했고, 나이키와의 계약은 성사 단계에 있었다. 그는 계약에 앞서 자신의 거취를 확실히 하려는 것인지 여러 가지 조건을 내걸었다.

이야기를 들어보니 사장직을 장기간 계약으로 보장해 줄 것과 두 아이의 대학 등록금을 지원해 줄 것, 그리고 전체 수익 중 일부를 인센티브로 지급해 달라는 조건이었다.

만약 나이키와의 계약이 성사된다면 회사의 급성장은 따 놓은 당상이었다. 하지만 계약이 성사된 것도 아니고, 단지 계약 가능성이 높다는 이유로 자신의 조건을 내건 것이었다. 나는 기가 막혔다. 회사가 이제 막 성장기로 접어드는 순간이었는데, 이 상황을 지휘해야 할 사장이 무리한 조건을 내걸고 나와 담판을 짓겠다는 태도 자체를 용납할 수 없었다.

사실 그는 사장으로서 가장 많은 월급을 받았고, 자동차와 보험, 판공비도 섭섭하지 않을 정도로 지원받고 있었다. 회사가 성장하면 사장 대우는 그에 비례해 맞춰질 것인데, 왜 그렇게 서둘러 보장해 달라는 것인지 이해할 수 없었다. 나는 면전에서 "NO"라고 말했다. 나이키와의 계약이라는 워낙 큰 건을 앞두고 있었기 때문에, 자신의 제안이 당연히 받아들여질 것으로 예상했던 것 같다. 뿐만 아니라 나이키와의 계약도 막판에 틀어져 성사되지 못했다. 계약 실패를 문제 삼지 않았지만, 그에 대한 내 신뢰는 예전같지 않았다.

2005~2007년 사이에 설립한 원단 판매 회사, 티셔츠 제조 회사, 봉제 회사, 티셔츠 프린팅 회사에서 약 600만 달러의 손실을 입었다. 그 당시에 느낀 게 있다. 구멍가게를 운영하는 사람에게 기업을 맡겨 놓아서는 안 된다는 사실이다. 즉 그런 사람들은 기업의 사회적 책무와 경영 관리 능력이 크게 부족하다는 사실을 깨달았던 것이다. 반대로 경영자는 회사의 성장에 맞춰 스스로를 끊임없이 업그레이드해야 한다.

친한 지인 벤자민 홍 행장은 내게 이런 조언을 했다.

"지금까지 지켜보니, 장 회장은 하는 일마다 잘 되고 이익이 나서 자신감에 차 있었어요. 그래서 오만해진 것 아닌가 싶습니다.

그리고 전혀 모르는 업종을 시작하면서도 너무 쉽게 생각한 게 아닌가 싶군요."

그의 말을 듣고 깊이 반성했다. 그러고 보니 오만함에 앞서 판단력도 흐려졌다는 생각이 들었다. 사람을 채용할 때의 신중함도 예전 같지 않았다. 어떤 사람은 이력서만 보고 뽑았고, 인터뷰 한 번으로 채용을 결정한 때도 있었다. 이처럼 쉽게 사람을 뽑고 보니, 그 후유증은 고스란히 내 몫이었다. 물론 그 결과는 회사의 부실 경영으로 나타났다.

폐지 수출로 오랜 관계를 맺어 온 코린도 그룹과의 관계도 새로운 국면을 맞게 되었다. 인터넷 사용의 확산으로 무역업의 이익이 점차 줄어들면서 폐지 공급에 어려움이 많았다. 그래서 여름휴가를 끝내고 코린도 그룹의 김동환 부회장님께 어느 시점에서 코린도 그룹이 미국에 지사를 설립하는 방안과 웰위시를 아스펙의 지사로 이용하는 방안에 대해 물었다. 그리고 코린도 그룹의 승은호 회장에게는 편지를 썼다.

1988년 이래 코린도Korindo 그룹 중 아스펙 회사에 폐지를 공급할 수 있는 기회를 주셔서 제 인생 4분의 1에 해당하는 기간은 보람 있고, 좋은 경험을 쌓을 수 있는 시간이었습니다.

지나고 보면 모두 감사한 마음뿐입니다. 웰위쉬는 모든 노하우를 조카 되시는 분에게 다 넘겨주고, 그간 축적한 자금을 가지고 투자 회사로 다시 태어나는 것과 이익을 내고 있는 앰코 리사이클링 회사를 기반으로 운송 회사로 다시 태어나는 두 가지 방안을 검토하고 있습니다.

기록을 보니 1988년 이래 200만 톤 이상의 폐지를 아스펙에 보냈습니다. 제가 돈을 더 벌 수 있는 기회가 있었지만, 15년간 저를 믿고 맡겨 주신 믿음에 보답하기 위해 최선을 다해 왔음을 저 자신에게 감사하기도 합니다.

1970년 10월 12일 이래 동화를 거쳐 코린도까지 이어 온 34년간의 관계를 정리하면서 한 가지 청을 드리고 싶은 것은 나머지 한 해 동안 웰위시에서 공급할 폐지 수량을 현 7천 톤에서 월 1만 톤으로 개정해 주시면 15년간 저를 믿고 따랐던 직원들의 퇴직금을 마련하고, 자녀들의 학자금을 보조하는 데 도움이 되겠습니다.

하지만 기대와 달리 내 요청은 받아들여지지 않았다. 결국 동화와 웰위시의 관계를 청산할 수밖에 없었다. 내가 자영업에서 새로운 비즈니스의 세계로 나아갈 수 있는 계기를 마련해 준 동반자와 아쉬운 작별을 고할 수밖에 없었다. 하지만 이와는 비교할 수조차 없는 더 큰 위기가 나를 기다리고 있었다.

절망의 나락으로 떨어지다

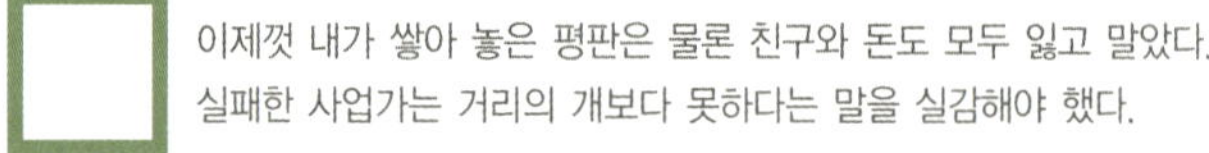

이제껏 내가 쌓아 놓은 평판은 물론 친구와 돈도 모두 잃고 말았다.
실패한 사업가는 거리의 개보다 못하다는 말을 실감해야 했다.

동남아를 주 무대로 한 무역 사업이 활발해지면서 나와 거래하던 기업가들이 미국 부동산에 투자하고 싶어 한다는 것을 알게 되었다. 미국에 부동산 프로퍼티를 가지고 있다면 대내외 신용도를 크게 높일 수 있고, 여유 자금을 돌려 돈을 벌 수 있으니 일석이조였다. 이들의 투자를 받아 부동산을 취득, 관리하는 회사를 만들기로 했다.

축복을 의미하는 중국말인 '주푸'의 이름을 딴 '주푸 프로퍼티 Zufu properties'를 설립했다. 이와 동시에 코리아타운 중심가에 있는 빌딩을 찾아 나섰다. 그 시기에 LA를 동서를 가로지르는 윌셔가와 노르만디가 만나는 사거리에 위치한 센트럴 플라자가 매물로 나왔다. 이 빌딩들은 일명 네 쌍둥이로 불리는 12층짜리 빌딩 4개로, 당시의 부동산 시가로만 1억8천만 달러에 달했다. 일단 시가의 30%를 다운페이먼트(down payment : 계약금)로 지급하고 나머지는 은행 융자를 받아 매입하기로 했다.

그리고 각 빌딩의 관리를 전담할 매니지먼트 컴퍼니를 설립했다. 당시 코리아타운에서 빌딩 관리만 전문적으로 하는 기업은 전무했다. 회사 이름을 '토탈 프로퍼티 매니지먼트 컴퍼니'로 지었다. 처음에는 센트럴 플라자 빌딩을 중심으로 관리를 시작했지만 점차 사업 범위를 확대하여 LA 메트로플렉스 월셔, 하이랜드 빅토리아 빌리지 아파트먼트, 글렌데일 글렌필드 아파트먼트, 어바인 잼보리 프로미네이드 쇼핑센터, 치노힐스 빌리지, 옥스 콘도 등 남가주 전역에 있는 다수의 빌딩을 관리했다.

그런데 1990년 들어 미국 경제의 불황으로 부동산 시장이 폭락하기 시작했다. 그러던 중 1992년에 LA 폭동이 발생했다. 흑인 청년을 구타한 백인 경찰이 무죄를 선고받으면서 흑인들의 분노가 폭발한 것이다. 그 불똥은 엉뚱한 데로 튀었다. 과격한 시위가 코리아타운 지역으로 확산되면서 피땀 흘려 모은 한인 소유의 업체와 상점들이 방화와 약탈로 큰 피해를 입었다. 그로 인해 우리가 투자하던 빌딩 대부분이 코리아타운에 있어 직접적인 타격을 입었다. 90% 이상의 입주율을 자랑하던 빌딩들이 텅텅 비어 나가기 시작했다. 불안해서 코리아타운에 못 있겠다거나 폭동으로 직접적인 피해를 입은 업체들이었다. 이들이 썰물처럼 빠져나가자 빈 사무실이 늘어나기 시작했다. 은행 융자금 상환이 어려울 정도로 수익성이 악화되었다.

그러던 중 1994년에 캘리포니아를 강타한 노스리지Northridge 지진이 발생했다. 추락하는 상업용 부동산 시장에 지진 여파는 치명타가 되고 말았다. 임대료는 떨어지고, 공실률은 상승하는데 연방정부의 규제와 빌딩 관리 규정은 한층 더 강화되었다. 게다가 만기로 돌아온 융자를 연장해야 하는데, 은행에서는 전혀 움직임이 없었다. 부동산 경기 하락으로 은행 자체가 문을 닫을 수도 있는 상황이어서 현금을 끌어안고만 있을 뿐, 대출 자금을 거의 내주지 않았다. 우리가 선택할 수 있는 방법이 많지 않았다.

결국 담당 회계사와 변호사를 불러 상의한 끝에 채무 잠정 유보 파산인 '챕터 11Chapter 11'을 신청하기로 했다. 채무를 잠정 유보하고 모기지를 재협상하려는 계획이었다. 그동안 우리 회사는 부동산 계약과 관리가 잘 되어 왔고, 모기지 부채 감축을 위한 재무 계획을 잘 세워 놓았기 때문에 법원에서 챕터 11이 받아들여질 것으로 확신했다. 그때가 1996년 12월 24일 크리스마스 이브였다. 신문 1면에 '월셔 세 쌍둥이 빌딩 챕터 11 신청'으로 보도됐다. 기사 내용은 다음과 같았다.

소유하고 있는 '주푸 프로퍼티Zufu properties'가 지난 16일 연방 파산 법원에 채무 잠정 유보 파산인 챕터 11을 신청했다.

업계에 따르면 1989년 10월 12층짜리 세 쌍둥이 빌딩을 2,500만 달러를 다운하고 9,000만 달러에 매입한 주푸 그룹은 현재 맞은편 에퀴터블 빌딩이 3,400만 달러에 시장에 나오자 렌더 측과 모기지 재협상을 위해 챕터 11을 신청한 것으로 알려졌다.

연방 법원은 이를 위해 1997년 3월 5일 오전 10시 에드워드 로이발 페더럴 빌딩에서 청문회를 열고 챕터 11 수락 여부를 결정할 예정이어서 주푸 그룹의 이번 결정은 아직까지 테넌트에게는 아무런 영향을 미치지 않는다.

상업용 부동산 업계에서는 센트럴 플라자는 관리가 잘 되어 있고, 모기지 부채 감축을 위한 재무 계획을 잘 세워 놓았기 때문에 챕터 11이 받아들여질 가능성이 높으며, 내년 3월 청문회가 열리기 전에 렌더 측과 모기지 감축 협상에서 합의점을 도출할 가능성이 높은 것으로 내다보고 있다.

부동산 업계에서도 긍정적으로 받아들였지만 사정은 갈수록 악화되었다. 우리가 챕터 11을 신청했다는 사실이 알려지자 코리아타운의 알짜 빌딩을 먹으려는 대형 로펌과 브로커가 끼어들어 방해 공작을 일삼았다. 건물을 통째로 삼키려는 이들 변호사와 브로커의 개입으로 인해 정상적인 대출이 타격을 입었다. 주푸 프로퍼티가 소유한 2억5천만 달러 상당의 재산은 내가 피땀 흘려 운영했던 세탁소를 수천 개나 살 수 있을 정도의 엄청난 돈이었다. 이것이 망하면 모든 것을 잃는다는 생각에서 헤어 나올 수가 없었다. 그런 만큼 파산을 막기 위해 백방으로 뛰어다녔다. 하지만 은행들도 자신들의 처지가 어려운 만큼 대출이 어렵다며 거듭 손사래를 쳤다. 절망과 허탈감이 분노로 바뀌었다.

분노의 칼끝은 중간에서 농간을 부리는 로펌과 브로커에게로 향했다. 내가 망하면 가만히 있지 않겠다고 속으로 몇 번이나 되새겼다. 나도 죽고 너도 죽자는 심정뿐이었다. 스트레스를 풀기 위해 주말이면 교외 사격장에 가서 사격 연습을 했다. 청각 손상을 막는 귀마개를 쓰지 않은 채 분이 풀릴 때까지 총을 쐈다. 사격이 끝날 즈음에는 귀가 얼얼할 정도였다.

결국 챕터 11 신청은 법원에서 받아들여지지 않았다. 이제껏 내가 쌓아 놓은 평판은 물론 친구와 돈도 모두 잃고 말았다. 실패한 사업가는 거리의 개보다 못하다는 말을 실감해야 했다. 마침내 분노가 극에 달한 나는 혼자만 망하지 않겠다는 결심을 실행에 옮기기로 했다. 로펌 변호사와 부동산 브로커를 지켜보며 이제나 저제나 기회를 엿보고 있었다. 눈에 보이는 것이 없을 정도로 제정신이 아니었다. 그러던 어느 날, 한국에서 온 스님을 만나게 되었다.

분노는 남이 아닌 자신을 파괴한다

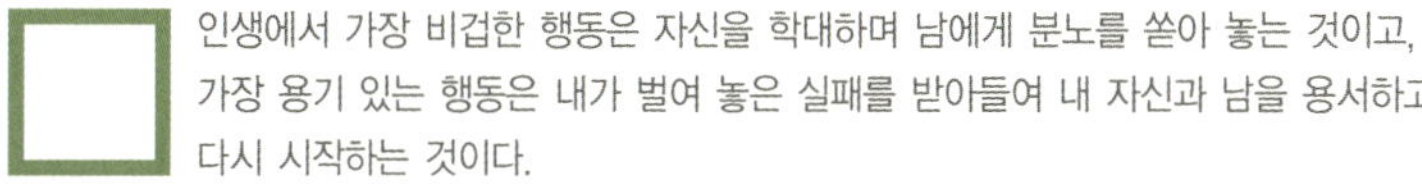

"물로써 어찌 물을 막을 수 있으며, 불로써 어찌 불을 막을 수 있느냐. 눈에 웬 살기가 그렇게 가득하누."

정산 스님의 첫마디였다. 내 눈을 뚫어지게 쳐다보면서 던진 말씀이었다. 마치 바늘로 풍선을 터뜨린 것처럼, 그 말을 듣자마자 내 눈에는 눈물이 흘러내렸다. 스님은 분노와 화는 남이 아니라 자신을 학대하고 파멸로 이끈다는 것을 알려 주었다. 복수는 또 다른 업의 굴레를 만들 뿐 해결책이 아니라는 말씀이었다. 남을 용서하는 것이 결국은 나를 위하는 일임을 알게 되었다.

그 후로 명상의 시간을 가지면서 마음을 안정시키려고 노력했다. 어느 날 앉아서 명상에 잠겼는데, 대학 시절 유치장에 갇혔을 때부터 지금까지의 일이 주마등처럼 스쳐 지나갔다. 문득 대학 시절의 기억이 떠올랐다.

대학 시절 시위 활동으로 경찰에 쫓기게 되었을 때 경찰의 추적을 피하고, 공부에 집중해 보려는 생각에서 묘적사로 들어간 적이 있었다. 묘적사는 경기도 양주군 와부면 월문리에 있었다. 북쪽으로는 천마산과 마주 보고 있고, 남동쪽으로 운길산과 예봉산이 건너다보이는 첩첩산중의 백봉 산자락에 안겨 있었다. 나는 머리를 짧게 자른 모습으로 산을 오르며 속으로 중얼거렸다.

'묘적사妙寂寺라. 이름처럼 오묘하고 고요한 절이구나!'

노란 은행잎이 떨어진 경내는 고요했다. 절은 농가의 행랑채처럼 낮고 길게 늘어선 소박한 건물이었다. 시국 사건에 연루돼 복학이 되지 않아 이곳에서 3년간 공부하며 지냈다. 조인구 주지 스님은 남다른 사랑과 관심으로 나를 아껴 주셨다.

겨울이면 눈이 내려 사방은 흰 담요를 깐 듯 푹신하게 흰색으로 뒤덮였고, 단아하게 자리 잡은 팔각 칠층석탑 위에도 두툼하게 눈이 쌓였다.

공부에 전념하느라 사찰에만 머물던 그해 겨울, 바람을 쐬러 산허리로 난 오솔길을 따라 계곡으로 내려갔다. 세상에! 하얀 듯 분홍인 듯 구분하기 어려운 매화꽃이 흰색 눈밭에 반사되어 눈에 확 띄었다. 가지 위로 밤새 내린 눈이 소복하게 앉아 있는 나무에는 봄의 전령이라는 매화꽃이 활짝 피어 있었다.

‘봄이구나! 이제 내려가야 할 때가 됐어.’

생각해 보니 절에서 보낸 3년이 쏜살같이 지나갔다. 복학을 위해 하산하기 전날, 주지 스님과 마주앉아 저녁 식사를 함께했다. 스님은 나를 불러 옆에 앉히더니 내 콧날과 귓불, 그리고 손등을 천천히 만져 보시고는 이렇게 말씀하셨다.

“장 군, 초년고생이 억셀 것이네.”

“네?”

스님은 계속 말씀하셨다.

“재벌은 못 되더라도 큰 부자는 되겠어. 그것도 외국에 나가서 돈을 벌 것 같아.”

그 당시 젊은 혈기로 가득했던 나는 운명을 믿지 않았다. 다만 하산하는 길에 그 초년고생이 언제 끝날 것인지가 궁금했다. 지금까지 고생했는데 앞으로 더 고생해야 한다는 건지, 아니면 이제 어느 정도 끝이 가까운 건지 궁금했었다.

스님의 말씀처럼 우연찮게 미국에 오게 되었지만, 아직 초년고생이 끝나지 않아서일까? 죽음 같은 고생길은 계속 이어지고 있었다. 미국에서 남에게 속아 복수하고 싶을 때가 있었다. 전 재산을 팔아서 세탁소를 샀는데, 알고 보니 매상을 부풀려 판 것이었다. 매달 적자가 나서 도저히 가정을 꾸려 나가기 어려웠을 때 세탁소를 판 사람에 대한 분노로 잠을 이루지 못하기도 했다. 그러다가 겨우 일어서서 무역업으로 돈을 벌었고, 지금은 부동산 투자로 큰 부를 쌓는 과정에서 파산하고 만 것이다.

고막이 아파 올 정도로 사격 연습을 하며 복수를 별러온 나. 핏발이 서 있던 내 눈에 눈물이 그렁그렁 맺혔다. 실컷 울고 나니 분노와 억울함으로 시퍼렇게 날이 서 있던 마음은 한결 누그러들었다. 그러고는 혼잣말로 중얼거렸다.

'이래서 옛말에 참을 인忍자 셋이면 살인도 면한다고 했구나!'

훗날 지인에게 보낸 편지에 그 당시의 심경이 잘 담겨 있다.

대학생으로서 시위에 참가했다가 체포되어 형무소를 다녀온 후 나를 고문하고 폭행했던 놈들에게 복수를 벼르던 일, 세탁소 매상을 속이고 팔아먹은 유태인 놈을 두드려 팰 생각에 잠 못 이루던 때가 생각납니다.

73일간의 짧은 기간이었지만 형무소라는 폐쇄된 공간에서의 삶은 사람이 왜 정직하게 살아야 하는지, 이런 곳은 일생을 통해 다시 들어와서는 안 되는 이유를 확실하게 깨닫는 계기가 되었습니다. 그것이 제가 미국에서 정직하게 살고, 사업을 바르게 할 수 있는 초석이 된 것 같습니다.

부동산 사업 실패로 인해 잠 못 이루는 고통의 세월을 보냈지만, 사람에게 부는 한순간에 무너지는 존재라는 것을 알게 되었습니다. 두 손에 꼭 쥐었다고 생각했던 그 많은 행운은 마치 모래를 두 손에 쥐었다가 펴 보면 다 빠져나가고, 셀 수 있는 몇 알만 남는 것과 같지요. 허무함을 처절하게 체험한 경우입니다.

견딜 수 없는 시련이 있을 때마다 고통과 분노의 에너지를 통렬한 깨달음과 다시 일어설 수 있는 성장 에너지로 바꿀 수 있는 계기를 갖곤 했습니다.

두 번에 걸친 스님들과의 고마운 인연으로 지금은 미국에 있는 동국대학교 한의과대학 재단의 이사를 맡아 열심히 하고 있습니다.

낯선 외국에서 기멜 언덕도 없이 수많은 어려움을 겪으며 이겨내고 보니 이제는 남에게 너그러워지고, 대범해지고, 남을 이해하고 칭찬하는 일에 많이 익숙해지고 있습니다.

사격 연습을 그만두었다. 계속 총을 사용하다 보면 어떤 생각이 들지 모르기 때문이었다. 순간의 분노가 내 인생 전체를 파멸로 몰아갈 뻔했던 일이었다.

당신에게 하늘이 무너지고 땅이 꺼지는 일이 생겼는가?

당신은 다른 사람에 대한 분노로 잠을 못 이루고, 복수의 칼을 갈아본 적이 있는가?

인생에서 가장 비겁한 행동은 자신을 학대하며 남에게 분노를 쏟아 놓는 것이고, 가장 용기 있는 행동은 내가 벌여 놓은 실패를 받아들여 내 자신과 남을 용서하고 다시 시작하는 것이다.

피 말리는 USDF 매각

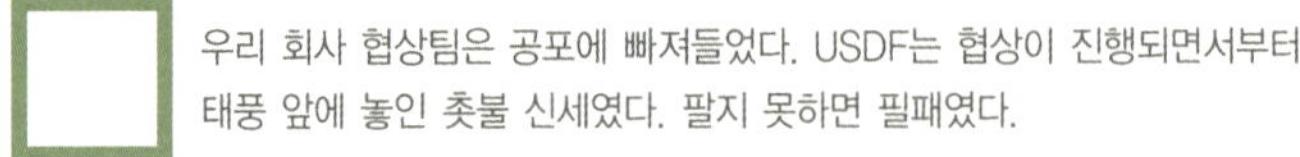

부동산 사업에서 손을 뗀 후에는 제조업에 치중했다.
하지만 USDF의 현실도 쉽지 않았다. IMF 경제위기를 겪으면서
한국의 대형 염색 회사들이 잇따라 도산했고, 미국의 섬유 쿼터
정책도 강화되었다. 상황이 이렇다 보니 한국에서 망하느니 미국
에서 살길을 찾으려는 염색 공장들이 나타났다. 이들 회사는 아예
염색 기계를 떼어내 미국에 와서 공장을 차렸다. 이들이 건너오면
서 USDF의 경쟁 환경은 갈수록 악화되었다. 원단의 가격 파괴가
심화되면서 적자인 것을 버젓이 알면서도 생산해야 하는 상황에
이르렀다.

그나마 기본 컬러 원단은 이윤이 많이 남았다. 하지만 이 분야

역시 중국과 베트남 등에서 저가 원단이 쏟아져 들어왔기 때문에 경쟁력을 잃고 있었다. 매달 20~30만 달러의 적자가 발생하여 회사를 운영할수록 부채가 늘어났다.

나는 아내와 함께 2주간의 휴가를 보내며 장고에 들어갔다. 인생의 3기를 어떻게 설계할 것인지, 보람 있는 삶을 살기 위해 어떻게 해야 하는지에 대해 생각해 보고, 능력에 맞지 않게 너무 많은 사업을 벌이고 있는 것은 아닌지에 대해 반성을 해보기도 했다.

휴가에서 돌아온 후 원단 및 염색 가공 회사 사장들을 40대의 젊은 사람들로 교체했다. 새로 채용한 사장들과 이사회 간의 고용 계약을 결제하고, 권한과 책임을 명확히 하는 동시에 이윤 분배 제도를 시스템화했다. USDF는 3년에 걸쳐 350여 명의 직원을 220여 명으로 줄이는 구조조정을 단행했다.

하지만 이러한 조치로는 부족했다. 이사회에서는 회사를 살리기 위해 신규 투자를 하든지 아니면 매각을 하든지 둘 중의 하나를 선택해야 한다는 의견이 모아졌다. 문제는 기계 설비 확충 등 신규 투자를 하더라도 수익이 보장되지 않는다는 것이었다. 결국 매각을 결심하고 인수할 회사를 알아보게 되었다.

그러던 중 주요 고객인 아메리칸 어패럴에서 연락이 왔다. 아메리칸 어패럴은 우리 회사 생산량의 30%를 공급받을 정도로 비중이 큰 회사였다. 아메리칸 어패럴 측도 우리 회사가 다른 회사에 팔리게 되면 물량 공급 시기나 품질에 문제가 생길 수 있기 때문에, 인수 과정을 예의주시하다가 직접 인수하는 쪽으로 가닥을 잡고 협상에 참여한 것이었다.

초반 협상은 순조로웠다. 우리는 한 달에 수십만 달러씩 적자가 나는 공장을 운영하면서 한시라도 빨리 처분해야 했고, 'Made in USA'만 생산하는 아메리칸 어패럴은 안정된 물량 확보를 위해 미국에 있는 대형 염색 공장이 필요한 상황이었다. 서로에게 '윈-윈' 상황인 만큼 순조롭게 진행되었다.

협상 중반쯤 공장 및 종업원 실사가 끝난 뒤 아메리칸 어패럴 측은 인수 가격을 낮추는 한편 전체 종업원 중 일부만 고용 승계를 하겠다는 입장을 비췄다. 하지만 나는 종업원에게 직장을 보장해 주는 게 기업주의 의무인 만큼 공장이 매각되더라도 경비원을 포함한 전 직원의 고용 승계를 조건으로 내걸었다.

몇 개월에 걸친 협상 논의가 진행되다가 어느 날 갑자기 모든 협상 채널이 단절되었다. 아메리칸 어패럴 측 협상을 진두지휘하는 최고운영자COO 마티Marty를 포함해 재무 책임자, 법무 책임자 등 어느 누구와도 연락을 취할 수 없었다. 전화를 해도 연락이 되지 않았고, 그렇게 몇 주가 지나갔다.

우리 회사 협상팀은 공포에 빠져들었다. USDF는 협상이 진행되면서부터 태풍 앞에 놓인 촛불 신세였다. 팔지 못하면 필패였다. 이미 매각 절차가 시작됐다는 이야기가 전해지면서 기존 고객들이 떠나기 시작했다. 매각이 성사되면 자사 제품을 생산하지 못

　　　　　　　　　　　　　　　　　　　액션 테이커

하기 때문에 미리 다른 공장을 찾아 움직이기 시작한 것이다. 또한 인수 가격을 낮추려면 인력 구조조정을 통해서 원가 절감을 해야 하는데, 내가 고용 승계를 고집하자 협상을 무기한 연기해 버린 것이다.

협상 중단은 아메리칸 어패럴 쪽의 협상 전략이기도 했다. 몇 달만 버티면 우리 쪽에서 두 손 들고 나올 게 틀림없다는 계산을 하고 있는지도 몰랐다. 우리는 하루가 급박했다. 고객들이 떠나간다는 소문이 퍼지면서 대금 결제도 잘 이뤄지지 않았다. 어차피 망할 회사인데 조금만 미루면 안 갚아도 되니까 말이다. 하지만 회사가 빌린 돈은 개인 보증까지 연계되어 있기 때문에 반드시 갚아야 했다. 세탁소를 시작으로 수십 년 동안 쌓은 개인 재산마저 다 날릴 수 있는 위기였다.

2007년, USDF는 건물을 팔면서 10년 리스를 연장했다. 이것은 아메리칸 어패럴 측과의 계약이 파기될 경우, 적자가 나는 상태에서 10년 리스를 책임지는 것을 의미했다. 만약 이번 계약이 파기되면 내가 100% 책임져야 했다. 한 달 리스 비용으로 7만 달러를 내고 있었으니까 10년이면 800만 달러가 넘는 비용이었다.

잠 못 이루는 날이 계속되자 아내는 밤새 책상에 앉아 있는 나를 보며 안타까워했다.

"여보, 잠을 안 잔다고 문제가 해결되는 것도 아니고, 그러다 건강마저 잃으면 어떻게 할 거예요."

그러고는 방에 들어와서 스위치를 끄고 나갔다. 나는 불이 꺼진 방안에 오랫동안 앉아 있었다. 뭔가를 하지 않으면 '반드시' 망한다. 뭔가를 하면 살 수도 있다. 그렇다면 뭐라도 해야 했다. 며칠 후 아내에게 조심스레 물었다.

"만약에 말인데, 만약에 우리가 세탁소를 다시 한다면 할 수 있겠소?"

최악의 경우 회사를 팔지 못해 부도가 나고, 우리가 모은 재산이 전부 없어진다는 가정에서 한 말이었다. 아내의 결심이 필요했다.

"왜 못해요? 그때는 아무 것도 모르는 상태에서도 시작했잖아요. 지금은 경험도 많고 훨씬 더 유리한 조건이잖아요."

아내는 한 치의 망설임도 없이 당당하게 말했다. 그 말을 듣자 나는 큰 용기를 얻었다.

'그래 해보자. 어차피 무일푼에서 시작했는데, 망하면 다시 시작하면 되잖아.'

이런 마음이 들자 어깨가 펴지면서 고개를 꼿꼿이 들 수 있었다.

아메리칸 어패럴의 최고운영자 마티의 집을 직접 찾아가 담판을 짓기로 했다. 아내에게는 꽃을, 딸에게는 주소를 찾아 달라고 했다. 사실은 며칠 밤을 자지 못하고 뒤척이는 나를 보다 못한 아내가 이렇게 말했었다.

"그러지 말고 마티를 찾아가 보는 게 어때요?"

그러고는 아내가 아름다운 동양란을 준비해 주었다.

마티를 찾아간 날이 일요일이었다. 그 전에 딸에게 일요일에 미국인 집에 가는 것에 대해 어떻게 생각하느냐고 넌지시 물어보았다. 미국에서 자란 딸은 펄쩍 뛰었다.

"아빠, 그건 말도 안돼요. 미국인 집을 일요일에, 그것도 아침에 찾아간다고요? 그건 대단한 결례에요."

그게 상식이 아닌 줄은 나도 모르는 바가 아니었다. 하지만 마티는 평일에는 하루 종일 회사에서 살다시피 했고, 토요일에도 밤 늦게까지 일하는 사람이었다. 내가 아메리칸 어패럴로 찾아갈 수 없다면, 그를 만날 수 있는 유일한 기회는 일요일이었다. 하지만 회사가 무너지는 판국에 상식을 따질 여유는 없었다.

'그래, 난 이민 1세대다. 미국에서 살아 온 너희들이 보기에는 비상식일 수 있겠지. 하지만 그게 통할 수도 있지 않겠니?'

일요일이 밝았다. 새벽에 일어나서 옷을 차려 입고, 구두끈을 조여 맸다. 자동차 트렁크에 아내가 준비해 준 동양란을 조심스레 실었다.

마티의 집은 롱비치 항 근처에 있었다. 110번 프리웨이를 타고 내려가는 내내 가서 무슨 말을 어떻게 꺼내야 할지를 생각했다. 마티 집에 도착한 시간은 오전 7시. 집을 방문하기에는 너무 이른 시간이다. 1시간 동안 집 앞 계단에 앉아서 무슨 말을 꺼낼지 생각했다.

"딩동~"

8시가 넘어서 초인종을 눌렀다. 몇 번을 누르고 나서 마티의 아내 로빈이 문을 열었다.

"굿모닝, 로빈."

"하이, 존. 이 시간에 무슨 일이에요."

"어제 예쁜 꽃이 있길래 마티 가족이 생각나서 샀어요. 오늘은 근처를 지나는 길에 잠시 들렀어요."

엉겁결에 이렇게 대답했다. 로빈은 문 앞에 서서 "생큐!"를 연발하면서도 잠시 들어오라는 말은 하지 않았다. 누군가를 집에 들이기에는 너무 이른 시간이었다. 하지만 속으로 이런 생각을 했다.

'일단 무조건 집으로 들어가야 한다. 그렇지 않으면 얘기할 기회는 영영 없어진다.'

"로빈. 화장실 좀 쓸 수 있을까요?"

"물론이죠. 어서 들어오세요."

일단 집안으로는 들어왔다. 마티는 2층에서 잠을 자고 있는 듯했다. 화장실에서도 다음에 뭘 해야 할지에 대해 생각했다. 무조건 이야기를 하면서 시간을 끌어야 했다.

"로빈, 새벽에 일찍 나와서 그런지 졸음이 와서 운전하기가 힘드네요. 혹시 커피 한 잔 부탁해도 될까요?"

로빈에게 커피를 부탁하자 그녀가 흔쾌히 그러겠다고 했다. 나는 주방 옆 테이블에 앉아 응접실에 대형 스피커가 있는데 홈시어터를 만드는 중이냐고 쉴 새 없이 질문을 쏟아냈다. 혹시라도 마

   액션 테이커

티가 들을 수 있도록 목소리를 높여 크게 말했다. 그렇게 10여 분 수다를 떨다 보니 2층에서 마티의 목소리가 들렸다.

"로빈, 무슨 일이야. 누가 왔어?"

"여보, 존이 왔어요. 빨리 내려와요."

잠시 후 마티가 주섬주섬 옷을 입고 내려왔다. 불현듯 마티가 기타를 연주한다는 사실을 기억해냈다. 예전에 마티 가족과 우리 가족이 디즈니 홀에서 기타의 전설 조지 벤슨 공연을 함께 본 적이 있었다. 딸이 디즈니 본사에 근무하고 있을 때여서 좋은 좌석을 구할 수 있었다. 그때 마티는 장인 장례식에 참석하기 위해 타고 가던 비행기에서 직접 작사 작곡한 곡을 만들어 장례식장에서 불렀다고 자랑스레 말했었다.

"요즘은 어떤 곡을 쓰고 있어? 마티의 기타 연습실을 보고 싶은데, 보여 줄 수 있어?"

마티가 내 요청을 흔쾌히 수락했다. 과연 수준급 기타리스트답게 그의 연습실은 완벽한 개인 스튜디오였다. 사방이 방음벽으로 시공되어 있었고, 드럼과 키보드, 기타 몇 대가 놓여 있었다. 연습실을 둘러보고 나서 마티에게 물었다.

"오늘 날씨도 좋은데, 오후에 골프나 치러 갈까?"

어쨌든 밖에서 대화할 자리를 만들어야 한다는 생각에 단도직입적으로 나가는 게 좋을 것 같았다.

"교회도 나가야 하고, 아내에게 물어봐야 하는데……."

마티가 말끝을 흐리자 나는 1층에 있는 로빈이 듣도록 큰 소리
로 말했다.

"로빈, 오늘 내가 마티랑 골프를 치려고 하는 데 괜찮겠어요?"

잠시 후 로빈에게서 "괜찮아요."라는 대답을 들을 수 있었다.

"마티, 12시에 윌셔 컨트리클럽에서 봅시다."

잠깐 사이에 마티의 마음이 바뀔지도 모른다는 생각에 뒤도 안
돌아보고 마티의 집을 나왔다.

그날 골프를 어떻게 쳤는지 기억이 나지 않는다. 골프를 치는
내내 어떻게 공을 넣느냐 보다는 어떻게든 기회를 잡아 무슨 이야
기를 꺼내야 하는데, 그 타이밍을 찾지 못했다. 샤워를 마치고 클
럽하우스에서 식사를 하는 동안에도 "왜 연락이 없었느냐, 왜 협
상을 깨려고 하느냐, 무슨 문제가 있느냐?"라고 묻고 싶은 말이
목구멍까지 차올랐다. 하지만 한편으로 이런 생각이 들었다.

'이건 애원한다고 되는 일이 아니다. 그쪽 회사 차원에서 결정
한 일이라면 내 힘으로 바꿀 수는 없을 것이다. 그걸 알면서 마티
와 쌓아 놓은 관계를 깰 필요가 있을까? 아무튼 비합리적으로 협
상을 깨지 않고 만드는 것이 중요하다.'

식사가 끝나고 마지막 와인 잔이 비었을 때 마티에게 말했다.

"오늘 가족과 함께 보내야 하는 일요일인데, 나와 함께 보내줘
서 고마웠어. 다음에 또 연락하자."

그러고는 자리에서 일어섰다. 이게 마지막일 수도 있겠다는 생각

                                                      액션 테이커

이 들었다. 그동안 별다른 말을 하지 않던 마티가 침묵을 깨뜨렸다.

"존, 내게 할 말이 있지 않아요? 자리에 앉아 봐요."

마티가 비즈니스에 대해 말하려는 것이다. 나는 자리에 앉으면서 말문을 열었다.

"한창 협상을 진행하다가 왜 모든 절차를 중단했는지 알고 싶네."

"인수 가격 때문이에요."

당시 공장 부지는 25만 스퀘어피트였는데, 절반은 팔고 절반은 리스한 상태였다. 생산 시설에 투자한 금액은 수천만 달러였으나 노후 장비가 많아서 감가상각비를 적용하면 많이 받을 수 있는 여지가 없었다. 고액 연봉자인 경영진을 제외하고 시간당 10~15달러를 받는 경력사원이 200명 이상이었다. 공장을 싸게 사서 원가를 절감하려는 아메리칸 어패럴 측은 공장을 인수한 후에 대대적인 구조조정을 실시할 예정이었다. 그런데 나는 이러한 그들의 미국식 실리적인 협상 공세에 맞서 '전 직원 채용 보장'이라는 동양식 명분을 내세우고 협상을 진행했다.

"마티, 내가 처음에 말했던 거 기억해? 가격이 문제가 되지 않는다고 말했던 것을. 나는 1달러에도 팔 수 있어. 전 직원의 채용을 보장하는 조건이라면 말이네."

마티에게 고용 문제를 다시 한 번 상기시켜 주었다.

협상을 하면서 나는 두 가지 점을 중요한 매각 포인트로 잡았다. 하나는 직원의 고용 문제를 끝까지 책임지는 경영진이라는 사실을 알려 주고 싶었다. 직원들도 매각 협상에 대해 어느 정도 알고 있는 만큼 나중에라도 그들을 위해 고용 승계 조건을 관철시키려고 애썼다. 그래서 아메리칸 어패럴 측에 공장만 인수해서는 생산을 정상화시킬 수 없으며, 숙련된 경력사원의 고용 승계가 이루어져야만 제대로 된 생산이 가능하다는 점을 거듭 강조해 왔던 터였다.

"마티, 당신 회사는 공장 인수 가격이 중요하다고 여길지 몰라. 하지만 인수한 후의 안정된 생산을 우선적으로 생각해야 해."

마티는 내 말에 고개를 짧게 끄덕였다. 그의 마음이 조금 움직인 것 같았다.

"존, 내일 출근하는 대로 경영진과 상의해 볼게요. 현재로서는 당신 공장을 인수하는 것에 관심이 적지만, 내가 설득해 보겠어요."

이 대화를 마지막으로 마티와의 협상은 끝이 났다. 집으로 돌아오는 차 안에서 하루 동안의 일이 주마등처럼 지나갔다. 새벽부터 긴 하루를 보냈다. 파김치가 되어 집에 돌아오니 온 가족이 난리가 났다. 아내는 아침에 나간 사람이 밤늦도록 아무 연락이 없자 걱정을 많이 했다고 한다. 내가 마티 집에 갔다 왔다고 하자 딸은 이렇게 말했다.

"오 마이 갓! 아빠 일요일 아침에 그 집을 갔다고요? 그건 너무 무례한 행동이에요."

하루 종일 날선 긴장 상태로 있었던 탓에 대꾸할 힘조차 없었다. 곧바로 잠자리에 들면서 이런 생각을 했다.

　　　　　　　　　　　　　　　　　액션 테이커

'딸아, 죽느냐 사느냐의 순간이었단다. 조금 무례하면 어떠니. 미국에서 태어나 고생 없이 자란 너희들은 모른단다. 망하지 않기 위해, 내 가족을 지키기 위해 이런 무례한 행동을 할 수밖에 없었다는 것을 나중에는 알게 되겠지. 아마 시간이 지나도 아버지의 이런 노력을 너희들은 모를 수도 있을 거야.'

월요일 아침, 회사 전화기에 불이 났다. 아메리칸 어패럴 측이 협상을 재개하면서 각 부문 담당자들이 전화를 걸어 온 것이다. 생산, 구매, 인사, 법률 등 담당자 별로 중단됐던 쟁점을 다시 논의하기 시작했다.

집에서 보고를 받고 출근하려다가 다시 침대에 누웠다. 그리고 며칠 동안 잠만 잤다. 아니 정신을 못 차릴 정도로 피곤함이 몰려왔다는 게 정확한 표현일 것이다. 한 달이 넘도록 새벽이 되어서야 잠을 잤고, 낮에는 매각 협상에 매달렸다. 그리고 마지막으로 마티를 만나 모든 에너지를 쏟아 부은 것이다. 막상 협상이 재개되었다는 말을 듣자 한꺼번에 기운이 빠져버린 것이다.

그 이후 협상은 순조롭게 진행되었고, 미국에서 쌓은 재산을 다 잃고 막대한 빚을 떠안아야 하는 절체절명의 순간에서 벗어날 수 있었다. 하지만 내 젊은 날의 열정을 바친 회사는 남의 손으로 넘어가게 되었다.

워커홀릭, 금단 현상을 겪다

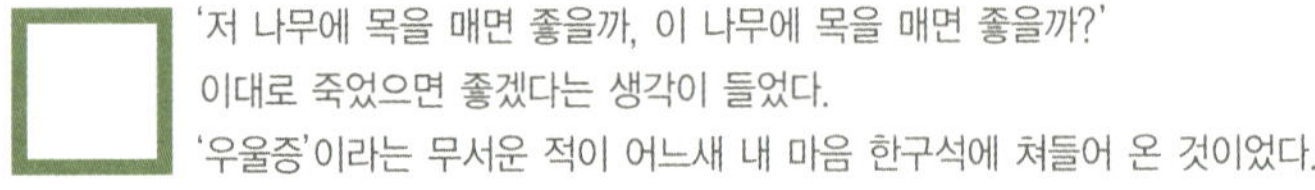

평생 일을 해오다 처음으로 쉬게 되었다. 자의보다는 타의에 의한 휴식이었다. 매일 일하던 사람에게 일이 없어져서 그런 것일까? 일종의 금단 현상을 겪는 것처럼 참는 게 힘들었다. 출장으로 1년의 절반을 타지에서 보냈던 빡빡한 스케줄에 처음으로 예정된 계획이 없어졌다. 일정이 빼곡히 차 있던 캘린더도 차츰 비어 갔다. 뭔가 알 수 없는 공허감이 밀려왔다. 그래서 유럽 여행도 가고, 골프도 자주 치면서 무료함을 잊으려고 했지만, 그것만으로는 부족했다. 생각 끝에 LA 인근에 주말 별장을 직접 만들기로 했다. 흙을 만지고 직접 땀을 흘리다 보면 달라질 거라고 생각했기 때문이다.

‘라이틀 크릭Lytle Creek’이라는 동네였다. 한국처럼 숲이 우거지고 시냇물이 흐르는 곳이었는데, 캘리포니아에서 흔히 볼 수 없는 경치를 지니고 있었다. 2에이커 땅에 세워진 이 집은 원래 사금을 캐던 광부가 살던 집이었다. 조그만 집을 현대식 부엌으로 바꾸고, 바닥에는 한국식 온돌을 깔았다. 마당에는 잔디를 깔고, 가운데는 조그만 연못을 만들었다. 마당 중간에는 원래부터 사과나무와 올리브나무, 밤나무 등 온갖 수종이 있어서 가지를 치고, 정원수에 맞게 관리했다. 연못에는 금붕어와 송사리를 키우느라 바빴지만, 시간이 조금 지나자 ‘내가 지금 여기서 뭘 하고 있는 것일까?’ 라는 회의감이 들었다. 모든 것이 귀찮고 우울해졌다. 중년에도 느끼지 못했던 일종의 정신적 위기가 찾아온 것이다. 사실 너무 바쁘게 사느라 걱정할 시간이 없었던 것이다. 30~40대는 먹고 사느라, 40대 이후 지금까지는 사업을 확장하는 것에 모든 힘을 기울였다. 그러다 보니 한가롭게 감정에 시간을 줄 만큼 여유가 없었다.

하지만 지금은 먹고 살만한 재산을 모았고, 딸들은 장성해서 잘 살고 있다. 처음으로 아무런 걱정 없이 하루를 보내게 된 것이다. 하염없이 벤치에 앉아 있자니 마당에 서 있는 나무들이 눈에 들어왔다. 갑자기 이런 생각이 들었다.

‘저 나무에 목을 매면 좋을까, 이 나무에 목을 매면 좋을까?’

이대로 죽었으면 좋겠다는 생각이 들었다. ‘우울증’ 이라는 무서운 적이 어느새 내 마음 한구석에 쳐들어 온 것이었다. 예전에도 이런 일이 가끔 있었다. 한창 사업을 하면서 자금 조달로 매일 압박을 받을 때, 사우나를 가서 누워 있는데 '이대로 죽었으면 좋겠다'는 생각이 들기도 했다. 하지만 잠시 휴식을 취하면 다시 활기를 찾을 수 있었다. 그런데 이번에는 증상이 조금 달라 보였다.

사실 수많은 CEO들이 회사를 세우고 경영하느라 눈코 뜰 사이 없이 바쁘다. 취미를 즐길 시간도 없이 사업에 매진한 경영자일수록 현역에서 은퇴하게 되면 우울증에 빠질 확률이 높다는 것을 체감하게 되었다.

그럴 즈음 정신적 우울증을 피할 수 있는 계기가 생겼다. 재활용 회사 앰코 사장으로부터 연락이 온 것이다. 적자를 감당하기 어려우니 자금 지원을 해달라는 내용이었다. 일종의 SOS 요청이었다. 어쩌면 그로기 상태에 있던 나에게 비친 한 줄기 서광일지도 몰랐다.

　　　　　　　　　　　　　　　　　　　　액션 테이커

'미운 오리'를 백조로 만들다

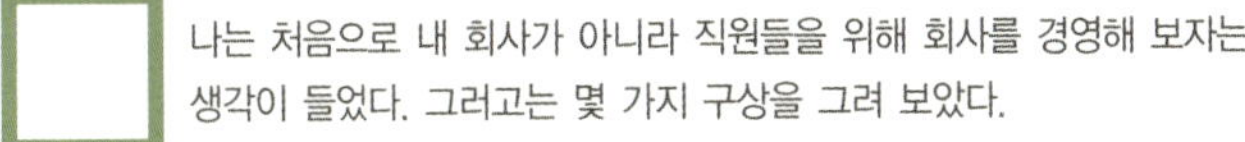

앰코는 내가 소유하고 있던 8개 회사를 처분하고 남은 유일한 회사였다. 폐지 수출을 주력으로 할 때는 규모가 상당히 컸지만 USDF에 집중하면서 매출 규모가 크게 줄어든 상태였다. 그래도 꾸준하게 순익을 냈기 때문에 팔지 않고 있던 알짜 회사였다. 매년 쏠쏠한 순익을 내던 이곳도 2008년 이후 불어 닥친 불황을 피해 가지 못했다. 적자 상태가 2년간 누적되어 더 이상 손을 쓸 수 없다는 게 매튜 전 사장의 말이었다.

일단 공장에 들러서 보고를 듣기로 하고, 이 참에 회사를 팔아 버릴 것인지, 아니면 경영을 개선해서 정상화시킬 것인지는 현장에 가서 판단하기로 했다.

평소와 달리 아침 일찍 일어나서 회사로 향했다. 야적장을 비롯해 작업 현장을 둘러봤다. 재활용을 처리하는 공장이긴 했지만, 내가 있을 때와 달리 공장 주변이 너무 지저분했다. 또한 건성으로 일하는 직원들의 모습이 내 눈에 그대로 들어왔다. 지난 몇 년간 다른 사업이 바빠서 이곳을 제대로 살펴보지 못했는데, 이 정도로 관리가 엉망일 줄은 몰랐다. 전 사장이 내게 보여준 경영 지표는 더 나빴다. 이보다 더 나쁠 수는 없었다. 그래도 수년간 이곳을 지켜 온 전 사장에게 한 번 더 기회를 주기로 했다. 그에게 다음 방문 때까지 실행 가능한 경영 개선안을 내놓도록 지시하고는 공장을 떠났다.

그로부터 한 달 후 공장을 다시 방문했다.

"결국 개선할 게 하나도 없다는 겁니까?"

내 목소리가 사무실을 울렸다.

"네, 그렇습니다. 지금 세계적인 경기 침체로 재활용 수요가 급감한 데다 경쟁 업체가 늘어나서 마진이 거의 없습니다. 이런 상황에서 무슨 대책을 마련하라는 건지 알 수가 없네요."

전 사장이 내놓은 몇 가지 방안은 모두 안 되는 이유밖에 없었다. 나는 기가 막혔다. "이렇게 해보려고 하니 시간을 더 주십시오."라는 등 어떤 식으로든 타개책을 내놓을 것이라고 생각했던 나는 허를 찔린 기분이었다.

"회장님은 그동안 대졸 사원들만 상대해 오셨기 때문에 이곳 사정을 잘 몰라서 그렇게 말씀하시는 겁니다. 직원 대부분이 라틴계인데, 정말 게을러요. 고졸자도 찾아보기 어려워요. 툭하면 결근하는데다 못 배워서 지시 사항도 잘 듣지 않아요. 이런 사람들을 데리고 경영을 정상화시키라고요? 그건 불가능합니다."

나는 고개를 흔들었다. 지난 몇 년간 전 사장에게 이 공장을 맡기면서 그가 재량껏 경영하도록 아무런 간섭도 하지 않았다. 그런데 회사를 이 지경으로 만들고도 개선 방안이 없다니, 도저히 이해할 수가 없었다. 이런 상황에서 아무 것도 할 수 없는 사장이라면 그에게 사장을 맡길 이유가 없었다.

"전 사장, 열쇠 가지고 있죠? 책상 위에 올려놓으세요."

그가 내 얼굴을 뚫어지게 쳐다보더니 회사 열쇠 꾸러미를 꺼내놓았다.

"짐 챙기세요. 그리고 내일부터 나오지 마세요."

가슴 아팠지만 어쩔 수 없는 일이었다.

2006년만 해도 앰코는 순익을 낳는 알짜 회사였지만, 지금은 미운 오리 신세가 되고 말았다. 예전에는 직원 수가 적어도 연간 매출액이 600만 달러를 넘었고, 마진율도 상당히 높았다. 그랬던 회사 매출이 2008년 들어서는 3분의 1로 줄었다. 이러한 위급 상황에서 직원들에게 책임을 돌리는 것은 사장이 할 일이 아니라고 생각했다.

공장에서 직원들을 만나 보니 이민 1세인 전 사장의 리더십에 대해 불만이 많았다. 사무실에 앉아 지시를 하는 등 지나치게 권위적이었다. 심지어 하루 종일 코앞에 있는 현장도 나와 보지 않는다고 했다. 조직에 필요한 리더십이 전혀 작동하고 있지 않았다. 적자가 나면서 월급을 깎는 바람에 직원들의 사기는 크게 떨어져 있었다.

막상 전 사장을 해고했지만 앞으로가 막막했다. 이번 기회에 회사를 팔아 버리고 싶다는 생각이 들다가도 요즘 같은 불경기에는 여기서 일하는 직원들이 다른 일자리를 구하기 어려울 거라는 생각이 들었다. 이곳 직원들은 중학교도 나오지 않은 데다 영어 구사력이 많이 떨어져서 다른 일자리를 찾기가 어려웠다. 최저 임금을 받는 막노동 외에는 일자리를 찾기 힘들었다.

나는 처음으로 내 회사가 아닌 직원들을 위해 회사를 경영해 보자는 생각이 들었다. 그러고는 몇 가지 구상을 그려 보았다.

매달 발생하는 수만 달러의 적자 폭을 메우는 게 가장 급선무였다. 직원의 복지를 향상시키고, 공장 설비를 개선해서 생산성을 높이는 것, 새로운 리더십을 세우는 것 등을 목표로 세웠다. 이를 위해 언어와 문화적인 차이가 있는 라티노 직원들과 어떻게 소통하느냐가 중요한 관건이었다. 다행히 예전 USDF를 경영하면서 멕시코, 페루, 과테말라, 엘살바도르 등 다양한 라틴계 직원들과 일해 본 경험이 있어서 자신 있었다.

직원들은 전 사장이 해고됐다는 소식을 듣고 극도로 위축되어

　　　　　　　　　　　　　　　　　　　　　　액션 테이커

있었다. 불안감이 확산되기 전에 내가 생각하는 회사의 경영 방침을 알리는 것이 중요했다. 즉각 전체 회의를 소집했다.

회사 인근에 있는 패밀리 레스토랑 '데니스' 식당의 회의실을 빌렸다. 저녁 식사가 끝날 무렵 자리에서 일어나 이야기를 시작했다. 내가 영어로 말하면, 스페인어 통역사가 즉석에서 통역했다.

"여러분, 그동안 회사를 위해서 열심히 일해 왔습니다. 너무 수고했습니다. 아시다시피 경기 침체로 회사는 매우 어려운 상황에 처해 있습니다. 그렇다고 회사를 팔거나 문을 닫지는 않을 겁니다. 쉬운 일은 아니지만 최선을 다할 것입니다. 지금까지 일해 온 것처럼 앞으로도 일해 주십시오. 여러분에게 약속하겠습니다. 오늘 이후 적자에서 흑자로 바뀌는 순간부터 여러분에게 보너스를 지급하겠습니다."

통역이 끝나자 식당이 소란해졌다. 직원들이 실적에 따라 보너스를 지급한다는 말이 나오자 웅성거렸다. 그동안 월급이 깎이기만 했지 한 번도 경영진으로부터 보상을 해주겠다는 말을 듣지 못했던 것이다. 나는 그 자리에 앉아 근무 환경 개선과 관련된 건의 사항을 들었다. 이날 받은 요청은 즉시 처리해 주기로 약속했다.

LA 동부에 위치한 콜튼 시는 여름이면 숨이 막힐 듯이 더웠다. 고철이나 빈 병을 팔러 온 고객들도 더워했고, 직원들도 마땅히 쉴 곳이 없었다. 화장실은 더러워서 아무도 가고 싶지 않을 정도였다. 공장 주변으로는 녹슨 철조망이 쳐져 있었고, 바람이 불면

쓰레기들이 심하게 날렸다. 공장은 콜튼 시내를 관통하는 중심가에 위치해 시 관계자들도 공장의 청결한 외관을 여러 번 요청했다고 했다.

다음날, 나는 인부를 불러 화장실 개조 공사에 들어갔다. 말이 개조였지 부수고 새로 짓는 수준이었다. 변기도 새로 교체하고, 벽과 바닥을 깨끗하게 세우고 깔았다. 그러자 직원들 표정이 밝아지기 시작했다. 그런데 얼마 지나지 않아 이상한 것을 발견했다. 새로 꾸며진 화장실에 갈 때마다 휴지가 보이지 않았다. 직원들에게 이유를 물었더니 사무실에서 가져다 쓴다고 했다. 알고 보니 휴지가 충분하지 않으니까 직원들이 화장실에 갔다가 몇 번 곤욕을 치른 적이 많았다고 한다. 그래서 화장실에 휴지가 보이기만 하면 가져가서 자기 사물함에 놓아두었다는 것이다. 그러다 보니 매니저가 사무실에 두루마리 휴지를 보관해 놓고 직원들이 가져다 쓰도록 한 것이다.

이런 작은 것에서부터 직원들을 배려하고 믿어 주는 것이 중요하다고 생각했다. 직원을 시켜 대형 할인점에서 휴지 몇 박스를 구입해 화장실 창고에 쌓아놓도록 했다. 이렇게 해서 직원들이 자기 사물함에 휴지를 쌓아놓을 필요가 없어졌고, 그 후론 화장실에 휴지가 없어 곤욕을 치르는 일은 사라졌다. 그동안 직원들이 못 배우고 나빠서가 아니라 이를 관리하는 시스템이 잘못된 것이라는 것을 입증해 보였다.

화장실을 새로 고친 후의 변화는 자율이었다. 직원들 스스로가 당번을 정해서 화장실을 청소하기 시작했다. 그 후로 화장실은 항상 청결한 상태가 유지됐다.

뙤약볕에서 기다리는 고객을 위해서는 그늘막을 치고, 직원들에게 친절 교육을 시켰다. 메인 스트리트에서 보이는 녹슨 철조망은 아예 떼어내고 콘크리트로 벽을 세웠다. 그러자 시 당국에서는 거리 환경이 개선됐다며 반겼다.

직원부터 먼저 감동시켜라

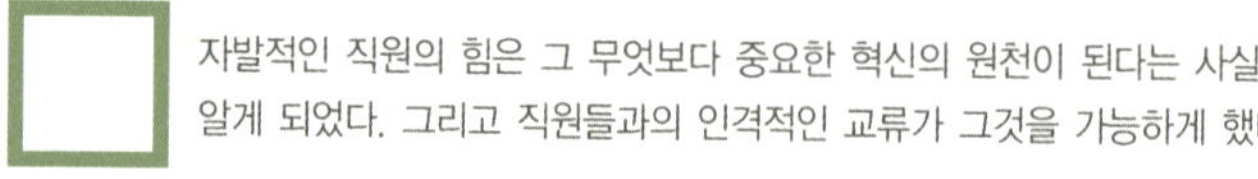

자발적인 직원의 힘은 그 무엇보다 중요한 혁신의 원천이 된다는 사실을 알게 되었다. 그리고 직원들과의 인격적인 교류가 그것을 가능하게 했다.

"메리사, 당신이 오늘부터 이곳 사장 대행입니다."

메리사는 대만 출신 이민자로서 1991년부터 앰코에서 일해 온 회계 담당이었다. 학업에 대한 의욕이 높아 퇴근 후에도 '캘스테이트 샌버난디노California State University San Bernardino'에서 회계학을 공부하는 억척 여성이었다. 나는 그녀의 가능성을 보고 사장 대행을 제안했다. 처음에는 할 수 없다며 손사래를 치는 그녀에게 내가 옆에서 도와줄 테니 열심히 해달라고 했다. 또한 회계 담당 때보다 급여와 권한이 훨씬 더 많다며 설득하기도 했다.

초반에 그녀는 이전 사장이었던 매튜의 스타일에 익숙해져서 주도적으로 하기보다는 지시를 기다리는 편이었다. 나는 사장이

   액션 테이커

나 실무 담당자에게 권한을 대폭 위임해 주는 스타일이라서 메리사에게 좀 더 과감한 의사결정을 하라며 많은 기회를 주었다. 또한 현장 직원들과 거리감을 두지 않도록 사무실에 앉아 있기보다는 현장에 자주 나가라고 각별히 당부했다.

하루는 메리사의 전화를 받았는데, 간단하게 회사 현황 보고를 끝낸 후 현장 근무자인 라파엘의 아들이 급성 맹장에 걸려 며칠간 자리를 비운다고 보고했다. 메리사에게 물었다.

"혹시 아들이 몇 살이죠?"

"여덟 살 정도 될 겁니다."

"지금 병원으로 갈 건데, 메리사도 함께 갈 수 있으면 좋겠어요."

그때가 저녁 8시였다. 공장까지는 길이 안 막혀도 1시간 30분 거리였다. 밤이 늦었지만 지체하지 않고 옷을 챙겨 입었다. 병실 문을 열자 라파엘이 침대에 누운 아들을 근심어린 눈으로 쳐다보고 있었다. 라파엘과 그의 아내는 갑작스런 방문에 깜짝 놀라는 모습이었다.

"라파엘, 병원비는 걱정하지 말게. 회사에서 처리해 줄 테니 마음 놓고 며칠 쉬면서 아들을 돌보게."

병원비와 별도로 금일봉을 전달했다. 그 순간 라파엘의 구릿빛 얼굴에서 무엇인가 반짝였다. 눈물이었다. 그는 떠나는 내 손을 몇 번이나 잡고 고마워했다. 돌아오는 길에 메리사는 현장 직원 경조사에 사장이 직접 방문한 것은 처음이라고 했다. 나는 감성 경영이 뭔지는 모르지만 피부색과 언어가 달라도 진심어린 배려는 통한다고 믿었고, 그것은 직원을 제대로 챙겨 주는 일이었다. 더 나아가 직원들이 일해서 가족을 부양할 수 있는 충분한 급여를 지급하고, 서로 가족 같은 친밀함을 유지할 수 있도록 적정한 매출을 올리는 기업을 만들어가는 것이라고 생각했다.

사장 대행인 메리사와 병문안을 함께 간 것은 직원과의 소통에 대한 메시지를 전달해 주고 싶어서였다. 사장은 사장실에 머무는 것이 아니라 현장의 근로자들을 잘 알고 있어야 한다. 업무뿐만 아니라 인간적으로 깊은 유대 관계를 형성해야 한다는 것이 나의 경영 원칙이었다. 이것을 메리사에게 말로 가르치기보다는 직접 보여주면서 경험하기를 원했다.

한번은 20년간 일했던 르우벤이 급하게 고향으로 돌아간다는 말을 전해 들었다. 이곳에서 대가족을 부양하고 있는데, 페루에 있는 아버지가 위독하다고 했다. 나는 곧바로 현장으로 가서 짐을 챙기고 있는 르우벤을 만났다.

"아버님이 많이 위독하다고 들었네. 이거 얼마 되지 않는 돈이지만 보태 쓰게."

내가 준 돈은 LA-페루 간 왕복 항공권 비용이었다. 매달 정기적인 페이먼트가 들어가는 미국에서 대가족을 부양하다 보면 저축을 하기 어렵고, 이처럼 급하게 목돈이 필요할 때는 구하기가 어렵다. 게다가 당장 떠나야 하니 항공료도 만만치 않을 터였다.

　　　　　　　　　　액션 테이커

르우벤은 내 손을 잡고 눈물을 흘렸다. 오랜 기간 일해 왔지만, 자신에게 이런 대우를 해 준 사람은 한 번도 없었다고 했다. 평소 관리자들과 사사건건 대립하던 그는 고향에 다녀온 뒤 근무 태도가 눈에 띄게 달라졌다.

다른 사람 모르게 도움을 주었지만 코리안 오너가 챙겨 주었다는 소문이 어느새 직원들 사이에 퍼졌다. 적어도 회사 오너가 돈만 밝히는 동양인 사장이 아니라는 이미지를 심어 준 것만 해도 큰 수확이었다.

보통 리사이클링 비즈니스는 자본과 인력, 시설 면에서 부족하다. 회사에는 초등학교도 다니지 못한 라티노 직원들이 수두룩했다. 하지만 나는 틈나는 대로 직원들에게 묻고 들었다. 세탁소 시절 다른 업소를 돌면서 어떤 주인이라도 배울 점이 있다는 것을 직접 경험했기 때문이다.

라파엘은 그 전까지 출퇴근 카드만 찍고 아무런 의욕도 없이 그저 자기 일만 하던 직원이었다. 하지만 기계 조작에 관심이 많았고, 개선안 발표 때 지켜보니 창의적인 아이디어가 많다는 것을 알게 되었다. 그에게 바람이 불면 폐지가 온 사방에 날린다며 개선 방안을 생각해 보라고 했더니, 별다른 공사 없이 한쪽 구석에 폐지 보관함을 기막히게 만들었다. 그 후 그에게 공장 설비 개선에 대한 의견을 구했다.

또 중장비를 다루는 직원과 그렇지 않은 직원으로 구분해 오던 것을 누구든지 장비를 배우면 인센티브를 줬다. 얼마 지나지 않아 모두가 중장비를 다룰 수 있게 되어 업무 효율이 높아졌다. 또한 교환 업무가 가능해지면서 중장비 부품을 빼돌려 팔아먹던 일도 없어졌다.

한번은 USDF에서 근무하던 공장장이 사용했던 모션 스터디 motion study를 기억해 내고는 앰코 공장에 적용해 보기로 했다. 공장 지붕에 올라가서 몇 시간에 걸쳐 트럭과 인부들의 움직임을 면밀히 살펴보면서 종이 위에 그려보았다. 폐기물을 운반하는 대형 트럭이 짐을 싣기 위해서는 데크deck에 주차해야 하는데, 여러 차례 후진해야 겨우 주차할 수 있었다. 그러면 지게차는 기둥 사이로 몇 번의 커브를 돌아 트럭에 짐을 실었다. 그러다 보니 작업 시간에 비해 업무량이 너무 느렸고, 안전사고가 잦았다. 그 이유도 모두 복잡한 동선에서 비롯된다는 것을 알게 되었다. 그래서 숙련된 직원만이 특정한 업무를 맡아야 했고, 그가 결근이라도 하는 날에는 일이 그대로 중단되어야 했다.

이러한 고비용 저효율의 구조는 복잡한 동선에서 비롯된다고 판단하여 단순화하는 작업을 진행시켰다. 지게차가 직선으로 이동할 수 있도록 불필요한 기둥을 없애고, 막혀 있던 벽을 뚫었다. 데크를 두 배로 넓혀 대형 트럭도 한 번만 후진하면 바로 짐을 실을 수 있도록 했다. 공사가 끝나자 생산성은 몇 배로 증가했다. 적재하는데 시간이 많이 걸린다는 이유로 다른 공장으로 가던 트럭들이 우리 공장으로 몰려오게 되었다.

내가 앰코의 경영 개선 작업에 관여한 때가 4월이었다. 그런데 불과 3개월이 지난 7월부터 흑자가 나기 시작했다. 외부 영업 환경은 바뀐 것이 하나도 없었는데, 의욕에 찬 직원들이 만들어낸 작은 기적이었다. 이제 내가 약속을 지켜야 하는 최적의 타이밍이라고 생각했다.

"메리사, 이번 달에는 보너스를 지급합니다. 직원별로 금액을 산정해 주세요."

"회장님, 보너스라고요? 이번 달에는 운 좋게 흑자로 돌아섰지만, 다음 달은 모르잖아요. 좀 더 있다가 지급하는 게 좋지 않을까요? 수익이 많지 않아서 보너스를 지급하면 남는 것도 없어요."

메리사의 반대에도 불구하고 약속을 지키기로 했다. 경영진에서 감춘다고 하여 감출 수 있는 게 아니기 때문이었다.

"내가 직원과 한 약속을 벌써 잊었나요? 약속은 지켜야 합니다. 작은 실적이 났을 때 보너스를 지급하지 않는다면, 매출이 커져도 지급하지 않게 되는 겁니다."

전체 직원들이 식사하는 자리를 만들어 분기 실적을 발표한 후 보너스를 지급했다. 직원들은 '과연 받을 수 있을까?' 라며 반신반의했던 약속이 지켜지자 사기가 크게 올랐다. 직원들 스스로 작업 개선안을 내놓고 회사의 지원을 요청했다. 또한 비싼 중장비를 조심해서 다루고, 물품을 아끼는 등 직원들의 작업 태도가 눈에 띄게 달라졌다.

그렇게 1년이 지나자 앰코는 전성기에 육박하는 매출을 올리게 되었다. 아무리 작은 회사라도 경영자가 관심을 가지고 근무 환경, 복지, 서비스 확대 등을 실시한다면 얼마든지 이윤을 남길 수 있다는 것을 확신하게 되었다. 자발적인 직원의 힘은 그 무엇보다 중요한 혁신의 원천이 된다는 사실도 알게 되었다. 그리고 직원들과의 인격적인 교류가 그것을 가능하게 했다.

이제 메리사를 독립시킬 차례였다. 그를 회사 사장으로 정식 발령을 냈다. 매주 회사를 방문하는 횟수도 월 1~2회로 줄였다. 메리사가 현장에서 즉각 판단해서 결정하도록 하고, 나는 사후 보고를 받았다. 그렇다고 방관하지는 않았다. 언제든지 전화나 이메일로 질문이나 의사결정 사항을 남기면 즉시 답변해 주었다. 답변 형식도 지시라기보다는 대안을 제시하는 형식이었다. 잘못된 결정이 있더라도 곧바로 뒤집기보다는 왜 그렇게 하면 안 되는지 이유를 설명해 주었다. 그러자 메리사는 나를 멘토로 삼아 회사 경영을 차분하게 배워 나갔다. 그녀가 의사결정을 한 뒤에는 반드시 피드백을 해주었다. 하지만 사장이 해야 할 일까지 챙기는 '마이크로 매니지먼트'는 절대로 하지 않았다.

메리사가 사장으로 승진하던 날, 내게 이런 말을 했다.

"처음에는 사장의 역할이 직원을 내 연장의 일부처럼 여기며 일을 시키는 수단이라고 생각했어요. 그런데 회장님을 보면서 생각

  액션 테이커

이 달라졌어요. 직원은 수단이 아닌 목적 그 자체라는 것을 알았어요. 또한 직원들의 근무 환경과 복지에 관심을 갖게 되면 회사가 이렇게 달라질 수 있다는 사실도 알게 되었어요.”

그러고는 내게 별명을 하나 붙여줬다.

‘액션 테이커Action taker’라는 별명이다. 개인적으로 아주 좋아하는 별명이다. 탁상공론을 하기보다는 현장을 다니면서 듣고 행동하는 것을 좋아하는 내 성향과 딱 들어맞기 때문이다.

거친 파도는 강한 뱃사람을 만들어낸다고 했다. 어떻게 하면 앰코를 살릴 수 있는지를 고민하다 보니 우울증이 싹 사라졌다. 생각지도 못한 일이었다. 일은 인간에게 없어져야 할 저주가 아니라 축복이라는 사실을 새삼 깨닫게 되었다. 매일 살아가는 이유가 남을 돕고 성장시키고 혜택을 주는 일이라면 그것이야말로 의미 있는 삶이 아닐까?

재산을 늘리기 위한 수단으로 회사를 경영하기보다는 고용 창출과 직원 복지를 지원하면서 큰 보람을 느낄 수 있던 것도 소중한 경험이었다.

IDAS로 한상 네트워크를 쌓다

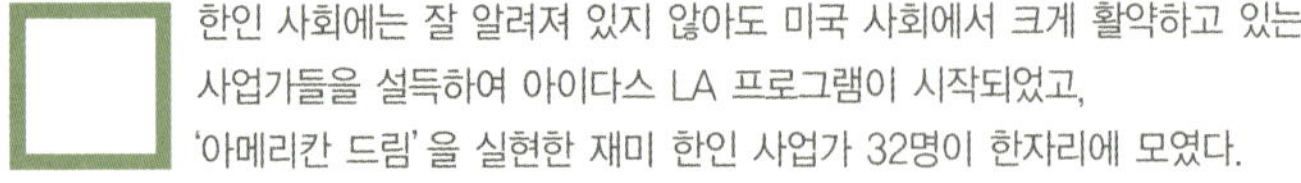

한인 사회에는 잘 알려져 있지 않아도 미국 사회에서 크게 활약하고 있는
사업가들을 설득하여 아이다스 LA 프로그램이 시작되었고,
'아메리칸 드림'을 실현한 재미 한인 사업가 32명이 한자리에 모였다.

한국에서 디자인으로 유명한 총장님이 LA를 방문했는데, 나를 만나 보고 싶다는 연락이 왔다. 미팅 장소로 갔더니 앉자마자 대뜸 이런 질문을 던졌다.

"혹시 디자인에 대해서 어떻게 생각하고 계십니까?"

그분은 국제디자인대학원 박판제 총장이었다. 박 총장은 IDAS로 잘 알려져 있는 이 학교를 이끌며 대한민국에 디자인 혁명을 주도하고 있었다. 박 총장은 디자인 혁명을 화두로 이야기를 시작했다.

"장 회장님, 미래의 혁명은 디자인에서 시작됩니다. 이미 한국은 대기업을 시작으로 디자인 혁신 붐이 일어나고 있습니다. 지금

 액션 테이커

까지 내로라하는 대기업 총수부터 고위 공무원까지 참여했습니다. 기업에서도 품질 위주의 제조 산업이 디자인 위주로 재편되면서 세계적인 경쟁력을 쌓아 가고 있습니다. 이제는 해외에서, 특히 성공한 한인 기업을 중심으로 디자인 네트워크를 만들어야 합니다.”

디자인 제일주의에 대한 열정과 신념으로 가득 찬 박 총장의 설명을 듣다 보니 마치 전기에 감전된 것처럼 짜릿했다. 몇 시간이 흐른 지도 모른 채 그 자리에 앉아 박 총장의 이야기를 들었다.

박 총장은 사회 지도층의 디자인 마인드 확산을 위해 국제산업디자인대학원IDAS, www.idas.ac.kr 뉴밀레니엄 디자인 혁신 정책 과정(이하 ‘뉴밀레니엄 과정’)을 이끌고 있었다. 뉴밀레니엄 과정은 정·재계와 학계, 언론계, 문화계 등 사회 각 분야의 지도층 인사들에게 디자인 마인드를 심어 주고, 경영 혁신의 방향을 제시하기 위해 마련된 최고경영자 과정(6개월)이다.

1999년 3월부터 시작해 지금까지 총 4기에 걸쳐 진행된 뉴밀레니엄 과정은 장대환 매일경제신문·매일경제TV 사장, 윤종용 삼성전자 부회장, 구자홍 LG전자 부회장, 홍석현 중앙일보 회장 등 270여 명의 졸업생을 배출한 것으로 유명했다.

뉴밀레니엄 과정 졸업생들은 6개월간의 1회성 교육으로 끝내지 않고 지속적인 디자인 혁신 운동을 벌이기 위해 멤버십 학습 조직이자 총동창회인 ‘아이다스코리아IDAS Korea’를 결성했다. 아이다스코리아는 순수 민간 주도의 아이다스(IDAS, Intellect and Designas Assets for the future Society) 운동을 전개하고 있다.

'지성과 디자인은 미래 사회의 핵심 자산'이라는 의미를 지니고 있는 아이다스 운동은 디자인을 통해 21세기에 걸맞은 풍요롭고 가치 있는 삶의 방식을 제안하고, 다양한 혁신을 유도함으로써 우리나라가 세계의 중심 국가로 도약할 수 있는 기반을 구축하기 위한 운동이었다.

뉴밀레니엄 과정을 졸업한 최고경영자들은 디자인 경영을 몸소 실천하는 모습을 보여줌으로써 사회의 주목을 받아 왔다. 졸업 후 그들은 전사적으로 디자인 교육을 강화하고, 신제품과 브랜드를 새로이 개발하거나 기업 이미지를 쇄신했으며, 디자인 조직의 위상을 격상시켰다. 이러한 실천으로 그들은 최고경영자의 변화가 기업 문화 전체에 얼마나 많은 영향을 미치는지를 실제로 보여주고 있다.

박 총장은 밀레니엄 과정을 수료한 이후의 변화상을 내게 설명했다. 당시 뉴밀레니엄 과정을 1기생으로 수료한 구자홍 LG전자 부회장은 LG전자의 디자인 혁신을 추진했다. 그는 디자인연구소의 강남 이전을 추진하였고, 전경련 산업디자인특별위원회 위원장으로 취임하여 디자인 혁신에 지대한 관심을 쏟는 등 기업 경영의 변화를 추진했다. LG전자에서는 디자인 분야 최초의 부사장과 여성 임원이 배출되기도 했다.

강성모 린나이코리아 회장도 그중의 한 사람이라고 했다. 강 회장은 아예 기업 로고를 '디자인 파워 린나이Design Power Rinnai'로 바꿨다고 했다.

"장 회장, 이번에 졸업한 4기생들도 열성적으로 참여했답니다. 가장 열성적으로 참여한 김광석 참존 회장은 그해부터 매년 매출액의 10%에 해당하는 월 5억 원 정도를 디자인에 투자하기로 결심했다고 합니다. 더 나아가 우수한 디자인 전문 인력을 확보해 자체 디자인팀을 구성하고, 기존 제품 중 포장 디자인에 문제가 있다고 생각되면 과감하게 새로운 디자인으로 교체하겠다고 합니다."

박 총장의 말이 이어졌다.

"졸업생들은 교육 과정 중 강의, 디자인 기행, 현장 수업, 반별 프로젝트 등을 통해 디자인 의식을 갖게 되었고, 디자인을 기업 경영에 실질적으로 접목시키는 변화가 일어났습니다. 이러한 개별 기업의 변화를 기반으로 삼아 졸업생들을 중심으로 아이다스 운동을 적극적으로 추진할 생각입니다. 해외 한인이 가장 많이 거주하고 있는 LA에서도 이런 운동이 일어나야 합니다."

그러면서 내게 이 운동에 적극 참여해 이끌어 달라고 요청했다. 나는 박 총장의 디자인 열정에 반해 그 자리에서 수락했다. 박 총장이 추진하는 LA 프로그램은 디자인 경영 마인드를 해외에 거주하는 한인 지도층 인사들까지 확대하기 위해 계획된 과정이었다.

나는 원래부터 미주에서 결성된 한인 단체의 감투에 욕심이 없었다. 커뮤니티에 오랫동안 봉사한 분들이 많은데, 돈을 좀 벌었다고 해서 직책을 맡는다는 게 부담스러웠기 때문이다. 그래서 한인회, 평통, 동창회 등에서 직책을 맡아 달라는 제의가 있었지만 극구 사양했었다. 이런 내가 아이다스 운동에 참여하게 된 것은 박 총장의 신념과 열정에서 비롯됐다고 해도 과언이 아니다.

나는 한인 사회에는 잘 알려져 있지 않아도 미국 사회에서 크게 활약하고 있는 사업가들을 직접 만나 설득하면서 수강생을 모집했다. 박 총장의 적극적인 지원으로 많은 분들이 참여 의사를 밝혔다. 그로부터 몇 개월이 지나 LA 프로그램이 시작되었다. 소위 '아메리칸 드림'을 실현한 재미 한인 사업가 32명이 한자리에 모였다. 그 당시 내로라하는 재미 한인 사업가들이 뉴밀레니엄 과정에 참여했다.

백영중 페코스틸 회장은 미국에서 가장 성공한 한국인 중 한 사람으로 꼽힌다. 그는 미국 경량 철골 시장의 60%를 점유하면서 총 2억 달러의 매출을 올리는 사업가였다.

나와 오랫동안 친분을 유지하고 있는 벤자민 홍 행장이 경영을 맡고 있는 나라은행은 나스닥에 상장한 중견 한인 은행이었다. 나라은행은 제일은행과 외환은행 뉴욕 지점을 인수했고, 한인 은행으로는 미국 시장에 가장 성공적으로 뿌리내린 사례로 손꼽힌다.

오용 알란드라 골프 코스 회장은 미국에서 5곳의 골프장을 운영했다. 1984년 4월에 처음으로 로스앤젤레스 카운티 정부의 골프장 전체를 25년간 임대 받아 골프장 사업을 시작한 분이다. 그가 운영하는 로스앤젤레스의 알란드라 골프장은 요지에 위치해 있어 연간 12만5천여 명의 고객이 찾는 가장 붐비는 골프장 중 하나로 꼽힌다.

나는 뉴밀레니엄 과정 LA 프로그램 동문회장을 맡게 되었다. 한국에는 웰위시트레이딩 회장으로 미국 전역에서 폐지를 수집해 해외로 수출하여 크게 성공한 인물로 소개되었다. 그 당시 나는 미국과 한국을 오가면서 아이다스코리아 상임 부회장을 맡고 있는 이청승 한국폴라 회장, 장대환 매일경제신문 회장과도 교류하면서 사업과 디자인에 대한 안목을 배울 수 있었다. 이청승 회장은 글과 그림 등에 다재다능한 사람으로서, 디자인에 대해 깊은 안목을 가진 만큼 아이다스 운동에 깊은 애정을 보여주었다. 가끔 그는 시와 그림을 그려 미국으로 보내주었다. 그의 작품을 볼 때마다 그의 재치와 감수성에 감탄하곤 했다.

장대환 매일경제신문 회장은 미디어 그룹의 회장답지 않게 소탈한 풍모가 인상적이었다. 미국에 와서도 직접 호텔에 체크인을 하고 짐을 나르는 등 권위주의가 몸에 배인 대기업 회장들과는 다른 면모를 보여 깊은 인상을 받았다.

7월에 열린 졸업식에서 나는 LA 지회장으로서 뉴밀레니엄 과정 LA 프로그램 총장상을 받았다. 리더십을 발휘하여 LA에서 한인 인사들이 자발적으로 참여하도록 노력한 공로였다. 박판제 총장은 졸업식사에서 이렇게 말했다.

"미주 지역에서 존경받는 기업인이 지금까지의 성공에 안주하지 않고 시간을 쪼개 서울까지 방문해 뉴밀레니엄 과정에 동참했다는 것은 매우 의미 있는 일입니다. 이제 한국이 해외 교민 사회에 꿈과 비전을 심어 줄 차례입니다."

이전까지 디자인을 폄하하던 한인 기업가들이 디자인 혁명에 눈을 뜨게 된 것은 오로지 아이다스 운동의 공로라고 할 것이다.

 액션 테이커

유니은행의 이사로 참여하다

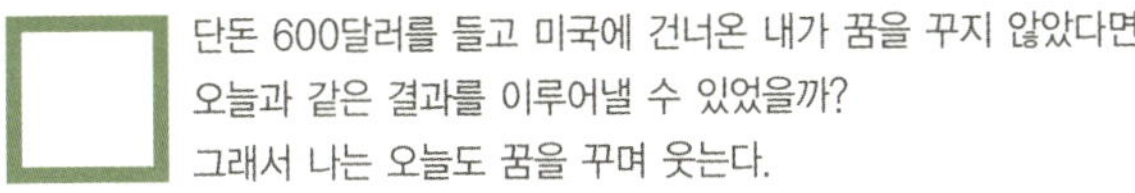

무역에서 손을 놓고 제조업과 투자 회사 일에만 전념하고 있는 시기에 LA에 있는 은행 두 곳으로부터 이사 영입 제안을 받으면서 은행업에 관심을 갖게 되었다. 그 당시는 나이가 들면서 에너지를 많이 쏟아야 하는 제조업을 새로 시작하는 것보다는 다른 업종을 찾아보고 있을 때였다. 은행업에 관심이 많이 갔지만, 남이 다 만들어 놓은 은행에 들어가서 이사로 일한다는 게 썩 내키지는 않았다.

하루는 벤자민 홍 행장으로부터 시애틀에서 은행을 시작하려는 사람들이 있는데, 무슨 이유 때문인지 어려움을 겪고 있다는 말을 듣게 되었다. 나는 동화기업 미국 지사장 시절 시애틀로 출장을 갔을 때 아메리칸 드림을 꿈꾸게 된 추억이 있어서 어느 지역보다 관심을 갖게 되었다.

워싱턴 주 시애틀은 몬태나, 와이오밍, 유타, 아이오와 주와 인접해 있고, 서부에서 두 번째로 교역량이 많은 타코마 항구가 위치해 있어 태평양으로 오가는 관문 역할을 하는 도시였다. 한인 은행들이 포화 상태를 이룬 로스앤젤레스보다는 영업 환경이 훨씬 더 유리하다는 판단이 섰다.

2006년, 비가 억수같이 쏟아지는 어느 날이었다. 시애틀에서 은행 설립에 관심이 있는 대여섯 명으로부터 만나자는 연락이 왔다. 그들을 만나서 은행 설립이 성사되지 않은 이유에 대해 의견을 들어보았다. 원인은 그들 가운데 은행 경영에 경험이 있는 사람이 한 사람도 없다는 점이었다. 모두가 자기 분야에서 성공했던 부분을 은행에 적용시키다 보니 설립할 때부터 은행 경영진과 마찰이 생겼던 것이다. 한마디로 구심점이 없었다.

나는 그들에게 내 비전과 역할에 대해 설명하고 동의를 얻어 2006년 11월에 '하베스트 뱅크Harvest Bank'라는 은행 설립에 참여하게 되었다. 친분이 전혀 없는 사람들이 모여 은행을 시작하다 보니 위계질서도 형성되어 있지 않았고, 나를 비롯한 이사들이 은행 경험이 없어 많은 시행착오와 어려움을 겪었다. 초창기의 혼란과 어려움은 이창렬 행장이 오면서 차츰 안정되었다. 한국 외환은행에서 근무하던 이창렬 행장은 LA에 본점을 둔 한미은행의 상업

　　　　　　　　　　　　　　　액션 테이커

용 대출 담당 부행장을 거쳐 남동부 애틀랜타의 제일은행 행장을 맡아 5년 만에 3배로 성장시킨 경력을 가지고 있었다.

나와 이창열 행장은 서로 인연이 있었다. 1990년대 초 USDF가 오렌지카운티에 세워질 때 가장 먼저 대출해 준 은행이 바로 한미은행 가든그로브 지점이었다. 그 당시 지점장이 바로 이창열 현 행장이었다. 나는 USDF 공동 창업자의 지분을 사서 회사에 합류했는데, 염색 업종에 대해서는 전혀 몰랐다. 하지만 당시 이창열 지점장이 본사에 대출 승인을 요청하며 보낸 염색 원단 업종 현황 보고서를 읽어 볼 기회가 있었는데, 업종에 대한 상세한 정보와 분석이 담겨 있어 놀랐던 적이 있었다.

그 후 이창렬 지점장은 한미은행에서 계속 경력을 쌓다가 애틀랜타 소재 한인 은행의 행장을 맡아 괄목할 만한 성장을 이루어냈다. 이러한 그의 성공적인 커리어가 알려지면서 신생 은행인 우리 쪽에서 적극적인 영입 노력을 기울인 끝에 합류하게 된 것이다.

은행 이름은 '너와 나의 은행You and I bank'이라는 의미를 부여해 '유니은행UNI BANK'으로 변경하였고, 은행 로고는 공모를 통해 지금의 진취적이고 미래를 향한 날개 형상으로 바꾸었다.

은행 경영진과의 폭넓은 대화 끝에 은행의 양적, 질적 성장을 위해서 금융지주 회사의 탄생은 예정된 수순이라는 사실을 알게 되었다. 어느 조직에서나 근시안적인 생각으로 세상을 좁게 바라보는 사람들이 있게 마련이다. 금융지주 회사를 추진하고 나서자

일부에서 완강하게 반대하는 바람에 은행 경영진과 나도 주춤할 수밖에 없었다.

나는 이사들 한 사람 한 사람을 상대로 설득 작업에 나섰다. 주주의 이익을 극대화하기 위해서는 은행업 이외의 수익 사업을 다각도로 추진해야 한다는 점을 집중적으로 부각시켰다. 은행에 투자한 주주에게는 배당금을 많이 주고, 주가 상승으로 인한 이익을 나눌 수 있으며, 은행을 이용하는 고객에게는 보다 다양하고 세련된 양질의 서비스를 제공할 수 있을 것이라며 구체적인 로드맵까지 제시했다. 나는 이러한 리더십을 인정받아 금융지주 회사 설립과 함께 이사회 초대 회장으로 취임하게 되었다. 이후 나는 다른 한인 은행과 차별화된 지역 사회 은행으로서의 은행다운 면모를 갖추기 위해 많은 노력을 기울였다.

가장 먼저 배움에 모든 노력을 집중했다. 나부터 금융 지식을 배우는 일에 시간과 돈을 투자했다. 은행의 성장에 따라 이사들이 배우지 못하면 아무리 좋은 정책도 이루어질 수 없기 때문이었다. 대부분의 한국계 은행들이 안고 있는 문제는 이사들 상당수가 은행에 대한 지식과 이해가 부족한 상태에서 은행을 설립해 이사가 된 분들이었다. 은행의 발전과 성장에 따라 지식과 경험이 뒷받침되는 교육이 절실한 상황이었기 때문에 이사회 회장으로서 이사들의 교육과 자질 향상에 역점을 두었다.

각종 세미나와 '야외 콘퍼런스Off Site Conference'를 통해 각계의

　　　　　　　　　　　　　액션 테이커

전문가를 초청해서 은행의 현안 해결과 미래 설계를 위한 강의를 듣고 토론하는 시간을 가졌다. 이사들의 경험과 지식도 해를 거듭할수록 깊어졌고, 이러한 행사를 통해 이사들 간의 유대 관계도 더욱 탄탄해졌다. 또한 은행 비용으로 세미나를 다녀온 이사들에게는 학습한 내용을 이사회에 보고하도록 했다. 해당 이사가 직접 강사가 되어 세미나에서 배운 중요한 정보를 다른 이사들과 함께 공유하는 기회를 만들어 '지속적인 학습 조직' 으로 변화시키도록 했다.

그 외에도 불필요한 행정 절차를 없애는 한편 은행 경영진의 신속한 의사결정을 돕도록 이사회를 이끌었다. 한인 은행 최초로 이사회 업무에 아이패드iPad를 도입했다. 이사회 때마다 읽고 검토해야 할 엄청난 서류를 복사하는 대신 아이패드로 읽고 결제하도록 했다. 정기 이사회를 앞두고 몇 사람이 밤늦은 시간까지 자료 복사를 하느라 야근하는 일도 사라졌다. 시간과 비용을 절감할 수 있고, 직원들이 더 생산적인 일을 할 수 있었기 때문에 모두가 좋아했다.

이사회에서 토의해야 할 안건이 워낙 많다 보니 밤늦은 시간까지 계속되는 경우가 많았고, 이사들이 녹초가 되는 상황이 빈번했다. 그래서 이메일을 통한 전자 결제를 제안했다. 경영진에서 이사회의 의결이 필요한 내용은 찬반을 물어 소정의 기한을 주고, 그 사이에 답변하도록 했다.

은행 경영진은 중요 안건에 대해 이사회 결의가 이루어지는 다음 달까지 기다릴 필요 없이 수시로 이메일을 보내 결재 받도록 했다. 그때마다 필요한 일을 즉시 수행할 수 있게 되어 업무 추진이 빨라졌다. 이로 인해 정기 이사회 날에는 안건이 줄어들어 시간을 절약할 수 있게 되었다. 이사회 회의 시간 또한 밤이 늦어야 마치던 것을 오후 4시 이전에 마치게 되었다.

이러한 경험을 통해 이사회가 얼마든지 효과적이고 생산적인 기관이 될 수 있다는 것을 알게 되었다. 또한 이사회에서 모든 것을 다루기보다는 소위원회를 활성화시켜 명목상의 기관이 아니라 전문적인 능력을 갖추게 했다.

비상장 은행으로서는 처음으로 공개 자본 증자를 시도해 유니은행을 미국 전역에 알리는 계기로 삼았다. 자본금 증자를 위한 모금 중에 연방 재무부로부터 우수한 지역 은행에만 우선권을 주는 650만 달러의 SBLF를 받는 기쁨을 얻었다. 이로 인해 자본금이 충분히 확보됨에 따라 증자를 위해 투자한 분들에게 정기예금보다 더 높은 이자를 계산해 되돌려 주었다. 그간 은행에 투자하면 원금이 반 토막이 나는 상황에서 더욱 진가를 발휘하는 모범된 은행으로 발돋움하게 되었다.

유니은행은 100년 만에 찾아온 세계적인 금융 위기에서도 매년 40%씩 이익이 증가하는 유일한 은행으로 성장하여 다른 은행들로부터 부러움의 대상이 되고 있다. 대부분의 은행들이 2008년에

세계 금융위기를 겪으면서 생존을 위한 노력을 벌이고 있는 상황
에서 우리 은행만이 5%의 배당을 실시했다. 배당이 중요했던 것
은 비상장 한인 은행들이 10년이 넘도록 주주들에게 배당을 해준
일이 없고, 주가 또한 70% 이상 떨어져 투자금 회수가 불투명한
때여서 더욱 의미가 있었다. 유니은행은 주가가 장부 가격 이상을
유지하고, 정기예금 금리가 2%를 넘지 못하고 있는 때에 5%의 배
당을 실시해 한인 사회로부터 큰 주목을 받았다.

또한 서부 지역의 모든 한인 은행들이 감독 기관의 '행정 제재
MOU'를 받은 상태에서도 유니은행만이 제재를 받지 않은 은행으
로 끝까지 남는 행운을 누렸다. 대부분의 한인 은행들이 부실화되
면서 감독 기관으로부터 여러 가지 제재를 받아 지점 개설도 허용
되지 않는 상황에서 유니은행만이 매년 지점을 개설하는 특권(?)
을 누릴 수 있었다.

"행장님, 이번에 오픈하는 벨뷰 지점은 스타벅스처럼 꾸며 봅
시다."

내 제안에 이창렬 행장도 흔쾌히 동의했다. 직원들을 스타벅스,
커피 빈 등 시애틀에 소재한 지점에 보내 새로 오픈할 지점에 대
한 디자인 구상을 하도록 했다. 2010년 1월에는 타코마 지점,
2011년 3월에는 페더럴웨이 지점을 오픈하며 불경기 속에서도 지
속적으로 영업망을 확장해 왔다. 이번에는 벨뷰였다. 한인 은행
최초로 시애틀 벨뷰 지역 지점 개설을 승인받았다. 벨뷰는 시애틀

지역의 대표적인 한인 거주 지역으로서 마이크로소프트 본사를 비롯해 크고 작은 IT 업체와 항공기 제작사인 보잉 등 대기업 종사자들이 거주하는 고급 주택 단지가 많은 지역이다.

2008년 이후 신규 지점에 대한 은행 당국의 승인이 엄격해졌지만, 지난 2006년 은행 업무를 시작한 이래 경기 침체 속에서도 보수적인 자산 운용과 안정적인 영업으로 흑자를 이어 온 실적을 인정받아 신규 지점 개설을 승인받은 것이다.

벨뷰 지점의 위치는 팩토리아 로만플라자 내 QFC 매장 옆으로 정했다. 직원들은 카페 같은 은행을 직접 만든다며 즐거워했다. 지역 특성과 타깃 고객층의 수요에 맞춰 보다 고급화 된 서비스 제공을 목적으로 하고 있다. 지점 공간 활용부터 제공되는 서비스의 종류까지 모든 것이 한 단계 업그레이드되었다.

직원 채용이 늘어나고, 수익 구조가 좋아지면서 은행의 숙원 사업인 본점 신축을 추진키로 했다. 현재 리스하고 있는 건물의 임대료로 사무실 면적을 50% 더 늘려 사용할 수 있도록 했다. 이와 함께 은행의 내실을 기하고, 교포들에게 실질적인 도움을 주려고 노력했다. 장학 사업과 독감 예방 접종을 실시해서 지역 주민까지 수천 명이 무료 혜택을 받는 행사가 되었다.

이제 유니금융지주 회사의 회장으로서 최우선적으로 해야 할 일은 은행의 규모를 키우는 것이다. 1차적으로 5억 달러 규모의 은행을 만들고 나면 다른 주의 비슷한 은행과 합병을 통해 10억 달러 규모의 은행으로 만들 계획이다. 내가 추진하는 목표는 15억 달러 규모의 은행을 만들어 동부와 서부를 아우르는 전국 은행으로 거듭난 후 임기를 마치는 것이 소박한 목표이자 꿈이다.

2011년에는 이 행장과 함께 미주 전역을 대상으로 주식 공모를 실시했다. 우리 은행이 얼마나 튼튼하고 좋은 은행인지를 알리고, 투자를 유치하는 게 목적이었다. 이에 앞서 나는 행장과 이사회에 편지를 보냈다.

이미 언론계의 은행 담당 기자들과 편집국에서는 미국에 산재해 있는 한인 경영 25개 은행 중 우리 유니은행이 자본비율, 자본 대비 이익비율이 가장 높으며, 부실 자산 비율은 세 번째로 낮아 건전성 면에서 단연 우위에 있음을 잘 알고 있습니다.

세계 금융위기에서 얻은 교훈은 이사회가 제 기능을 못했다는 점입니다.

현금은 왕입니다. 감독 당국은 현재 7,900여 개 은행 중 5년 안에 1,900여 개가 사라지고, 6,000여 개 은행이 남을 것으로 추산하고 있습니다. 3~5년간 살아남기 위해서는 자본금이 몇 % 인가는 의미가 없습니다. 또한 100년 만에 찾아온 이 기회를 나에게 유리하게 만들기 위해서는 더 많은 자본금을 준비해야 합니다.

이를 위해서는 비용이 들지 않는 자본금을 준비해야 합니다.

'공동 주식common stock'을 발행하면 기존 주주들의 주식 소유 비율은 줄어들지만, 비용이 들지 않는 자본을 활용해서 기존 주주들의 희생이 충분히 보상되고, 은행 성장의 기본이 충실해져야 합니다.

은행 경영진과 이사들이 주식 공모 투어에 나섰다. 하루 24시간이 모자랄 정도로 뛰었다. LA에서 시애틀로, 다시 댈러스로, 샌디에이고로 보름 동안에만 3천여 마일을 날고 달렸다. 그리고 언론과의 간담회에서 증자 목적을 분명히 밝혔다.

"이번 불경기를 겪으면서 한인 은행에 대한 신뢰가 많이 떨어졌습니다. 그러나 이런 어려움 속에서도 우량 은행은 분명히 있고, 우량 은행에 대한 투자는 충분한 가치가 있음을 보여주고 싶습니다."

우리가 추진했던 증자는 감독 기관의 명령에 따라 자본비율을 맞추기 위해 어쩔 수 없이 증자하는 소위 '생존형 증자'와는 본질적으로 달랐다. 이번 증자는 다른 은행을 인수 합병하여 규모의 경쟁력을 갖추면서 제 2의 도약을 위한 것이었다. 인수 합병을 통해 자산 규모를 5억 달러 수준으로 늘리면 지금보다 경영의 효율성과 수익성이 훨씬 더 좋아진다는 점을 집중적으로 알렸다.

일부에서는 유니은행의 증자를 자산이 2억 달러 미만인 소규모 은행이 하는 일이라며 폄하하는 움직임도 있었다. 우리는 단호하게 대처했다. 은행은 절대로 규모가 크다고 좋은 은행이 아니기 때문이다. 이번 불경기에 우리보다 덩치가 훨씬 큰 은행들도 문을 닫았다. 유니은행은 불황 속에서도 은행 전문 평가기관인 '뱅크레이트 닷컴'과 '바우어 파이낸셜' 등으로부터 줄곧 별 넷 또는 별 다섯의 최고 등급을 받아 왔다. 은행의 건전성은 외형적 크기와는 상관이 없다는 점을 입증한 것이다.

금융기관에 투자를 결정할 때 고려해야 할 다섯 가지 조건이 있다.

첫째, 은행이 3년 이상 연속 흑자를 내고 있는가? 둘째, 배당을 하고 있는가? 셋째, 자본비율이 최우수 상태인가? 넷째, 부실 대출 비율이 얼마나 낮은가? 다섯째, 금융 당국의 제재를 받고 있는가?

우리 은행은 이와 같은 다섯 가지 투자 조건을 모두 충족시키고 있는 사실상 미국에서 유일한 한인 은행이라는 점에서 자부심을 가지고 있다. 특히 유니은행은 2011년 증자 캠페인 당시 2007년 이후 4년 연속으로 흑자를 기록하고 있었고, 자본금 대비 부실 대출 비율은 9.75%로서 미국 전체 평균인 23%, 그리고 비교 그룹 은행 평균의 40%와 비교하면 월등히 낮은 상태에 있었다.

앞으로의 지속적인 발전을 위해 이창렬 행장의 임기를 3년 더 연장하는 이사회 결의가 있었다. 이 행장은 미국에서 한인들이 설립한 25개 은행장 중에 한인들이 다수 거주하는 동부와 서부를 아우르는 주요 지역을 가장 잘 알고 분이다. 유니은행이 전국 은행으로 성장해 가는데 반드시 필요한 적임자인 만큼 그의 임기 연장을 이사회에서 결의한 것은 참으로 의미 있는 결정이었다.

또한 이익이 크든 작든 경영진과 은행원들이 함께 나눌 수 있는 '이익분배제Profit Sharing Program'를 만들어 은행 성장의 토대를 마련했다. 이 모두가 USDF, 앰코 등 경영 현장에서 확인한 성과를 적용한 것이었다.

유니은행의 장기적인 목표와 비전을 실현하기 위한 과정의 하나로 2014년에 나스닥 상장 준비를 7년 사업 계획에 포함시켜 은행 감독국에 보고를 끝낸 상태이다. 특히 이창열 행장의 리더십 아래 유니은행은 연방예금보험공사FDIC가 실시한 2011년 정기 감사에서 좋은 평가를 받았다. 불황의 여파로 금융계가 불안정함에 따라 연방 감독 당국도 은행들의 도산을 막기 위해 예년보다 훨씬 더 까다로운 감사를 실시했는데, 이를 무사히 통과한 것이다.

유니은행은 은행 감독 당국의 감사에서 좋은 평가를 받게 됨에 따라 배당금 지급이나 다른 은행과의 합병 등을 아무런 제약 없이 자유롭게 할 수 있게 됐다. 유니은행은 2010년 이익금의 100%를 배당한 데 이어 2011년 실적 가운데 이익금의 90% 이상을 주주들에게 배당할 것이다. 이러한 배당금 지급은 우리를 믿고 투자한 주주들에게 불확실한 투자금 회수 기간을 최대한 단축시켜 주려는 것이다. 그런 이유에서 주주들에게 필요한 때에 현금화가 가능하도록 증시를 통한 상장을 추진하고 있다.

내가 꿈꾸는 은행의 모습은 이익 창출이 가능한 은행, 우리가 속한 지역 사회와 함께 성장하는 은행, 주주의 이익이 우선하는 배당이 가능한 은행, 주주의 주식 가치를 높여 주는 은행, 지역 주민들이 '자기 은행'이라 부를 수 있도록 고객의 마음과 함께하는 은행이다.

나는 상상한다. 내가 꾸는 꿈의 크기를, 허황된 꿈이 아닌 성취 가능한 꿈을. 성취 가능한 꿈은 크면 클수록 좋은 게 아닐까? 물론 나 혼자 이룰 수 없는 꿈이지만, 내 주위에 뜻을 함께하는 사람들이 몇 명이라도 있다면 왜 어렵겠는가?

단돈 600달러를 들고 미국에 건너온 내가 꿈을 꾸지 않았다면, 오늘과 같은 결과를 이루어낼 수 있었을까? 그래서 나는 오늘도 꿈을 꾸며 웃는다.

ACTION TAKER

3부

성공의 기회를 찾는 청춘에게

ACTION TAKER

먼저 주었을 때 행복과 운이 따라온다

 사람의 마음을 움직이려면 감동이 필요하다.
그러한 감동의 원천은 먼 데서 오는 것이 아니라 사람을 사람으로 대접해 주고,
인정해 주는 작은 친절과 존경에서 비롯된다.

뉴욕으로 비즈니스 출장을 갔을 때의 일이다. 오후 6시 비행기를 타고 LA로 돌아오는 일정이었는데, 오전 미팅이 취소되면서 일찍 출발할 수 있게 되었다. 오후 2시편이 가능한지 알아보기 위해 항공사로 전화했더니 이런 대답이 돌아왔다.

"항공편을 바꾸면 50달러를 내야 합니다. 그렇지 않으면 웨이팅 리스트에 올려놓고 기다려야 합니다."

50달러라니! 아무리 사장이라도 출장비를 아낄 수 있다면 아끼는 게 내 방식이었다.

공항에 일찍 도착해서 가장 먼저 대기자 리스트에 이름을 올렸다. 그리고 나서 짐을 부치는데, 체구가 큰 흑인 여성이 짐 두 개

를 올려놓으려고 애를 쓰고 있었다. 이 모습을 보고 그냥 있기가 뭐해서 다가가 짐을 올려 주었다. 그러자 흑인 여성이 무척 고마워하며 감사의 인사를 건넸다.

공항 대기실에서 한참을 기다렸지만, 마지막 탑승자가 호명될 때까지 내 이름을 부르지 않았다. 대기자 명단에 가장 먼저 이름을 올렸는데, 어떻게 빠질 수가 있지? 뭔가 잘못되었다는 생각이 들어 데스크로 가서 직원에게 따졌다. 직원은 "그렇지만 지금 명단을 모두 부른 상태라 바꿀 수 없습니다."라고 딱 잘라 말했다. 실수를 했는데도 인정하지 않으려는 직원의 태도가 얄미웠다.

"아메리칸 항공을 가장 많이 애용하는 VIP 고객인데, 이런 일은 받아들일 수 없으니 당신 상사를 불러 달라."

내가 강경하게 요구하자 직원이 당황한 표정을 짓더니 탑승 직원과 연락해 보겠다고 말했다. 그가 무전기로 통화한 내용은 이렇다.

"여기 미처 탑승하지 못한 승객 한 명이 새로 들어간다. 이 손님을 이코노미석에 태우고, 이코노미석에 있던 고객을 일등석으로 옮겨 달라."

작은 목소리로 교신했지만 다 알아들을 수 있었다. 이왕 줄 거면 일등석으로 주면 좋으련만, 내 소관이 아니라서 말을 꺼내지 않았다. 어쨌든 제 시간에 비행기를 타는 것만으로도 감사하게 여겼다. 연결 통로를 거쳐 비행기 탑승구에 이르자 어디선가 본 듯한 사람이 서 있었다. 아까 짐을 올려줬던 흑인 여성이 손에 무전

　　　　　　　　　　　　　　　　액션 테이커

기를 들고 서 있는 게 아닌가. 그녀가 나를 향해 미소를 지으며 작은 목소리로 말했다.

"제가 객실 총괄 승무원입니다. 이 선을 넘는 순간 모든 권한은 내게 있습니다. 존, 왼쪽으로 가세요."

일등석 방향이었다. 좌석 업그레이드를 했을 경우에는 일등석에 제공되는 풀 서비스가 되지 않지만, 그녀는 담당 승무원에게 최고의 서비스를 지시했다. 최신형 비행기 일등석에 앉아 최고급 와인과 식사를 하면서 짐을 올려 준 작은 선행이 이런 보상으로 돌아올 수 있다는 것에 감탄을 금할 수 없었다. 이런 일은 인생을 살면서 누구나 한 번쯤 경험하는 일이리라.

나는 삶을 살아오면서 몇 가지 원칙을 세워 놓았고, 그것을 지키기 위해 최선을 다했다. 특히 그중에서도 '남을 도와주면 언젠가는 도움을 받게 되므로, 도울 수 있을 때 도움을 아끼지 말자' 는 원칙은 반드시 실천하려고 애썼다. 이 원칙은 자녀들에게도 강조하는 편이다.

이러한 원칙에 대해 '남의 도움을 받으려고 도움을 주는 것은 작위적' 이라거나 '동기가 순수하지 못하다' 고 비판하는 사람들도 있을 것이다. 하지만 지금까지 여러 사업을 하면서도 고비 때마다 결정적으로 망하지 않았던 이유는 이러한 원칙을 지켰기 때문에 얻게 된 일종의 보상이었다. 또한 이 원칙은 비즈니스 세계에서만 적용되지 않고 일상의 소소한 일에도 그대로 적용된다. 예를 들면, 평상시에 엘리베이터를 탈 때는 몇 초간 여유 있게 기다리려고 애쓴다. 뒤따라오는 사람이 탈 수 있도록 '열림' 버튼을 누르면서 말이다. 그러면 나중에 양손 가득 짐을 들고 엘리베이터를 탈 일이 생겼을 때 어김없이 나를 기다려 주는 사람을 만나곤 한다.

휴가를 갔다 올 때는 직원들에게 줄 선물을 사느라 많은 시간을 들이곤 한다. 빠듯한 여행 일정에 귀찮다는 생각이 들다가도 선물 받은 직원의 환한 웃음을 생각하면 피곤함마저 싹 잊게 된다. 이런 내 모습을 보고 아내는 '남을 위해 사는 사람'이라고 칭찬 아닌 칭찬을 하곤 한다. 그 말 속에는 자기 것은 잘 챙기지 못하면서 남의 것은 잘 챙긴다는 의미가 함축되어 있으리라. 아마도 그 말이 맞을지도 모른다.

인생을 돌이켜 보면 내 자신을 위해 살기에는 너무도 평탄하지 않은 인생을 살아왔다. 어쩌면 가난한 집에 태어나 고아처럼 자랐고, 아무런 관심을 받지 못한 채 잡초 같은 변두리 삶을 살았기에 남의 눈에 띄려는 의도로 더 잘해 주려고 몇 배의 노력을 했는지도 모른다. 그런데 역설적이게도 남에게 잘해 주다 보니 내 인생이 풍요로워졌다는 생각을 해본다. 그리고 부족한 학벌과 무일푼으로 시작해 이만큼 성공한 것은 '남에게 주는 능력'이 남보다 조금 더 뛰어났기 때문이라고 자신 있게 말할 수 있다.

캘리포니아 최대의 염색 공장 USDF의 부사장이 웃으면서 내게 했던 말이 기억에 남는다. 훗날 그는 사장으로 승진했다.

 액션 테이커

“제가 장 회장님에 비해 어떤 능력도 떨어지지 않는데, 딱 한 가지 남에게 주는 능력이 모자란 것 같습니다. 그래서 회장님 밑에서 일하나 봅니다.”

그는 한국에서 명문대를 졸업한 후 미국의 유명 대학에서 공학 박사 학위를 딴 수재였다. 또한 미국의 유명 기업에 입사해 훌륭한 경력을 쌓았고, USDF에 와서도 탁월한 경영 능력을 발휘했다. 그런 그가 하루는 이런 생각을 하게 되었다고 한다.

‘집안 배경에서부터 실력과 학벌이 모두 뛰어난 내가 왜 장 회장 밑에서 일하고 있는 걸까?’

그는 며칠 동안 이런 생각을 하다가 하나의 결론에 이르게 되었는데, 자신에게 부족한 것은 바로 ‘남에게 주는 능력’이라고 내게 말해 주었다. 그는 계산에 밝다 보니 협상이나 거래에서 한 번도 밑지는 법이 없었다. 직원 관리도 마찬가지였다. 실력 있는 직원들은 공정하게 평가해 대우해 주었지만, 실력이 부족한 직원들에게는 믿음을 가지고 여유 있게 대해 주지 못했다. 이러한 그의 태도는 고객이나 사업 파트너들에 대해서도 마찬가지였다. 그는 내게 자신이 계산한 만큼 상대방도 그대로 계산해서 돌려주었기 때문에 항상 이해타산적인 관계를 넘어설 수 없었던 것 같다고 고백했다.

그의 말을 듣고 곰곰이 생각해 보니 그럴 듯 했다. 실력이나 기술보다는 남에게 감동을 주는 사람의 성공 확률이 더 높다는 사실은 이미 잘 알려진 이야기다. 이러한 원칙은 카네기 공대 졸업생들을 대상으로 한 추적 조사 결과에서도 그대로 나타난다. 응답자들 가운데 15%는 전문 지식과 기술이 성공에 영향을 주었다고 대답했지만, 나머지 85%는 좋은 인간관계가 성공에 영향을 주었다고 입을 모았다. 이러한 결과는 다른 사람들에게 감동을 주는 사람일수록 성공할 확률이 높다는 사실을 보여준다.

언젠가 생텍쥐페리가 쓴 「어린 왕자」를 읽을 때 밑줄을 여러 번 그으며 감탄한 대목이 있었다. '세상에서 가장 어려운 일은 사람의 마음을 얻는 일' 이라는 구절이었다. 제각각인 얼굴만큼이나 각양각색인 사람의 마음을, 한순간에도 수만 가지의 생각이 떠오르게 하는 그 바람 같은 사람의 마음을 한곳에 머물게 한다는 것은 정말로 어려운 일이다.

사람의 마음을 움직이려면 감동이 필요하다. 그러한 감동의 원천은 먼 데서 오는 것이 아니라 사람을 사람으로 대접해 주고, 인정해 주는 작은 친절과 존경에서 비롯된다.

부자가 되려면 덜 쓰는 자제력부터 배워라

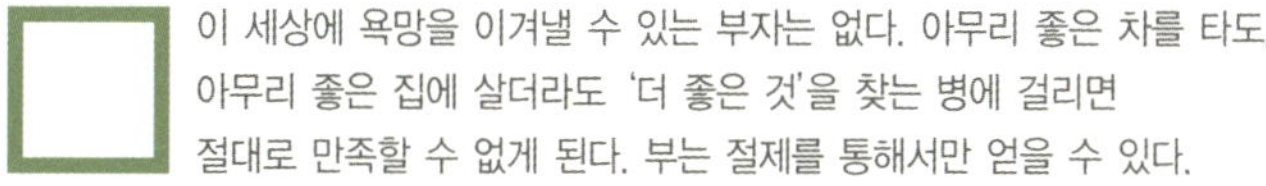

이 세상에 욕망을 이겨낼 수 있는 부자는 없다. 아무리 좋은 차를 타도, 아무리 좋은 집에 살더라도 '더 좋은 것'을 찾는 병에 걸리면 절대로 만족할 수 없게 된다. 부는 절제를 통해서만 얻을 수 있다.

돈을 버는 가장 간단하면서도 기본적인 방법은 뭘까?

그것은 '버는 것보다 덜 쓰면' 된다. 그런데 사람들은 이처럼 간단하고 기본적인 것을 잘 실천하지 못한다. 마치 먹는 것보다 운동을 많이 하면 살이 찌지 않는다는 조언과 비슷하다. 돌이켜 보면 이 간단한 원리를 실천하려고 부단히 애를 썼다. 이민 초기, 세탁소를 할 때는 돈이 없으면 먹지도 않고 사 입지도 않았다. 세탁소 근처에 있는 '요시노야'라는 식당에서 2달러 50센트짜리 불고기 덮밥을 너무나 먹고 싶었지만, 꾹 참고 1달러짜리 부리토(고기와 밥을 넣고 밀가루 반죽으로 둘둘 말은 멕시코 음식)를 먹곤 했다. '다 먹고 살자고 하는 짓인데, 너무 한 것 아닌가?'라는 생각이

들 때도 있었지만, 그때는 어떻게든 내가 번 수입에서 해결하려고 애썼다.

지출보다 수입이 많은 선순환 시스템을 만들기 위해서는 절약이 최선이다. 특히 신용카드의 과도한 사용은 절대로 피해야 한다. 세탁소를 시작하고 나서 얼마 되지 않아 장비를 사느라 신용카드로 700달러를 쓴 적이 있었다. 빠듯한 살림에 카드 값을 갚느라 꼬박 3년이 걸렸다. 매달 어느 돈보다 우선해서 갚았다. 마지막 잔금을 갚던 날 신용카드 이자가 얼마나 무서운지를 깨닫게 됐다.

없으면 안 먹고 안 쓴다는 마음가짐으로 생활하다 보면 좋은 친구가 생긴다. 바로 '절제'라는 친구다. 절제는 마음속의 욕망을 통제할 수 있도록 도와준다. 이 세상에 욕망을 이겨낼 수 있는 부자는 없다. 아무리 좋은 차를 타도, 아무리 좋은 집에 살더라도 '더 좋은 것'을 찾는 병에 걸리면 절대로 만족할 수 없게 된다. 부자가 되기 위해서는 자기 분수에 맞는 수준에서 만족을 느끼는 마음가짐이 중요한데, 이는 절제를 통해서만 얻을 수 있다.

이런 원리를 자녀들에게 알려 주기 위해 우리 부부는 부단히 노력했다. 하지만 고생해서 돈을 번 우리 부부에 비해 상대적으로 고생하지 않고 성장한 딸들에게 절제를 가르치는 것은 쉽지 않았다. 그러다 좋은 기회가 왔다. 대학생이 된 딸이 자신이 갚을 수 있는 한도를 넘어 돈을 써버린 것이다.

동부 소재 대학에 입학한 둘째 딸은 첫 학기에 신용카드를 만들었다. 객지에서 대학을 다녀야 하고, 돈이 급하게 필요할 때도 있을 것이라 생각해서 만류하지는 않았다. 처음에는 주소지가 바뀌지 않아서 카드 청구서가 집으로 왔다. 아내가 명세서를 보고는 딸아이가 옷을 너무 많이 사서 걱정스럽다고 말했지만, 용돈으로 감당할 수 있는 만큼 샀으려니 생각하고 내버려 두었다.

그렇게 시간이 흘러 딸아이가 대학을 졸업할 무렵, 아내가 딸아이의 신용카드 청구서를 다시 한 번 보게 되었다. 갚아야 할 대금이 무려 1만3천 여 달러였다. 3년 전보다 6배가 늘어난 돈이었다. 수입이 없는 대학생에게 이런 빚이 있다는 것에 깜짝 놀랐다. 매달 필요한 용돈을 꼬박꼬박 보내주었는데 말이다. 방학을 맞아 집에 온 딸아이를 불러 아내가 자초지종을 물었다.

"매달 필요한 용돈을 보내주었는데, 이게 웬 빚이냐?"

딸은 묵묵부답이었다.

"1년 생활비에 가까운 큰돈이다. 네가 혼자서 갚을 수 있겠니?"

딸은 고개를 저었다.

"미안해요, 엄마. 대학에 들어가자마자 사고 싶은 게 너무 많아서 카드로 사다 보니 2천 달러가 넘게 됐어요. 매달 보내주신 용돈은 용돈대로 써버렸고, 청구서가 오면 최소한의 대금만 결제했어요. 그렇게 하다 보니 결제 할 돈이 이렇게 불어나 버렸어요."

딸아이의 이야기를 듣고 아내가 말했다.

"가위를 가져오너라."

머뭇거리던 딸아이가 가위를 가져오자 아내가 말했다.

"이번 한 번은 내가 갚아주겠다. 하지만 다시는 같은 실수를 반복하지 마라. 앞으로는 우리가 아무리 돈이 많아도 이런 식의 빚은 절대로 갚아 주지 않겠다. 지금 이 자리에서 카드를 잘라라."

딸아이는 눈물을 흘리며 신용카드를 잘랐다.

그 뒤로 딸아이의 씀씀이가 눈에 띄게 검소해졌다. 자기가 받는 용돈의 범위 내에서 꼭 필요한 것만 사는 소비 습관도 길러졌다. 딸아이는 결혼한 후에도 살림을 알뜰하게 꾸려 가고 있다. 물론 지금은 신용카드를 가지고 있지만, 다음 달에 모두 갚을 수 있는 한도 내에서만 쓰고 있다. 이자는 하나도 물지 않으면서 말이다.

내가 하고 싶은 말은 신용카드를 쓰지 말라는 것이 아니라 자신이 감당할 수 있는 재정 규모에 맞춰 부채 관리를 해야 한다는 것이다. 딸아이의 잘못된 소비 습관을 지적한 아내의 교육을 지켜보면서 어려서부터 가정에서의 금융 교육이 얼마나 중요한지를 생각하게 됐다.

가정에서 올바른 금융 교육을 받지 못한 젊은이들이 사회에 첫발을 내딛기도 전에 신용카드 빚이라는 족쇄를 차게 되니 참으로 안타까운 일이다. 이 책을 읽는 한국의 젊은이들은 '자기 수입만으로 생활하고, 근검절약과 저축하는 습관'을 통해서 하루라도 빨리 재정 독립을 이루어야 할 것이다.

   액션 테이커

세상일은 마음먹기에 달렸다

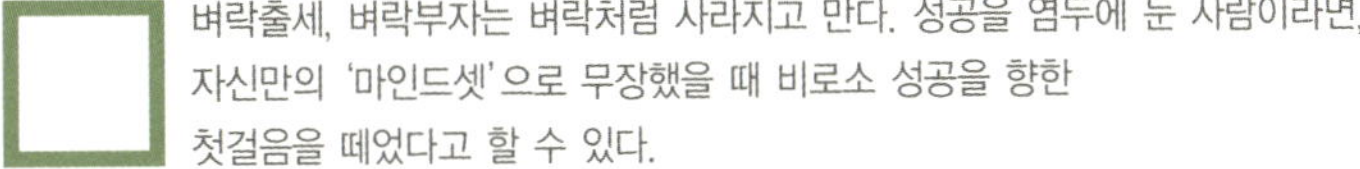

어느 마켓에서 판매원으로 일하는 젊은이가 있었다. 그는 하루하루를 힘들게 일하면서도 매일 아침 눈을 뜨면 가장 먼저 '오늘 하루를 어떻게 잘 보낼 것인가?'를 생각했다. 그리고 밖에 나가서는 남을 비난하기보다 칭찬하는 긍정적인 태도를 지니려고 노력했다. 그러던 어느 날, 젊은이는 마켓에 침입한 강도의 총에 맞아 병원 응급실로 실려 갔다. 의사와 간호사들의 대화를 우연히 듣게 된 젊은이는 부상이 심각해서 생존할 가망이 낮다는 것을 알게 되었다. 그 순간 젊은이는 이런 생각을 했다.

'꽤나 심각한 총상을 입었군. 이제 내가 선택해야 할 차례다. 죽을 것인가, 살 것인가. 나는 살아야 하니까 사는 쪽을 택하겠어!'

응급실에서 수술 직전에 간호사가 신체에 알레르기 반응이 있는지를 물었다. 그러자 의료진이 지켜보는 가운데 젊은이가 입을 열었다.

"예, 총알 알레르기가 있어요."

그 순간 심각한 표정으로 바라보고 있던 의료진에서 웃음이 터졌다. 그러고는 젊은이가 의사에게 말했다.

"살고 죽는 것은 제 선택입니다. 저는 살기로 결정했으니까 제 걱정은 하지 말고 최선을 다 해 주세요."

의사는 환자의 의지와 유머에 감복해 완벽하게 수술을 끝냈고, 그 후 기적처럼 젊은이의 총상은 완치되었다고 한다.

마음가짐의 중요성을 일깨워 주는 이야기다.

'마인드셋mindset'은 우리말로 '마음가짐', '마음먹기' 정도로 옮길 수 있는데, 미국 사람들이 일상생활에서도 자주 쓰는 용어다. 어떤 일을 시작할 때는 마인드셋이 매우 중요다. 왜냐하면 마인드셋을 통해서 그 사람의 세계관이 표현되기 때문이다.

세탁소를 운영할 때 유대인의 마인드셋을 제대로 경험한 적이 있다. 한번은 손님의 거실 커튼을 떼어다가 출장 세탁을 해준 적이 있었다. 작은 체구에 새로 세탁한 커튼을 어깨에 메고 계단을 올라가서 배달하고 나니 힘도 들고, 목이 말라서 물 한 잔을 얻어 마시게 되었다. 수돗물을 틀어서 물 한 컵을 마시고 나오려는데, 유대인 할아버지가 이렇게 말하는 게 아닌가.

"저기 내 페니Penny가 떨어지고 있군!"

나는 무슨 말인지 몰라 할아버지를 쳐다보았다. 할아버지가 손가락으로 수도꼭지를 가리켰다. 물방울이 꼭지 끝에 매달려 한 방울씩 떨어지고 있었다. 가서 수도꼭지를 꽉 잠그라는 말이었다. 그 말을 듣는 순간 나는 이 집 주인이 경제적으로 성공할 수밖에 없는 사실을 깨달았다. 교외에 이런 대저택을 소유하고 있으면서도 물 한 방울을 아끼는 사람의 마인드셋이라면 다른 씀씀이야 말할 것도 없지 않겠는가.

그 후로 유대인들에게 1분에 한 방울씩 떨어지는 수도꼭지로 갈증을 해결하는 지혜에 관해 들은 적이 있다. 첫 번째 사람은 무조건 입을 벌리고 수도꼭지에 대고 있는 사람이다. 두 번째 사람은 수도꼭지에 컵을 대고 물이 찰 때마다 마시는 사람이다. 세 번째 사람은 컵에 물이 찰 때까지 기다렸다가 컵 밖으로 흘러내리는 물을 핥아 먹는 사람이다.

이 중에서 갈증을 가장 적게 느끼는 사람은 누구일까? 세 번째 사람이라고 한다. 첫 번째 사람은 하루 종일 입을 벌리고 있지만 한 번도 갈증을 면하는 느낌이 없다. 두 번째 사람은 물이 가득 찬 컵을 마실 때는 굉장한 만족감을 느끼지만, 그 컵에 물이 찰 때까지 기다리지 못한다고 한다. 세 번째 사람은 컵이 찰 때까지 기다리면서 참는 것을 배우고, 물이 가득 찬 컵을 바라보면서 심리적인 만족감을 느낀다고 한다. 그러면 조금씩 흘러내리는 물에 혀만

축이고 있어도 갈증을 아주 적게 느낀다는 것이다.

인생이든 사업이든 즉각적으로 보상을 받는 일은 드물다. 물이 한 방울씩 떨어져서 그 컵이 가득 차야만 조금씩 음미할 수 있는 법이다. 벼락출세, 벼락부자는 벼락처럼 사라지고 만다. 성공을 염두에 둔 사람이라면, 자신만의 '마인드셋'으로 무장했을 때 비로소 성공을 향한 첫걸음을 떼었다고 할 수 있다.

내가 생각하는 사업가의 자질

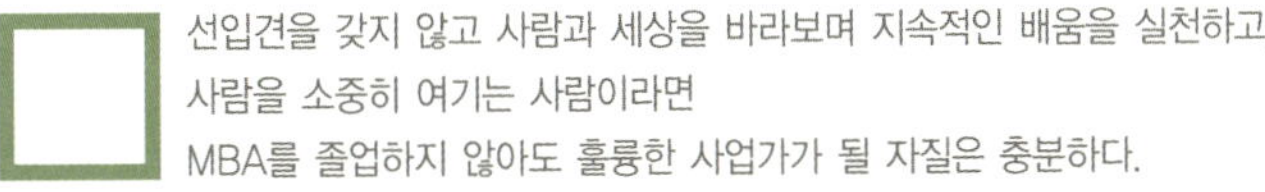

선입견을 갖지 않고 사람과 세상을 바라보며 지속적인 배움을 실천하고,
사람을 소중히 여기는 사람이라면
MBA를 졸업하지 않아도 훌륭한 사업가가 될 자질은 충분하다.

"**사업가의 자질은** 무엇입니까."

지금까지 가장 많이 들었던 질문 중의 하나다. 나는 원래 서생 집안에서 자랐고, 평범한 직장 생활을 했기 때문에 사업을 할 것이라고는 생각조차 하지 못했다. 하지만 미국에 지사장으로 온지 얼마 되지 않아서 본사의 부도로 하루아침에 직장을 잃었고, 생활이 곤란해지면서 어쩔 수 없이 사업을 시작해야 했다. 첫 사업으로 세탁소를 시작한 이후 무역, 제조업, 부동산 등에서 8개 기업체를 경영했고, 지금은 은행 이사장으로서 경영에 참여하고 있다. 그러고 보면 사업가의 자질은 선천적이라기보다는 후천적인 배움에서 기인한다고 볼 수 있겠다. 여기서 말하는 후천적 배움은 체계화된 전문 이론은 아니지만, 모두가 경험에서 얻어진 것이기에 한 번쯤 새겨 볼 가치가 있다고 본다.

내가 생각하는 사업가의 자질은 '어떤 선입견을 갖지 않고 사람을 만나는 태도'라고 말하고 싶다. 대부분의 사업상 인맥은 억지로 만나는 게 아니라 소개로 만난다. 이로 인해 사전에 많은 정보를 얻게 되는데, 이때 다른 사람이 들려 준 선입견을 배제하는 것이 무엇보다 중요하다. 또한 처음 만나서 결정하지 말고 몇 번에 걸쳐 만나보고 나서 자신의 경험과 철학을 바탕으로 상대방을 평가하는 것이 중요하다.

그렇게 해서 만남의 물꼬를 트게 되고, 그 사람이 필요한 것을 채워 주려고 노력하다 보면 자연스럽게 좋은 관계가 형성된다. 내가 먼저 상대방에게 유익한 비즈니스 파트너가 된다면 사업상의 협력도 순탄하게 진행된다. 물론 사업상 파트너의 단계로 나아가기 위해서는 무엇보다 돈과 시간, 그리고 지치지 않는 열정이 필요하다. 이러한 끈기도 없다면 어떻게 사업을 일으킬 수 있겠는가? 따라서 상대방을 만날 때마다 '상대방에게 내가 더 유익한 파트너가 되고 있는가?'라는 물음을 스스로에게 물어봐야 한다. 그렇게 하다 보면 다른 사람보다는 나를 찾게 될 것이다.

사업가가 되려면 지속적으로 배우려는 의지가 있어야 한다. 특히 비즈니스와 관련된 공부를 꾸준히 해야 한다. 지금은 제조업을 떠나 은행 이사장으로 재임하고 있기 때문에 금융 정책과 은행 전

    액션 테이커

략에 관한 공부를 많이 하고 있다. 금융 당국에서 주최하는 세미나에는 장소를 가리지 않고 무조건 참석하는 편이다. 이사 전원에게 참석을 권유하지만 거리나 일정 때문에 여의치 않으면 내가 참석해서 들은 내용을 다른 이사들과 공유한다.

은행의 장기 계획을 짜려면 급변하는 외부 경영 환경을 제때 파악해야 하고, 금융 당국의 은행 정책과 규제 변화 등에 대해서도 알아야 은행 경영진이 하려는 일에 발목을 잡지 않게 된다.

사업가는 비즈니스 트렌드와 흐름을 잘 읽는 눈도 필요하지만, 무엇보다 사람을 소중히 여기는 자질을 갖춰야 한다. 자신의 사업 파트너가 잘 될 수 있도록 노력해야 하고, 자신이 데리고 있는 직원들을 잘 대해 주어야 한다. 내가 물건을 팔려면 상대가 잘 되어야 거래가 오래 지속될 수 있지 않겠는가? 이러한 마음가짐은 사람과 사람 사이의 공감을 형성하게 되고, 내가 잘 대해 주면 상대방도 내가 잘 되도록 도와주려고 애쓴다.

사장이라는 지위는 스스로 희생정신을 발휘해야 하는 자리다. 그러한 희생정신이 자연스레 아래로 파급되어야 회사가 발전한다. 사실 회사의 명운은 사장이 아니라 직원들이 얼마나 희생적으로 회사 일을 수행하느냐에 따라 좌우된다. 사장이 직원 또는 노조와 임금 협상을 할 때 사측 입장부터 먼저 챙긴다면, 협상이 순조롭게 진행되지 않을 것은 자명한 일이다. 내가 조금 손해 본다는 입장으로 상대의 요구 사항을 충족시키려고 한다면, 심각한 갈등으로 비화되는 상황을 피할 수 있다.

선입견을 갖지 않고 사람과 세상을 바라보며 지속적인 배움을 실천하고, 사람을 소중히 여기는 사람이라면 경영학을 배우지 않아도 MBA를 졸업하지 않아도 훌륭한 사업가가 될 자질은 충분하다고 믿는다.

혼을 불어넣은 이력서,
그리고 1분의 짧은 생각

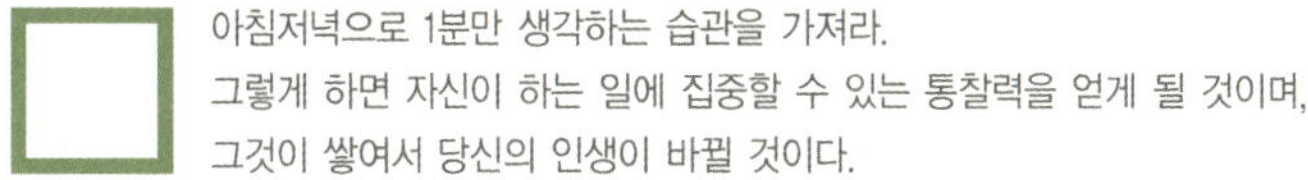

아침저녁으로 1분만 생각하는 습관을 가져라.
그렇게 하면 자신이 하는 일에 집중할 수 있는 통찰력을 얻게 될 것이며,
그것이 쌓여서 당신의 인생이 바뀔 것이다.

미국은 물론 한국에서도 청년 실업률이 높다. 한국에서 직장 생활을 해보았고, 미국에서 많은 사람을 채용해 본 경험을 통해 내가 생각하는 취업의 기본을 말해 주고 싶다. 굳이 취업의 기본에 대해 말하려는 것은 의외로 많은 구직자들이 이를 간과하고 있기 때문이다.

나는 채용 절차를 진행할 때 이력서에 오타가 있는 경우에는 학벌이 좋거나 경력이 화려해도 뽑지 않았다. 인생의 중대한 발걸음을 내딛는 입사 전형에서 고작 한두 장밖에 되지 않는 이력서에 오타가 있다면, 지원자의 성격이 그만큼 치밀하지 못하다는 것을 드러낸다고 생각해서다. 이러한 룰은 내가 경영하는 회사뿐만 아

니라 수많은 직원을 뽑아야 하는 일부 대기업과 컨설팅 회사에서도 적용하는 것으로 알고 있다. 오타가 있는 이력서는 선발에서 제외되므로 인터뷰 기회 역시 사라지게 되는 것이다. 이것이 바로 이력서와 자기소개서에 혼을 불어넣을 만큼 신경을 써야 하는 이유다.

자신이 선택한 회사에 지원할 때는 애정을 가지고 철저하게 준비해야 한다. 최소한 그 회사가 어떤 역사를 지녔고, 어떤 분야에 강점이 있는지, 자신이 그 회사에 들어가서 무엇을 할 수 있는지 정도는 예측해 보고 당당하게 포부를 밝혀야 한다. 회사의 브랜드나 유명세에 이끌리기 보다는 자신의 적성과 열정을 살릴 수 있는 회사에서 일해야 보람과 성취를 얻을 수 있다.

나는 구직자의 이력서를 보면서 '이런 사람일 거야!', '저런 사람일 거야!'라고 상상하는 것을 좋아한다. 그리고 느낀 인상을 이력서 하단에 간단하게 메모해 놓는다. 그러고 나서 지원자를 만나 인터뷰를 해보면 십중팔구 내 예상이 그대로 들어맞는다. 그 사람이 걸어온 길에는 그 사람의 생각과 행동 패턴이 묻어 나오기 때문이다.

회사에 취직했거나 하게 될 사람에게는 내가 즐겨 인용하는 '출근 1분, 퇴근 1분의 법칙'을 알려 주고 싶다. 보통 출근하기 전 차안에서 1분 정도의 시간은 있을 것이다. 그 1분 동안 왜 내가 회사에 출근하는지를 생각해 보라. 그리고 회사에 가서 무슨 일을 가

 액션 테이커

장 먼저 할 것인지를 생각해 보라. 퇴근할 때도 마찬가지다. 차를 타고 가면서 내가 출근하는 목적에 맞게 근무했는지를 생각해 보라. 1분 동안 오늘 아침에 생각했던 것을 실천했는지, 그렇게 하지 못했다면 무엇 때문에 하지 못했는지를 생각해 보라. 주체적으로 생각하는 연습은 회사를 위해서 뿐만 아니라 개인의 성취에도 큰 도움이 된다.

‘그까짓 1분’이라며 턱없이 짧다고 생각하는 사람도 분명 있을 것이다. 그런 사람들은 잠시 코를 막고 1분만 숨을 쉬지 말고 참아 보라. 1분이라는 시간이 얼마나 길게 느껴지는지 모를 것이다. 그 1분 동안 수만 가지 생각을 할 수 있다. 무엇보다 1분 동안의 생각은 하루라는 시간에 여유를 가져다준다.

반대의 경우도 많다. 매일 무의식적으로 라디오나 음악을 켜놓고 출퇴근하는 직장인들이다. 그들은 아무 생각 없이 출근 시간에 쫓겨 허겁지겁 출근한다. 출근해서는 남들 하는 만큼 일하다가 커피 마시러 나가고, 점심 먹으로 나가는 직장인이라면 제대로 된 성취를 얻기가 힘들 것이다.

아침저녁으로 1분만 생각하는 습관을 가져라. 그렇게 하면 자신이 하는 일에 집중할 수 있는 통찰력을 얻게 될 것이며, 그것이 쌓여서 당신의 인생이 바뀔 것이다.

편지를 써라, 그리하면 문이 열린다

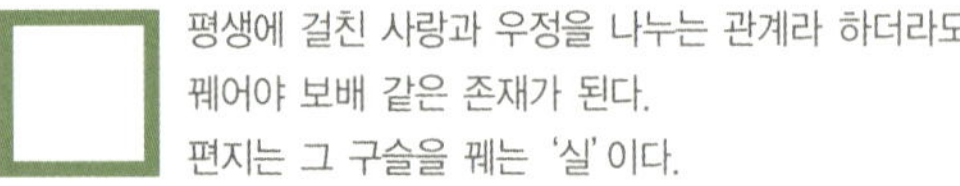

나는 틈나는 대로 편지를 쓴다. 칠십을 바라보는 나이지만 밖에 있을 때는 아이패드로, 집에서는 노트북을 이용해서 편지를 쓴다. 존경하는 선배와 아끼는 친구들, 평소 이런저런 말을 해주고 싶었는데 시간 때문에 만나지 못했던 직원들, 개인적으로 친분이 있는 사람들에게 자주 편지를 쓴다. 예전에는 직접 써서 우표를 붙이면 며칠이 지나서 도착했지만, 요즘은 시간에 구애받지 않고 언제든지 마음이 담긴 글을 순식간에 보낼 수 있다.

시간이 없어 인맥 관리를 할 여력이 없다는 말은 인터넷이 발달한 요즘에는 핑계거리 밖에 되지 않는다. 잠시만 시간을 내면 내가 좋아하고 존경하는 사람에게 마음을 전할 수 있고, 미래의 비즈니스 파트너와 사업에 관한 아이디어를 나눌 수도 있다.

한번은 시애틀에서 미국인 안과의사에게 수술을 받은 적이 있었다. 수술 결과가 너무 좋았기 때문에 안과의사에게 당신의 귀한 의술 덕분에 시력을 되찾게 되어 감사하다는 내용으로 장문의 편지를 써서 선물과 함께 보냈다. 그로부터 얼마 후 안과의사에게서 답장이 왔다. 짧은 내용의 감사 카드는 많이 받아봤지만, 진심을 담아 고마움을 전한 편지는 처음이라는 말과 함께. 그 후로 그와 나는 가끔 안부를 주고받는 친구가 되었다. 이런 이야기를 해주면 주변 사람들은 자기 돈 내고 수술한 것인데, 굳이 시간을 들여 편지를 쓰는 것은 시간 낭비가 아니냐고 말한다. 하지만 나는 앞으로도 내가 소중하게 여기는 사람들에게 더 자주 편지를 쓰려고 한다.

글은 주로 밤에 쓰는 편이다. 나처럼 감정이 메마른 사람도 밤 시간에는 좀 더 서정적으로 변하기 때문이다. 그러면 좀 더 솔직하고 진심이 담긴 편지를 쓸 수 있다. 지나고 보니 인생의 고비를 겪을 때마다 돌파구를 마련할 수 있었던 것도 편지 덕분이라고 생각한다.

나는 지난 40여 년 동안 지인들과 편지를 주고받았다. 이사를 자주 다니는 통에 많이 잃어버리기도 했지만, 아직까지도 편지 모음집 '퍼스널 터치personal touch'라는 폴더가 수십 개나 되는 걸 보면 그동안 편지를 꽤 많이 쓴 것 같다. 사적인 글이기는 하지만 내가 쓴 편지 중 일부를 소개한다.

어느 새해를 앞두고 손위 형님에게 보낸 편지글 중 일부이다.

30세까지는 불확실한 시대에 한치 앞을 내다볼 수 없는 불안감으로부터 벗어나려는 조급한 마음에, 60세까지는 빈곤에서 벗어나 부를 축적하기 위해 몸을 혹사하면서 달려왔습니다. 이제는 90세까지 긴 여정을 위해 한 템포 늦추며 살아가는 생활의 지혜를 갖고자 합니다.

단조롭고 외로운 외국 생활이지만 가진 것 없이 사업을 일으키고, 성공하신 형님이 한국에 계셔서 언제나 마음 든든합니다. 또한 부족한 저에게 언제나 이해와 사랑을 베풀어 주심으로 저의 모자란 삶이 그나마 풍요롭고 윤택한 삶을 유지하고 있음에 대해 언제나 감사하고 있습니다.

하루를 지내고 나면 더 즐거운 하루가 오고, 사람을 만나고 나면 더 따스한 마음으로 생각하고, 좋은 일이 생기면 더 큰 행복을 만들 수 있는 아름다운 한 해를 생각합니다.

다음은 예전의 무역 파트너였던 코린도 그룹 승 회장에게 보낸 편지글 중 일부이다.

1970년 10월 12일, 동화에 입사하여 왕십리 제재소로 처음 출근했던 날로부터 1973년 9월 1일, 미국 지사로 옮겨 온 지난날의 모든 추억이 한 편의 영화 필름처럼 너무나 선명하게 내 앞에 펼쳐집니다. 일은 밤잠 안 자고 많이도 했고, 젊음을 불사를 만큼 뜨거운 정열로 일했던 지난날이 지금 이 시간에도 자랑스럽습니다.

1975년 어느 날, 동화의 부도로 인해 해외에 내던져진 나와 내 가족이 갑자기 끊어진 월급을 탓하기 전에 생계를 위해 고생했던 3년의 시간을 돌이켜보면 지금도 내 눈시울을 물들입니다.

그때 막일을 하며 얻은 허리 디스크가 지금도 가끔 나를 겁먹게 하고, 골프장에 나가면 미리 허리 운동을 하게 됩니다. 상황을 알아보기 위해 서울에 나갔다가 은호 회장님 가족의 어려움을 알고 퇴직금을 열어 보지도 않은 채 은호 회장님께 드리고 살다 보니, 어언 30년의 세월이 지났습니다.

사업을 하면서 고속 성장에 대한 유혹을 견디고, 내 자신을 절제할 수 있느냐가 무엇보다 중요하다는 것을 느끼게 되었습니다.

흐른 물은 항상 가득하지 않고

맹렬한 불길도 늘 타는 것이 아니며

해는 떴다가 어느덧 지고

보름달도 찼다가 기우나니

부귀하고 영화로운 이도

덧없음이 이보다 더 하리라

다음은 미국에서 어렵게 공부하는 조카들에게 학비를 보내주면서 기운을 북돋아 주기 위해 보낸 편지다. 물질적인 도움은 일회성으로 끝나지만, 정신이 강건하도록 도와주면 평생을 살아가는 용기를 불어넣을 수 있다.

사랑하는 내 조카들이 선진국인 미국에서 공부하고 있다는 것이 믿어지지 않을 만큼 자랑스럽다. 목표가 있기에 이곳에 왔고, 편안함을 희생하고 오늘의 불편과 어려움을 참아내며 내일을 위한 희망으로 위로를 갖는 것 아니겠니.

사람은 참 이상한 경험을 많이 하며 산다. 어떤 때는 내 삶에 무서운 불행이 충만해 있는 것 같으나, 그 불행 따위는 결코 일어나지 않는구나. 나만 불행한 것 같은데, 사실 남들의 사정을 들여다보면 그들도 다 나름대로 괴로움과 불행을 안고 고민하며 살고 있음을 발견하게 된단다. 단지 시끄럽게 자신의 불행을 소문내지 않고 살아서 그렇지.

로마의 시인 호레이스가 쓴 시에도 이런 글귀가 있더구나.

행복하리로다 홀로 있어도

오늘을 내 것이라고 노래하는 사람이여

마음이 행복한 사람은 다음과 같이 외치리

내일이 최악의 것이 될지라도 그것이 무엇이랴

나는 오늘을 성실히 살았노라

어려움이 있을 때는 이런 질문을 던져 보는 방법도 도움이 되지 않을까 싶구나.

나는 미래를 근심하거나 아득한 곳에 있는 요술의 장미 정원을 동경한 나머지 현실을 도피하지는 않는가?

나는 과거에 있었던 일을 후회함으로써 현재를 악화시키고 있지는 않는가?

오늘을 산다는 것으로써 인생으로부터 많은 보람을 획득할 수 있는가?

오늘에 충실하여 모든 시간과 정열을 쏟아 부어 최선을 다한 사람은 후회 없는 오늘과 내일 그리고 미래가 보이지만, 오늘에 성실하지 못하여 만족할 수 없는 결과를 얻었다면 결코 내일과 미래를 기약할 수 없다는 것 아니겠니?

하루하루를 충실히 살아라. 우리가 고민하고 괴로워하는 것들의 실상은 지나고 보면 결코 일어나지도 않는 쓸데없는 것들이란다. 지구 상의 60억 인구 중에 미국에서 공부할 수 있는 사람은 불과 1%도 안 된다고 하는구나. 유학 생활이 어렵겠지만, 또 다른 축복이라고 생각하고 꿋꿋하게 생활하기 바란다.

이민 초기에 화원에서 막노동을 할 때 나를 도와주었던 임문규

씨를 십수 년이 지난 어느 날, 시애틀에서 상봉했다. 1970년대 초 임문규 씨는 자신이 하던 구둣방을 내 아내에게 넘겨주고 아무 연고도 없는 시애틀로 갔다. 그곳에서 구둣방과 세탁소를 하면서 집안을 일으켰다. 브래믈턴에서 합기도 도장을 차렸고, YMCA에서 20년간 봉사하여 그랜드 마스터가 되었다. 아이들도 바르게 성장하여 아들과 며느리, 사위 모두 치과의사가 된 화목한 가정을 일구었다. LA로 내려오면서 다시 헤어지지 말자며 별장을 공동 구입하면서 보낸 글이다.

함께 대화하고, 만남을 기대하고, 지난 일들을 기억하고, 추억을 만들어 간다는 것이 하나의 삶 그 자체가 아닌가 생각합니다. 우리는 귀한 인연이 있어 다시 만났지요.

한 살짜리 큰 아들을 데리고 북쪽으로 기약도 없이 훌쩍 떠나신 임 형이 어느 날 아이들 잘 교육하시고, 건강한 가족과 함께 제 앞에 나타났을 때 그것은 감격 그 자체였습니다.

인생을 만남과 헤어짐의 연속이라고 합니다. 우리 이제 다시 헤어질 일이 없으니 함께 예쁜 집을 만들려고 서로 노력하는 것이 아닌가 합니다.

아래는 내가 일생에 걸쳐 존경하고 따른 코린도 그룹의 김동환 부회장이 직접 사 준 양복을 받아들고 아이처럼 좋아하면서 적은

　　　　　　　　　　　　　　　　　액션 테이커

글이다.

먼 거리를 여행해 오신 두 어른을 마중하는 순간 더욱 기가 넘치는 건강하신 모습을 대하니 참으로 감사하고 기쁜 마음 금할 수 없습니다. 특히 부회장님께서 골프와 검도가 체질에 잘 맞으시는 것 같습니다. 또한 두 어른을 모시고 팜 스프링스에서 1박 2일의 시간을 즐겁고 기쁘게 보낼 수 있어서 더욱 감사합니다.

일본 방문 길에 바쁘신 중에도 저에게 사다 주신 양복을 입고 공항에 마중 나가서 부회장님께 자랑하려고 했는데, 말씀도 못 드렸습니다. 양복이 아주 잘 맞고 가벼워 참으로 편한 옷입니다. 아주 잘 아껴서 입고, 입을 때마다 부회장님의 따스한 마음을 느끼려고 합니다.

다음은 내가 투자했던 회사의 사장 부인에게 보낸 편지다. 사업이 어려워지면 당사자보다 이를 지켜보는 배우자가 더 큰 고통을 받을 때가 많다. 결국 투자한 금액을 한 푼도 건지지 못했지만, 사람은 잃지 말아야겠다고 생각하여 어려움에 처한 남편에게 용기를 주라는 의미에서 편지를 썼다.

한 달 전, Y사장님과의 전화 통화에서 목소리가 갈라진 느낌을 받았습니다. 기업을 오래 하다 보니 Y사장님께서 하시는 몇 가지 말씀만 들어도 나름대로 회사 운영에 대해 이해할 수 있습니다.

사업가 아내의 역할은 회사가 잘 될 때는 잊힐 수도 있지만, 회사에 어려운 일이 있을 때의 역할은 참으로 중요합니다. 제 집사람은 새벽에 일어나 서재에서 잠 못 이루는 나를 발견하면 호통을 칩니다.

"당신이 지금 시간에 잠을 안 잔다고 문제가 해결되느냐."

"당신이 하는 회사는 모조리 잘되야 한다는 법이 있느냐."

"돈을 벌 때도 있지만 잃을 때도 있는 법인데, 지금 잠을 안 자면 건강만 해치지 않느냐."

지금 이 글을 쓰는 순간에도 제가 양 사장님 댁을 방문했을 때, 아침 준비를 돕던 자상한 사장님 모습을 기억합니다.

훌륭한 아내의 내조가 어떤 것인지 실제 이야기를 소개합니다.

루스벨트 대통령은 젊은 시절 갑작스럽게 소아마비에 걸리게 되었습니다. 그는 다리를 쇠붙이에 대고 고정시킨 채 휠체어를 타고 다녀야 했습니다. 정치가로서 한창 왕성한 활동을 하던 그에게는 너무나 큰 시련이 아닐 수 없었답니다.

깊은 절망에 빠진 그는 방에 틀어박혀 나오지 않았습니다.

그의 아내인 엘레나는 한동안 이런 그에게 아무 말도 하지 않은 채 그저 지켜보기만 했습니다. 그러던 어느 날, 며칠 동안 내리던 비가 그치고 하늘이 맑게 개었습니다.

루스벨트는 엘레나의 권유로 휠체어를 타고 정원으로 산책을 나갔습니다. 하늘은 더 없이 맑았고, 정원에는 꽃향기가 가득했습니다. 그는 오랜만에 마음이 즐거웠습니다. 그때 엘레나가 다정하게 말했습니다.

"비가 오거나 흐린 날 뒤에는 꼭 이렇게 맑은 날이 온답니다. 당신도 마찬가지예요. 당신은 뜻하지 않은 병으로 다리가 불편해졌지만, 그렇다고 당신 자신이 달라진 건 아무 것도 없어요. 지금의 이 시련은 더 겸손하게 맡은 일을 열심히 하라는 하나님의 뜻일 거예요. 여보, 우리 조금만 더 힘을 내요."

"하지만 나는 불구자이고, 그래서 당신을 더 많이 힘들게 할 텐데 그래도 당신은 날 사랑한단 말이오?"

루스벨트가 우울한 목소리로 묻자 엘레나는 그의 손을 꼭 잡으며 말했답니다.

"무슨 그런 섭섭한 말을 해요? 그럼 내가 그동안 당신의 다리만 사랑했단 말인가요?"

이 말은 열등의식과 패배감에 사로잡혀 있던 루스벨트에게 새로운 용기를 주었습니다. 그 뒤 엘레나의 말에 힘입어 루스벨트는 장애를 극복하고 예전보다 더 왕성하게 활동했고, 미국 역사상 전무후무하게 연속해서 네 번이나 대통령에 당선되었습니다.

Y사장이나 나는 원래 없이 시작한 사업가입니다. 지금 이만

큼 가진 것만 해도 늘 감사하지요. 많은 돈을 상속받은 사람은 다시 일어나지 못하지만, 아무 것도 없이 시작해서 꿈을 이룬 우리는 언제든지 다시 시작할 수 있고, 반드시 이루어낼 수 있습니다.

유니은행 이사회에서 경영진의 보수 문제가 도마에 올랐다. 너무 낮으면 행장을 비롯한 경영진의 사기가 떨어지고, 원하는 대로 주자니 일반 직원들과의 위화감이 생길 터였다. 나는 경영진과 이사회에 CEO 연봉 및 보너스 개선에 관해서 이메일을 보냈다. 유니은행이라는 한 배를 탔기 때문에 서로의 이익을 위한 공동 운명 체임을 강조했다.

위기관리 능력은 문제가 터지기 전에 사태의 핵심을 짚어 내고, 해결책을 적시에 실천에 옮기는 역량에 달려 있습니다.

한국의 저축은행 사태는 능력이 부족한 사람들이 저지른 행위가 아니라 대한민국의 최고 엘리트들이 저지른 범죄 행위입니다. 왜 그럴까요? 가슴이 아닌 머리로만 일을 처리했기 때문입니다. 상대를 배려하는 마음이 없었기 때문입니다.

가진 자가 더 가지려는 개개인의 욕심이 그 많은 영세 예금주들을 울린 것입니다. 호수는 메울 수 있어도 사람의 욕심은 메울 수 없습니다.

우리의 행복지수에서 부가 차지하는 비중이 큰 것은 사실입니다. 그러나 돈의 액수보다는 상대성이 더 크다는 사실을 인지해야 하겠습니다. 단순히 봉급이 작년보다 많이 올랐다고 해서 행복을 느끼는 직장인은 많지 않습니다. 하지만 다른 직원에 비해, 내 이웃에 비해 수입이 많이 늘었다는 사실에 사람들은 행복감을 느낀다고 합니다.

유니은행의 이익이 계속해서 늘어날 때 모든 임직원들의 기대치는 높아지게 되고, 그 기대치에 못 미치면 실망하게 될 것입니다. 더구나 다른 직원들과 나를 비교하게 되고, 차이가 나면 상대적인 열등감에 불행하다는 생각을 갖게 되기 때문입니다.

이제 유니은행의 급여 체계를 전반적으로 검토해서 어느 누구도 소외되거나 불행을 느끼는 임직원이 없도록 일한 만큼 보상을 받는 건전한 직장 문화를 만들어야 할 때입니다.

편지를 쓸 때는 평소 읽었던 책 중에서 유익한 내용이나 건강관리에 좋은 정보, 아름다운 시구, 힘을 불어넣어 주는 명언을 함께 적어 보내곤 했다.

지금이라도 컴퓨터를 켜고 누군가를 떠올리며 글을 써 보라. 평소에 고마움을 전하지 못했던 당신의 스승과 친구, 사소한 갈등 관계로 화합하지 못했던 사업 파트너, 항상 가르침을 주고 이끌어 주었던 직장 선배, 넘어지고 실수할 때마다 당신 곁에 있어 준 배

우자에게 진심을 담아 쓴 편지(이메일)를 보내자. 평생에 걸친 사랑
과 우정을 나누는 관계라 하더라도 꿰어야 보배 같은 존재가 된
다. 편지는 그 구슬을 꿰는 '실'이다.

                                        액션 테이커

안 되는 것을 이루었을 때의 기쁨은 배가 된다

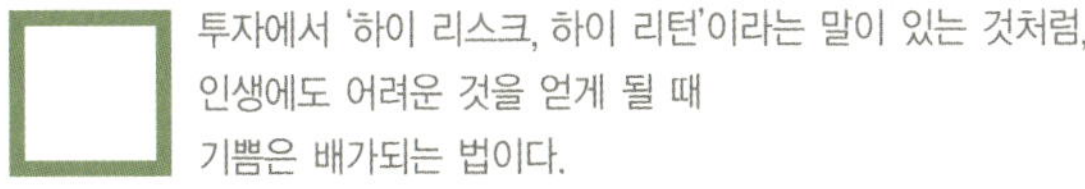

투자에서 '하이 리스크, 하이 리턴'이라는 말이 있는 것처럼,
인생에도 어려운 것을 얻게 될 때
기쁨은 배가되는 법이다.

나는 남들이 안 된다, 못한다고 하면 더 강한 에너지가 생긴다. 누구나 할 수 있는 것에는 흥미가 없다. 굳이 따져 보지 않아도 보상이 적을 확률이 높다. 하지만 남이 하지 못하는 일은 더 어렵고 힘들지만 보상은 크다.

살아가면서 꼭 해야 하는 일인데, 불가능하다는 소리를 듣게 되면 나는 좋은 숙제를 만난 아이처럼 신이 난다. 숙제를 푸는 즐거움이 있기 때문이다. 물론 처음부터 그런 것은 아니었다. 처음에는 실패하고 나면 의기소침해졌다. 하지만 넘어졌다 일어서는 일을 반복하면서 마음에도 근육이 있다는 것을 알게 되었다. 우리 몸의 근육이 쓰면 쓸수록 강해지는 것처럼, 우리의 마음도 '시련'이라는 역기를 자주 들다 보면 이전보다 더 강해진다는 것을 느낄 수 있다.

LA에서 60마일 떨어진 라이틀 크릭에 있는 주말 별장을 매입할 때의 이야기다. 해발 3,000피트에 위치한 이 지역은 지하수가 풍부하고, 나무가 울창해서 공기 또한 맑아 심신의 피로를 풀기에는 더없이 좋은 곳이다. 무엇보다 LA에서 1시간 거리에 있는데다 한국의 시골에서나 볼 수 있는 개울이 흐르고 있어서 캘리포니아라기보다는 강원도 어느 골짜기라는 생각이 들 정도다. 별장을 구입한 사연은 이랬다.

인도네시아로 출장을 떠나려던 어느 날 아침, 일어나려고 하니 허리를 꼼짝달싹할 수가 없었다. 휴일이라서 근처 병원이 문을 닫았기 때문에 아내가 운전하는 차를 타고 침술로 유명한 박 선생님 댁을 찾아갔다. 박 선생님은 라이틀 크릭 산기슭에 본인이 직접 지은 집에 살고 있었다. 주변 경관도 아름다웠지만, 청명한 공기와 직접 가꾼 꽃과 나무들 사이로 라일락 꽃향기가 가득한 정원이 너무나 좋아보였다. 치료를 받고 나와서 정원을 둘러보다가 담장 너머로 이웃집을 보니 빈 집이었다. 오랫동안 사람이 살지 않았는지 건물과 마당이 폐허처럼 흉물스러웠다. 그런데 찬찬히 둘러보니 집 주위에 꽃을 심은 흔적도 보였고, 나무도 울창했다. 하지만 물이 부족했는지 나무들은 말라가는 모습이 역력했다.

이때 아내가 넌지시 말을 꺼냈다.

"이 동네가 물도 좋고 공기도 좋으니 저 집과 부지를 사면 어떨까요?"

근처 부동산 에이전트에 알아보니 집주인은 '페니'라는 이름의 할머니인데 재혼을 해서 미네소타 주로 이주했고, 지금은 비어 있다고 했다. 개울가에서 가깝고 집과 부지가 2에이커에 달해 여러 사람이 매입하고 싶어 했지만(심지어 미네소타까지 찾아간 사람도 있었다.), 어떤 연유에서인지 페니 할머니는 팔지 않았다고 했다.

인도네시아 출장을 다녀온 후 곧바로 라이틀 크릭으로 갔다. 그 동네를 전문으로 하는 부동산 에이전트를 만나 오퍼를 넣어 달라고 했다. 그랬더니 이런 대답이 돌아왔다.

"그 집 말고 다른 집은 어떨까요? 집주인인 페니 할머니가 집을 팔지 않겠다고 하네요. 벌써 몇 사람이나 허탕을 쳤는지 몰라요."

나는 그 말을 듣고 편지 한 통을 썼다. 그리고 부동산 에이전트에게 오퍼 없이 내가 쓴 편지를 미네소타에 있는 페니 할머니에게 보내 달라고 부탁했다. 편지에는 이런 내용을 썼다.

나는 당신을 모릅니다. 당신 또한 나를 알지 못하지요. 다만 내 아내가 당신 이웃집에 들렀다가 담장 너머로 당신이 살던 집을 보게 되었는데, 왠지 모르지만 당신이 살던 집을 사고 싶어 하는군요.

내 아내가 관심을 가지니 나 또한 관심이 생겨 의자 위에 올라가 당신 집을 넘겨다보았답니다. 집 주위에는 아무것도 남아 있지 않지만, 꽃을 심었던 꽃밭과 한때는 정성을 다해 꾸몄을 아름다운 집 모습을 그려 볼 수 있었습니다.

다른 것은 몰라도 제 아내가 꽃 가꾸는 것을 너무 좋아해서 3년간 꽃꽂이를 배운 적도 있습니다. 그래서 당신이 이곳에 계실 때만큼은 아니겠지만, 만약 제 아내가 꿈을 이루어 당신 집을 살 수만 있다면, 아마도 아름다운 집과 정원을 만들어 당신이 즐기던 옛 모습을 다시 찾을 수 있지 않을까 생각합니다.

혹시라도 당신의 마음이 변해서 우리에게 집을 팔 의사가 있다면 원하는 금액과 조건을 제시해 주세요. 그렇게 해주시면 제 아내가 참으로 기뻐할 것입니다.

그로부터 1주일이 지난 후 부동산 에이전트가 흥분한 목소리로 내게 전화를 걸었다.

"페니 할머니가 집을 팔겠답니다. 1주일 후에 팔겠으니 사고 싶은 가격과 조건을 제시하라고 연락이 왔어요."

내가 제시한 조건은 이랬다. 집값은 전액 현금으로 지급할 것이며, 있는 그대로(고치는 것도, 허가도 모두 내가 하는 조건) 2주일 내에 소유권을 이전하는 조건이었다.

페니 할머니가 내 답신을 받자마자 곧바로 합의해 주었고, 2주일 후 소유권 이전이 끝났다. 이 사실을 알게 된 이웃사람들은 하나같이 놀란 표정을 지었다. 그리고 더 비싸게 구입한 것이 아니

 액션 테이커

라 시세보다 훨씬 싸게 구입했다는 말에 더 놀라워했다.

나는 편지를 쓰기 전에 그 집을 사려고 비행기까지 타고 먼 거리를 찾아간 사람들에게 페니 할머니가 집을 팔지 않은 이유가 뭔지 나름대로 여러 가지 추측을 해보았다.

'아주 돈이 많은 할머니라서? 아니면 매매 절차가 귀찮아서? 그것도 아니라면 그 집에 특별한 추억이 있어서 그런 걸까?'

가격이 문제가 아닌 것은 확실해졌다. 미네소타까지 비행기를 타고 간 사람들에게 퇴짜를 놓았으니까 말이다. 그렇다면 아주 오래 전부터 자신이 가꾸어 왔던 아름다운 정원에 대한 추억 때문이 아닐까 하는 생각이 들었다. 그래서 아내의 마음과 내 진심을 담아 그 정원을 다시 만들어보고 싶다는 내용을 편지에 담아 보낸 것이었다.

그리고 멀리 있는 사람에게 집을 팔기 전에 이것저것 고쳐 달라고 하면 귀찮아 할 것이므로 아예 그런 말은 꺼내지도 않았다. 또한 현금으로 사겠다고 제안한 것은 융자를 받아서 산다고 하면 여러 번 서명을 받아야 하므로 이 역시 번거로울 게 뻔했다. 마지막으로 소유권 이전을 2주일 내에 한 것은 페니 할머니가 팔겠다고 했을 때 신속하게 결정하도록 의도한 것이었다. 결과적으로 그 집을 구입한 금액은 미네소타까지 찾아간 사람들이 제시한 금액보다 무려 40%나 싸게 구입할 수 있었다.

그 후 몇 년에 걸쳐 라이틀 크릭에 마련한 집과 마당 공사를 진행했다. 지금은 우리 부부가 살기 좋은 주말 농장으로 만들어 놓았다. 태양이 내리쬐는 캘리포니아지만 4월까지 눈을 구경할 수 있고, 사계절이 분명해서 모든 과일 나무가 잘 자란다. 어린 시절의 추억이 담긴 감나무, 사과나무, 밤나무를 마당 곳곳에 골고루 심어 놓고 가을이 오기를 기다리는 여유도 갖게 되었다.

지하수를 끌어올려 조그만 연못을 만들었다. 새끼손가락만한 송사리를 넣어 놓았더니 알을 낳아 그 수가 많이 늘었고, 한때는 올챙이가 너무 많이 늘어서 걱정을 하기도 했지만 지금은 작고 아름다운 연못 특유의 생태를 이루고 있다. 꽃을 좋아하는 아내는 봄이면 철쭉이 흐드러지게 피는 정원을 바라보며 환한 미소를 짓는다.

만약 내가 이 집을 살 수 없을 것이라는 말을 듣고 사려는 시도조차 하지 않았더라면, 지금의 이런 즐거움을 맛볼 수 있었을까?

투자에서 '하이 리스크, 하이 리턴High risk, High return'이라는 말이 있는 것처럼, 인생에도 어려운 것을 얻게 될 때 기쁨이 배가 되는 법이다.

골프에서 배우는 지혜

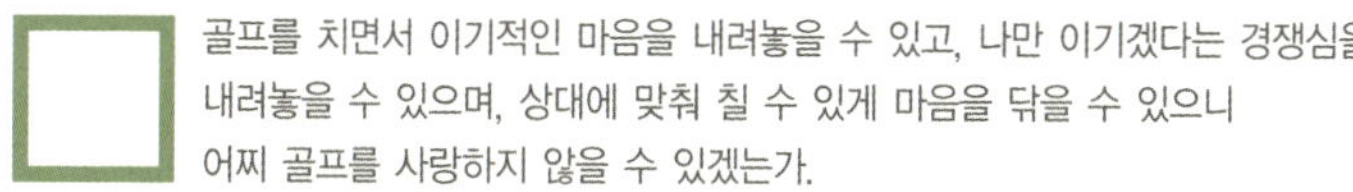

미국은 골퍼들의 천국이다. 공원 인근 지역과 휴양지에 골프장이 널려 있어 서민이나 부자나 눈치 보지 않고 자기 수준에 맞게 골프를 즐길 수 있다. 캘리포니아 남부인 남가주 지역에는 퍼블릭 코스와 프라이비트 코스를 합쳐 200여 개 이상의 골프장이 있다.

교포들도 미국에 와서 어느 정도 자리가 잡히면 누가 먼저랄 것도 없이 골프를 시작한다. 나는 세탁소 운영이 어느 정도 자리를 잡던 1970년대 후반부터 시작했다. 주변 친구들이 남자끼리 삼삼오오 치던 것과는 달리 고생하는 아내가 안타까워서 주말이면 아내와 함께 쳤다.

그러다가 1980년대 들어 한인 사회에 골프 바람이 불었다. 비교적 시간 여유가 많은 자영업자들을 중심으로 골프 붐이 일었는데, 대부분은 남성 중심이었다. 골프 약속에 맞춰 아내를 데리고 나가면 친구들은 벌레 씹은 표정으로 쳐다봤다. 자기들도 잘 치지 못하면서 아내의 샷이 서투르다며 비꼬기 일쑤였다. 골프 모임은 자연히 서먹해졌고, 이후로는 우리 부부만 따로 치게 되었다. 그로부터 30여 년이 지난 요즘은 부부 동반이 아니면 골프 그룹에 끼기도 쉽지 않다. 그때 우리 부부를 외면하던 친구들이 요즘에는 제발 함께 치자면서 사정하는 걸 보면 인생은 역시 길게 보고 살아야 하나보다.

내가 골프를 좋아하는 첫 번째 이유는 무엇보다 긍정의 운동이라는 점이다. 17번 홀까지 죽을 써도 18번 홀에서 기막힌 티샷을 쳤다면 집에 돌아가서도 그 손맛을 기억하니까 말이다.

이 좋은 운동을 부부가 함께 칠 수 있다는 점도 기막히다. 부부가 함께 치는 골프는 가정을 윤택하게 한다. 오랫동안 푸른 잔디를 거닐며 몇 시간 동안 아이 문제부터 회사 일까지 다양한 주제로 대화를 나눌 수도 있다. 평소 바쁜 회사 생활로 인해 대화가 어려운 부부들이 골프를 치면서 대화의 질이 높아졌다는 이야기를 듣곤 한다.

골프장은 퍼블릭 코스밖에 없다고 생각하던 초보 시절, 한센 댐 인근의 골프장으로 아내와 함께 골프를 치러 나갔다가 백발노인을 만난 적이 있다. 몸이 다소 불편하셨던 그분은 부부 동반으로

　　　　　　　　　　　　　　　　　　　　액션 테이커

골프를 치는 우리 부부를 보고는 몹시 부러워했다. 얼마 전까지만 해도 할머니와 같이 쳤는데, 건강이 악화되면서 더 이상 그럴 수 없다며 안타까워했다. 그러고는 석양이 내리쬐는 푸른 그린 위를 거닐면서 우리 부부가 소곤소곤 대화를 주고받는 모습이 너무 보기 좋다고 말씀하였다. 나중에 우리 부부를 초청해 프라이비트 코스에서 칠 수 있도록 해주었다.

아내도 골프 예찬론자다. 오랫동안 함께 치다 보니 사업하는 남편의 생각을 많이 이해하게 되었다고 한다. 사회생활을 하는 남편의 생각이 앞서가고, 여자는 집안일에 매여 있다 보니 대화에 어려움을 겪는 부부가 많은데 우리 부부는 그런 적이 거의 없었다.

오히려 나는 비즈니스를 하면서 중대한 결정을 해야 할 때 골프장에서 듣는 아내의 조언을 통해 아이디어를 얻은 적이 많다. 아내는 나와 오래 있다 보니 내가 하려는 일이 진짜 욕심에서 나온 것인지 가짜 욕심에서 나온 것인지를 분별해 준다. 실제로 집을 사고 팔 때나 공장 매각 시기를 결정할 때 골프를 치며 나누었던 대화 속에서 큰 도움을 얻기도 했다.

이런 점에서 볼 때 사랑은 마주보는 게 아니라 같은 방향을 보는 것이라고 말하고 싶다. 마치 골프처럼 말이다. 골프는 거리가 아니라 방향을 맞추는 게임이기 때문이다.

골프를 좋아하는 두 번째 이유는 골프만큼 남을 섬길 수 있는 운동이 많지 않기 때문이다. 처음에는 비즈니스 교제를 위해 쳤지만, 나이가 들수록 좋아하는 사람들과 많이 치게 된다. 내가 오랫동안 친분을 쌓았던 친구들이나 귀한 손님을 모실 때 골프만큼 극진하게 대접할 수 있는 운동이 많지 않다.

귀한 손님과 골프를 칠 때는 골프장 입구 경비원부터 골프백을 매고 다닐 캐디까지 초청자의 이름을 외워서 친절하게 대하도록 미리 부탁해 놓는다. 라커 보관함에도 이름을 붙여 놓아 마치 자신이 멤버로 있는 골프장에 온 것 같은 기분이 들도록 한다. 상대를 배려하면서 푸른 잔디를 걷다 보면 존경과 우애가 돈독해질 수밖에 없다.

지금은 어느 정도 연륜이 쌓이다 보니 골프를 치면서 이런저런 조언을 부탁하는 후배들이 많다. 그럴 때마다 나이 많은 사람이 잔소리를 하는 것처럼 느끼지 않도록 자기 문제를 얘기할 때만 조언해 주는 것을 철칙으로 하고 있다.

마지막 세 번째 이유는 골프가 자기희생적인 운동이기 때문이다. 약간 우습게 들릴 수 있지만 골프는 자기희생을 요구한다. 미국 사람들과 골프를 치면서 이런 생각을 갖게 되었다. 미국 사람들 중 상위 25%는 철저하게 남을 배려하고 존중하는 습관이 배여 있는 사람들이고, 50%는 내가 취하는 행동에 따라서 반응하는 사람들이며, 나머지 25%는 유색 인종 – 특히 잘 사는 아시안 부자들에게 분노와 증오를 드러내는 사람들이라는 점이다. 그래서 골프를 칠 때 매너가 좋지 않은 플레이어를 만나더라도 관용의 자세로 운동해야 하는 이유가 바로 여기에 있다.

골프는 자기희생이 없으면 좋은 게임을 하지 못한다. 상대를 배려하면서 즐기는 신사적인 운동이지만, 때로는 상대의 거친 매너에 분노하고 화를 내면 나만 손해인 운동이기도 하다. 특히 캘리포니아의 뙤약볕에서 골프를 칠 때 늑장부리는 골퍼를 만나면 아주 곤욕스럽다. 자세를 잡고 치는가 싶으면 머리를 흔들고, 다시 치는가 싶으면 손목을 흔들고, 그러다가 무릎을 흔드는 등 샷 한 번 하는데 엄청 뜸을 들이는 사람이 있다. 이런 사람이 퍼팅을 할 때 얼마나 많은 시간을 소비하는지 생각해 보라. 공자와 예수, 알라신에게까지 기도라도 하는 듯 눈을 감았다가 한참 만에 눈을 뜨고는 마침내 퍼팅을 한다. 그런데 이런 행동을 18홀 내내 본다고 생각해 보라. 어찌 자기희생 없이 참을 수 있겠는가.

한번은 아내에게 다시는 골프를 안 치겠다며 큰소리를 치고는 골프 클럽을 집안 수영장에 내던진 친구가 있었다. 하지만 그 친구는 그날 저녁에 기막힌 코스를 예약했다는 친구의 전화를 받고는 밤에 수영장에 몰래 들어가 골프 클럽을 건져냈다고 한다. 그만큼 골프는 중독성이 강한 운동이다.

이처럼 쉽게 끊을 수 없는 골프를 치면서 이기적인 마음을 내려놓을 수 있고, 나만 이기겠다는 경쟁심도 내려놓을 수 있으며, 상대에 맞춰 칠 수 있게 마음을 닦을 수도 있으니 어찌 골프를 사랑하지 않을 수 있겠는가.

세상은 함께 만들어 가는 것(딸에게 쓰는 편지)

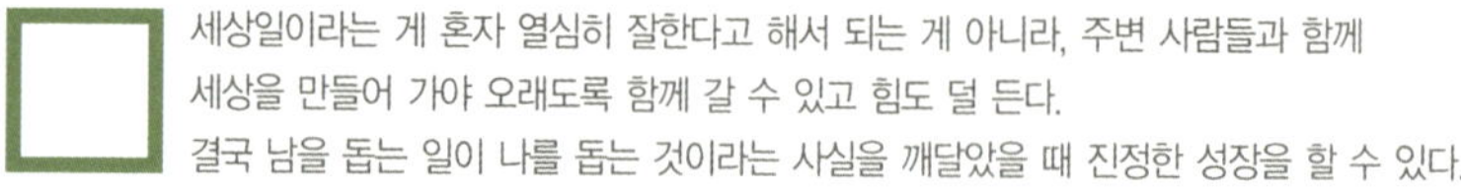

은록, 은미에게

요즘 청년 실업이 심각해지면서 사회 문제로 되어 가고 있구나. 하루 이틀에 해결될 일도 아니고, 당장 무슨 뾰족한 수단이 나올 것 같지도 않구나. 또한 빈부의 격차가 너무 커져서 불만의 소리가 높구나.

젊은이들이 "월스트리트를 점령하라!"라고 외치는 분노의 소리가 미국뿐만 아니라 다른 나라에도 영향을 주고 있구나. 그런데 말이다. 원래 세상은 공평하지 않다는 것을 너희에게 알려 주고 싶단다. 태어날 때부터 누구는 임금의 자식으로, 누구는 나처럼 가난한 집안에 태어나기도 하니까 말이다. 하지만 모든 사람이 다

액션 테이커

같으면 사회든 세상이든 발전이 있을까? 나도 가난한 집안에 태어나 힘든 시기를 거치기도 했지만, 세상이 공평하지 않다고 불만을 표출하기보다는 변화를 찾으려고 노력했단다.

한 도시를 건설하려면 집과 아파트도 있어야 하지만 공원과 학교가 골고루 있어야 제대로 된 도시가 만들어지지 않겠니? 잘 사는 사람도 있고, 못사는 사람도 있어야 한단다. 다른 종류의 직업이 있어야 세상이 고르게 발전할 수 있는 것처럼 말이다. 문제는 어느 시대든 간에 세상이 어떻고 해도 내가 중심이 되어야 그 변화를 이끌 수 있다는 것이란다.

나, 나 자신을 먼저 알아야 한다.
내가 서 있는 위치가 어디인지,
내가 어떤 사람인지,
내가 무엇을 할 수 있는지를 알아야
무엇인가를 시작할 수 있다.
내가 무엇을 하고 싶은지,
내가 아는 것이 무엇인지,
내가 모르는 것이 무엇인지를 모른다면
어떻게 성취를 얻을 수 있겠는가?

딸아, 아빠는 자라면서 이 다음에 무엇이 되고 싶다고 생각해

본 적이 없단다. 어떻게든 하루하루를 먹고 살아야 하는 생존의 문제가 가장 중요했으니 원대한 포부 따위를 생각할 겨를도 없었단다. 경영학을 공부하고 대학을 졸업했지만, 학생 운동에 전념하다 보니 제대로 된 실력을 갖추지도 못했단다. 그러니 괜찮은 직업이 나를 기다리고 있을 리도 없었지.

그래도 아빠에게는 무슨 일이든지 맡겨진 일은 밤잠을 안 자고 해내려는 열정과 부지런함이 있었단다. 그 일이 내 일이든 남의 일이든 관계없이 말이다.

아빠는 시험과는 인연이 없었단다. 중학교를 졸업하고 고등학교는 사범학교 시험을 제대로 보았지만 낙방했단다. 가족들 보기가 너무 민망해서 어디로든 숨고 싶었던 기억이 떠오르는구나. 되는 게 아무 것도 없었으니 이 아빠가 느꼈던 열등감과 창피함을 어찌 말로 다 할 수 있을까 싶구나. 앞으로 살아가야 할 날에 대한 아무런 계획도 희망도 없어지고, 그렇다고 기댈 언덕도 없었던 그때의 아빠 심정을 이해할 수 있겠니?

대학을 졸업하고 공인회계사 시험을 두 번 보았지만, 실력도 모자라는 데다 워낙 악필이라서 내가 써 놓고도 읽기 어려운 답안지를 제출했으니 좋은 점수를 기대한다는 게 무리였단다.

그런데 우연한 기회에 친구 따라 어느 계리사(현재의 공인회계사) 사무실에 갔다가 경영학을 전공하고, 회계학을 공부했다고 하니까 감사 보조를 해보라고 하더구나. 그런데 아무 것도 모르니 시

　　　　　　　　　　　　　　　　　　액션 테이커

키는 일을 하며 며칠을 지나 보니 그것이 '회계 감사'라는 일이었단다. 그날부터 집에 와서 대학 시절 쌓아 놓기만 했던 감사 관련 서적을 밤새워 읽으며 1주일을 지내고 나니까 내가 하는 일에서 더 효과적으로 일할 수 있게 되었단다.

아무리 작은 일이라도 시작이 중요하고, 맡겨진 일을 하다 보면 그와 관련된 일에서 더 앞서가는 일을 찾아 만들어 나가게 되었다. 그렇게 열심히 하면 좋은 결과를 얻을 수 있고, 더 잘할 수 있게 되고, 주변 사람들에게 인정을 받게 되고, 일을 맡긴 사람에게 신뢰를 얻는 것이 당연하지 않겠니?

그렇게 해서 주변 사람들로부터 추천을 받게 되고, 새로운 직업이든 동업이든 제안을 받게 되고, 사람의 삶이 한 단계씩 앞으로 나아가는 게 아닐까 싶구나. 남을 탓하고, 세상을 탓하고, 부모를 탓한다고 해서 달라질 것은 아무 것도 없단다. 결국 세상이 어떻게 변하든 내가 하기에 달렸다고 생각되는구나.

지난 세월을 뒤돌아보니 고비 때마다 어려운 일들을 어떻게 극복해 왔는지 내 자신이 놀랍기도 하지만, 생각해 보면 매 순간 그 자리에서 최선을 다한 것 밖에는 다른 해답이 없구나.

그런데 세상일이라는 게 혼자 열심히 잘한다고 해서 되는 게 아니라, 주변 사람들과 함께 세상을 만들어 가야 오래도록 함께 갈 수 있고 힘도 덜 든단다. 결국 남을 돕는 일이 나를 돕는 것이라는 사실을 깨달았을 때 진정한 성장을 할 수 있단다.

아래 글은 다른 사람에게 사랑받으면서 살아가는 9가지 지혜란다. 어디선가 읽었는데, 마음에 담아 책상 위에 붙여 놓고 보던 글이다. 앞으로 너희들이 살아가는 인생의 길잡이가 되었으면 좋겠구나.

1. 남의 허물을 보지 않는다. 혹시 보더라도 마음에 담아 두지 않는다. 자신의 허물을 보는 것이 지혜요, 남의 허물을 지나쳐 버리는 것이 덕이다.

2. 자기를 해롭게 하는 이들에게 앙심을 품지 않는다. 앙갚음을 하지도 말고 보복도 꾀하지 않는다. 욕설을 퍼붓더라도 끝까지 참는다.

3. 어떠한 경우에도 뼈 있는 말로써 남에게 괴로움을 안겨 주지 않으며, 자신의 책임이나 부담을 남에게 떠넘기지 않는다.

4. 남의 부덕한 행위를 기뻐하는 것이 부덕한 행위 그 자체보다 더 나쁘다. 경쟁자의 고통과 불행을 즐거워해서는 안 된다.

5. 남을 도우면서 자랑해서는 안 된다. 마땅히 해야 할 일로 여길 뿐만 아니라 그러한 기회를 준 그들에게 고마워해야 한다.

6. 면전에서 비난을 받더라도 성내지 말고 능히 자신을 다스릴 줄 알아야 한다. 모든 번뇌 중에서 증오가 가장 파괴적이다. 증오는 이제까지 쌓아 온 공덕을 한꺼번에 소멸시켜 버린다.

7. 자비와 연민을 개발한다. 특히 자신과 가까운 사람들의 고뇌를 위로하는 데 눈뜬다. 자주 접촉하는 사이일수록 화를 내거나 신경질을 부릴 기회가 많기 때문이다.

8. 만일 사람들이 그대를 나쁘게 말하거든 오로지 자신을 들여다보라.

그들이 틀렸다면 그들을 무시해 버려라. 만약 그들이 옳다면 그들에게서 배워라. 어느 쪽이든 화를 낼 필요가 없다.

9. 다른 사람의 잘못된 행동을 지적해 주었는데, 그들이 따르지 않는다면 그쯤에서 그대로 놓아두어라.

기회의 땅은 어디인가?

 나는 거창한 목표를 미리 세워 놓고 살아본 적이 없다. 그저 그 자리에서 최선을 다하며 살다 보니 다음 단계를 만나게 되었고, 그 단계를 넘다 보니 지금의 경제적 자유와 풍요로움을 누리게 되었다.

주변 사람들로부터 이런 질문을 자주 듣는다.

"돈과 인맥이 없으셨는데, 어떻게 성공하셨어요?"

가만히 생각해 보니 내 개인적인 능력보다 '미국'이라는 나라여서 가능했던 점이 많다. 개인의 자유와 법을 최고로 여기는 미국적 가치가 지금까지 내 삶을 지탱해 주는 데 큰 영향을 주었다. 학벌, 돈, 고관대작의 배경 등이 없어도 나처럼 변두리에서 잡초처럼 자란 사람이 이곳에 뿌리를 내릴 수 있었던 것도 '자유'와 '법'이라는 두 가지 가치 덕분이다. 예를 들면, 나는 아직도 세무서와 경찰서, 시청과 검찰청이 어디 있는지 모른다. 그럼에도 불구하고 40년 가까이 미국에서 살았지만 아무런 불편 없이 생활해 오고 있다.

한때 미국에서의 아메리칸 드림은 가난한 이민자들을 불러 모으는 '희망의 티켓' 이었다. 못살고 가난하고 민주주의를 경험하지 못했던 나라의 국민들이 앞다투어 미국으로 건너왔다. 한국에서 막노동이나 동네 슈퍼마켓, 세탁소를 하던 사람이라도 미국에 가서 성공하고 싶다는 소망 때문에 태평양을 건너왔다. 요즘은 한국의 경제력이 높아지고, 미국의 경제적 위상이 주춤하면서 이민을 오는 사람들이 예전만 못하지만 아직까지도 이민은 계속되고 있다.

내가 태어나 30년 가까이 자란 한국은 군사독재 체제 아래 '위에서 군림하는' 정치 체제였다. 운 좋게도 30대 초반에 민주주의와 법치가 제도화된 미국에서 삶을 시작한 것은 참으로 행운이 아닌가 생각한다. 한국에 있던 친구들 중에는 뛰어난 역량을 지녔지만 잘못된 정치 체제로 인해 자신의 꿈을 다 펼치지 못한 채 실패자의 길을 걸어야 했던 안타까운 사례도 많았다. 물론 오늘날의 한국은 선진국 수준의 법치와 민주주의를 이루어냄으로써 개인의 꿈과 능력을 마음껏 펼치는데 아무런 제약이 없는 것으로 알고 있다.

미국으로 건너오는 이민자들은 자신에게 익숙한 것을 모두 버리고 머나먼 미지의 땅에서 자유와 행복을 추구한다. 나 또한 다른 사람으로부터 간섭을 덜 받고, 스스로의 행복을 추구하는 데 큰 관심을 갖게 되었다. 개인의 자유를 보장받으려면 타인의 자유

또한 존중되어야 한다. 수많은 나라에서 모여든 사람들의 생활 습관과 문화가 달라도 공통의 목표를 이루어 가려면 반드시 지켜야 할 원칙이 필요하다는 것을 알게 되었는데, 그것은 바로 '법'이었다. 각자의 삶이 자유로워지기 위해서는 누구나 지켜야 할 준법정신이 무엇보다도 우선시 되어야 하는 것은 당연한 일이다.

나는 거창한 목표를 미리 세워 놓고 살아본 적이 없다. 그저 그 자리에서 최선을 다하며 살다 보니 다음 단계를 만나게 되었고, 그 단계를 넘다 보니 지금의 경제적 자유와 풍요로움을 누리게 되었다. 때론 삶이 자신의 꿈과 목표에 관계없이 움직이기 때문이다. 그런 면에서 나는 제럴드 포드 대통령을 좋아한다. 그는 케네디처럼 어려서부터 대통령이 되겠다는 포부를 가지고 있지는 않았지만, 열심히 지역 사회에 봉사하면서 자기 삶에 충실하다 보니 주위 사람들로부터 연방 하원의원 출마를 권유받았다고 한다. 그래서 의회에 들어오게 되었고, 열심히 일하면서 하원의장이나 한 번 해보면 소원이 없겠다고 생각했는데, 어느덧 부통령을 거쳐 대통령까지 되었다. 그는 회고록을 통해서 자신은 참으로 운이 좋은 사람이라고 밝힌 바 있다.

꿈을 갖는 것은 좋은 일이다. 그러나 주어진 삶을 성실하게 매일 매일 열심히 살아가는 것은 더 중요하다. 하나의 작은 생각이 이루어지면 그 다음 작은 소망이 이루어지고, 그러한 작은 소망들이 모여 주변 사람으로부터 성실함을 인정받을 즈음에는 자신이 진정으로 원했던 꿈이 이루어지는 것이 아닐까 생각한다.

세상에 지름길이 있으면 좋겠지만 힘들어도 고생해서 얻는 것이 내 것이고, 노력한 만큼 얻어지는 것이 순리다. 운이 있어야 사업에서 성공할 확률이 높지만, 건전하고 성실한 일상의 삶이 운을 가져다주는 게 아닌가 싶다.

동남아시아 국가에서 볼 때 오늘날의 한국은 '코리안 드림'을 꿈꿀 정도의 경제적 위상과 앞선 문화를 지니고 있다. 그럼에도 한국에 사는 청년들이 불평과 부정적인 자세로 인해 자신에게 다가올 기회를 놓치는 것을 많이 보게 된다. 매일의 삶을 간과하면서 미래가 불확실하다며 정부와 이웃과 가정을 탓하기도 한다.

인생은 하루하루의 선택이 모여서 만들어지는 결과물이다. 오늘 나에게 일어나는 일 중에서 그것이 어떤 일이든 그것을 긍정적으로 받아들일 것인지, 부정적으로 받아들일 것인지, 밝은 면을 볼 것인지, 어두운 면을 볼 것인지도 나의 선택이다.

기회의 땅은 미국도 한국도 아프리카도 아니다. 최강대국 미국에 살아도 거지처럼 살아가는 사람이 있고, 케냐 같은 최빈국에 살아도 왕처럼 살아가는 사람이 있다. 기회의 땅이란 외부적 환경이 아니라 자신의 상상력과 꿈이 자랄 수 있는 마음의 토양이다. 매일 꿈의 씨앗을 뿌리고, 물을 주고, 관리하는 일에 게으르지 않아야 할 것이다.

생존 본능을 일깨워 준 무전여행

지금 생각해 보면 객기어린 행동이었지만,
한 달간의 무전여행은 내게 어려움을 헤쳐 나갈 수 있는 자신감을 심어 주었다.

미국에 와서 이민 초기의 생존을 위한 '서바이벌 게임'을 하면서 떠올렸던 게 있다. 고교 졸업을 앞두고 친구들과 함께 했던 무전여행이었다. 그때 경험했던 위기 대처 능력과 순발력이 인생을 살아가면서 큰 힘이 되었다.

당시의 무전여행은 고등학교 시절의 우정을 쌓을 수 있는 마지막 기회였다. 졸업을 앞두고 친구들과 함께 무작정 여행을 떠났다. 한 달 일정으로 전국을 일주하는 계획이었다. 강원도 속초, 주문진을 시작으로 포항, 경주 등 동해안을 거쳐 서울로 돌아오는 여행이었다. 그때는 지금의 잘 사는 대한민국이 아니라 전 국토에 전쟁의 상처가 아물지 않아 모두가 가난하고 힘든 시절이었다.

막상 여행에 나서기는 했지만 어떻게 먹고 자야 할지를 매일 고민해야 했다. 흥분하지 않고 말을 또박또박 조리 있게 잘 한다는 이유로 내가 숙식을 해결하는 '홍보 담당'이 됐다. 처음에는 "밥 좀 주세요."라는 말이 입 밖으로 나오지 않았지만 몇 끼를 굶다 보니 저절로 나왔다.

가난한 시절이었지만 시골 인심은 후했다. 동네 이장 집이나 잘 사는 집에 가면 잠자리로 헛간을 내주기도 했고, 마을 공회당(지금의 마을회관)을 무료로 쓰게 해주었다. 아침에 눈을 뜨면 아침식사는 어떻게 해결할지, 오후가 지나면 어디서 자야 할지를 걱정하면서도 하루를 마칠 때면 배곯지 않고 잘 수 있었다. 적어도 경주로 가기 전까지는 그런대로 여행할 만했다. 하지만 경주에서 남의 집 닭장을 지나치지 못해 닭서리를 하다가 주인에게 걸리고 말았다. 귀한 닭을 도둑맞을 뻔한 집주인은 우리를 잡아놓고 이렇게 다그쳤다. 분을 참지 못한 주인이 이 참에 본때를 보여주려고 작정했던 것 같다.

"나이 어린 것들이 벌써 도둑질을 해! 행색을 보니 간첩 새끼들 같은데, 어디 제대로 맞아볼래? 너희들 감옥에 가서 콩밥 좀 먹어야겠어."

다소 과장이 섞이기는 했지만 위협적이었다. 당시에는 북한에서 남파된 무장공비가 동해안 해변에 자주 출몰해 신고를 권장하는 때였다. 친구들이 내 옆구리를 쿡쿡 찔렀다. 내 답변 여하에 따라 주인의 분이 풀릴 때까지 맞거나 경찰서로 가야 할 상황이었다. 전자는 신체적인 고통을, 후자는 여행을 끝내지 못한 채 서울로 가야 하는 것을 의미했다. 나는 목소리를 낮추고 말을 꺼냈다.

"철없는 학생들이 세상을 경험하기 위해 무전여행을 하게 되었습니다. 하도 배가 고파서 이런 일을 저질렀지만, 결코 도둑은 아닙니다."

그러고는 바지를 벗었다. 내 행동에 주인의 눈이 휘둥그레졌다. 바지를 뒤집어 주머니 끝에 박음질해 놓은 비상금을 꺼내 주인에게 건네며 말했다.

"저희가 돈이 없어서 그런 건 아닙니다. 우리들은 고등학교를 졸업하고 이제 세상으로 나가는 젊은 학생들입니다. 힘이 들더라도 돈 없이 한번 헤쳐 나가보자며 이 여행을 시작했습니다. 이 돈으로 아저씨 화를 풀 수는 없겠지만, 저희들의 실수를 용서해 주십시오."

이렇게 통사정을 하자 주인의 화가 가라앉았다. 돈을 받지 않겠다며 돌려주었고, 오히려 식사까지 내주셨다. 순박한 시골 인심이 있었기에 가능한 일이었다. 이 일이 있고 나서 친구들은 엄지손가락을 세워 보이며 내 두둑한 배짱과 언변을 칭찬해 주었다.

부산에서 마지막 일정을 끝내고 서울로 올라와야 했는데, 돈이 없었던 우리는 무단으로 열차에 올라탔다. 역무원들이 수시로 객차를 돌아다니며 차표를 검사했다. 그때 우리 작전은 역무원을 피

　액션 테이커

해 열차 맨 뒤 칸으로 갔다가 역에 정차하면 재빨리 맨 앞 칸으로 가서 검표를 피하는 것이었다. 그래서 종점인 청량리 역에 도착할 때까지 십여 차례를 반복해야 했다.

마침내 기차가 종점에 도착했다. 이제 역 밖으로 나와야 하는데, 친구들 의견이 두 가지로 갈렸다. 나는 역 근처에 있는 담을 넘자고 했고, 다른 친구는 사람이 쏟아져 나가니 개찰구를 통해 나가자고 했다. 의견이 좁혀지지 않아 결국 두 가지 방법을 다 쓰기로 했다. 친구들은 자신이 판단해서 결정했다. 나를 따른 친구들은 무사히 빠져나왔지만, 개찰구를 통해 빠져나가던 친구들은 역무원에 걸려 경찰서로 직행했다. 무임승차에 괘씸죄가 더해져 운임의 몇 배에 달하는 벌금을 내야 했고, 부모님들은 경찰서를 찾아가 재발 방지 각서까지 써야 했다.

지금 생각해 보면 참 객기어린 행동이었다. 한 달간의 무전여행은 내게 어려움을 헤쳐 나갈 수 있는 자신감을 심어 주었다. 일생 동안 어떤 상황이 닥치더라도 포기하지 않고 해결책을 찾다 보면 반드시 극복할 수 있겠다는 믿음 말이다.

오늘날의 한국 젊은이들은 국내뿐만 아니라 세계를 무대로 배낭여행을 많이 다닌다고 한다. 젊은 날에는 자신이 서 있는 환경을 떠나 새로운 환경에 적응할 수 있는 여행을 반드시 해보라고 권하고 싶다.

회사에 열정을 던져라

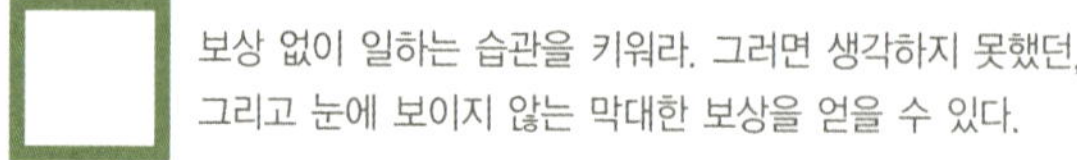

대학 시절 계리사(지금의 공인회계사) 시험에 응시했으나 떨어지고 말았다. 졸업을 앞두고 직장을 구했으나 쉽지 않았다. 그러던 중 입사 시험을 보러가는 친구를 따라갔다가 작은 회사에 계리사 보조로 취직을 하게 되었다. 내겐 첫 직장이었다. 보여줄 것은 실무 능력 밖에 없다고 생각했기 때문에 죽어라고 일했다. 이런 나를 유심히 지켜본 거래처의 추천으로 원목을 수입해서 가공, 판매하는 '동화기업'에 취직하게 되었다.

그동안의 경력을 인정받아 경리과 대리로 입사했다. 위로는 과장, 상무, 전무가 있었고, 아래로는 경리과 여직원들이 실무를 맡고 있었다. 그 당시 동화기업은 중견 기업에서 대기업으로 발돋움

할 때였다. 매년 전년도 매출액의 2~3배를 달성할 정도로 급성장했다. 하지만 회사 규모가 커진 상태에서도 설립 초기에 만든 회계 시스템을 계속 쓰다 보니 돈이 어디서 들어오고 어디로 나가는지 추적하기가 어려웠다. 한 마디로 돈이 들어오면 영수증을 받고 돈을 내주는 수준의 주먹구구식 회계 시스템이었다.

이러한 문제점을 인식한 회장님은 단식 부기 회계를 버리고 현대화된 회계 시스템을 도입하라고 여러 차례 경리과에 주문했다. 그러자 업무 압박을 견디지 못한 경리과장이 사표를 냈다. 내가 입사하고 나서 두 달쯤 지났을 때였다. 한참 일을 배우고 있는 중이라 당혹스러웠다. 더 놀란 것은 그 다음이었다. 하루는 상무님이 내려오시더니 이렇게 말씀하시는 게 아닌가.

"장 대리, 오늘부터 경리과장 대행을 맡길 테니 내년 세금 보고 준비를 잘 해보게. 참, 내년부터는 단식 회계가 아니라 복식 회계로 준비해야 하네."

나는 눈앞이 캄캄해졌다. 경력직으로 들어오기는 했지만, 입사한 지 두 달된 직원에게 한 기업의 세금 보고 업무를 맡기다니……. 그때가 10월쯤이었는데, 다음 해 2월 말이 세금 보고 마감이었으니까 정확하게 4개월 남은 시점이었다.

동화기업의 장래성은 확실했지만, 회사가 원하는 수준의 능력을 내가 맞출 수 있느냐가 문제였다. 경험과 지식이 일천한 상태에서 회사가 원하는 일을 해내야 한다는 것은 내 청춘을 담보로 열정과 시간을 바쳐야 한다는 걸 의미했다.

마음속으로 이런 답변을 해야 하는 것 아닌가 망설였지만, 입 밖으로 꺼내지는 않았다.

'어떻게 입사한지 2개월밖에 안 된 직원에게 세금 보고의 중책을 맡길 수 있죠? 그것도 새로운 복식 회계 시스템으로 바꿔서요. 저는 못합니다. 새 경리과장을 뽑아 주시든지 아니면 나가겠습니다.'

하지만 기업 세무를 배우는 데 이보다 더 좋은 기회를 만나기는 쉽지 않다는 생각이 들었다. 그 당시 나는 20대와 30대를 경험을 쌓는 시기로 생각했고, 40대부터는 경험을 바탕으로 내 능력을 발휘할 수 있는 사업을 해보겠다는 막연한 꿈을 가지고 있었다.

나는 상무님에게 "할 수 없습니다."라는 말 대신 "일단 해보겠습니다."라고 말했다. 하지만 이렇다 할 묘수는 없었다.

우선 근무 시간을 최대한 늘리기 위해 회사 바로 앞에 여관을 잡아 밤늦게까지 일했다. 회사에서 얻어 준 것도 아니었다. 서울 시내여서 한 달 방값이 내 월급보다 많았지만 시간을 아끼려면 이 방법 밖에 없었다. 당시만 해도 통행금지가 있을 때였다. 12시가 되면 통행금지를 알리는 사이렌이 울렸고, 새벽 4시면 해제 사이렌이 울렸다. 회사에 늦게까지 있다 보면 새벽 한두 시를 넘기기 일쑤였다. 하지만 회사 맞은편에 여관이 있어서 잠깐만 뛰면 경찰에 걸릴 염려가 없었다. 아무리 늦게 들어가더라도 통금 해제 사이렌이 울리면 무조건 일어나서 씻고 회사로 출근했다. 월급에서 적자가 날 상황이었지만, 일단 세금 보고를 마치고 나면 회사에서 어떻게든 해결해 주지 않을까 하는 막연한 기대를 가질 뿐이었다.

다음으로는 현행 회계 시스템과 앞으로 바뀔 시스템을 배워야 했는데, 나를 앉혀 놓고 친절하게 가르쳐 줄 사람이 아무도 없었다. 그래서 인근 경리학원에 나가 공부를 시작했다. 한편으로는 거래 회사의 경리과장과 친목 모임을 만들어 실무에서 생긴 문제를 물어보았다.

역시 가장 큰 문제는 단식 회계를 복식 회계로 바꾸는 일이었다. 쉽게 말해서 단식 회계는 가계부를 쓰는 것과 같은 방식이고, 복식 회계는 차변과 대변으로 나뉘어 있는 회계장부에 기입하는 방식으로 보면 된다.

복식 회계는 영업 활동, 투자 활동, 재무 활동 같은 기업의 경영 활동을 화폐 단위로 측정하여 회사, 주식 투자자, 금융기관, 세무 당국에 전달하게 된다. 이 세 가지 활동을 요약하여 나타낸 표가 바로 재무제표이다. 재무제표는 대차대조표, 손익계산서, 이익잉여금처분계산서(결손금처리계산서), 현금 흐름표, 자본 변동표로 구성된다. 그동안 회사는 수출입이 잘 되면서 하루가 다르게 성장했지만 재무제표 방식의 회계 시스템을 실행하기는 너무 번거로워 계속 미뤄 온 것이었다.

사실 회사에서는 내가 경리과장 직책을 잘 수행할 수 있을지 확신하지 못했다. 그러나 자정 넘어 퇴근하고 새벽에 출근해서 일하는 나를 보며 점차 믿음을 보이기 시작했다. 경리과 직원들도 잘 따라와 주었다. 밤낮을 잊고 일한 덕분에 무사히 기한에 맞춰 세금 보고를 끝낼 수 있었다. 거의 매일이다시피 야근하는 여직원을 보면서 꼭 보너스를 받도록 건의하겠다는 결심을 했다. 아직 이십대의 경리과장 대행치고는 겁 없는 생각이었다. 보너스 문제는 회장을 설득해야 했다.

승상배 회장은 세금 보고가 끝나자 대리였던 나를 경리과장으로 진급시켰다. 20대에 경리과장이면 초고속 승진이었다. 그 당시에는 입사해서 과장까지 진급하려면 8~10년이 걸렸고, 적어도 40대가 되어야 과장으로 승진할 수 있었다. 그런데 보너스 문제가 마음에 걸렸다. 얼마 지나지 않아 회장 비서실에서 연락이 왔다. 회장님 호출이었다. 승 회장은 내가 들어서자 읽고 있던 서류를 내려놓으며 말했다.

"장 과장, 세금 보고 마무리하느라 수고 많았지?"

"아닙니다."

"아무튼 수고했네. 아, 그리고 건의할 사항이 있으면 말해 보게."

"저와 함께 일한 직원들이 밤늦게까지 고생이 많았습니다. 보너스를 지급해 주시면 감사하겠습니다."

"자네, 지금 뭐라고 했나?"

승 회장의 목소리가 커졌다. '내가 뭘 잘못 말했나?' 라는 생각이 들 정도였다. 순간 팽팽한 긴장감이 흘렀다. 나는 한 단어씩 또

  액션 테이커

박또박 말했다.

"회장님, 보너스 좀 주십시오. 이번 세금 보고를 준비하느라 부서 직원들이 고생했습니다."

"알았네. 가 보게."

승 회장의 대답은 유난히 무겁게 들렸다. 회장이 부른 자리에서 보너스를 건의했다는 말에 상무의 안색이 확 바뀌며 이렇게 말했다.

"자네, 제 정신인가? 그 나이에 승진시켜 준 것에 대해서도 얼마나 말들이 많은데. 그런 회장님에게 어떻게 보너스를 달라고 말할 수 있나? 회사 생활 오래 하다 보니, 거 참……."

경리과는 90%가 여직원들이었다. 그동안 기한 내에 세금 보고를 준비하느라, 그것도 새로운 회계 기준에 맞추느라 야근을 밥 먹듯이 했다. 그들에게 아무 것도 챙겨 주지 못한다면, 앞으로 경리과장으로서 리더십을 발휘하기가 쉽지 않을 거라는 생각이 들었다. 게다가 내 코도 석자였다. 월급보다 많은 여관비가 밀려 있었다. 직급은 올랐지만 월급은 그대로 동결된 상태였다. 너무 어린 나이에 승진해서 내부 반발이 심하다는 이유로 급여 인상은 제외된다는 설명을 나중에 들었다.

이런 이유 때문에 회장 면전에서 겁도 없이 보너스 지급을 건의했던 것이다. 승 회장은 겉으로는 무관심하고 엄격하신 듯 했지만, 속은 한없이 따뜻한 분이었다. '무거운' 대답과는 달리 나중에 상당한 거액을 보너스로 지급하라고 지시했다. 경리과 직원 모두에게 골고루 지급했다. 회장이 직접 지급한 보너스라서 부서의 사기는 충천했다.

회사에서 지원해 주지도 않은 여관비를 스스로 내면서 업무를 완수하고, 열정을 바친 내 행동이 보너스로 계산할 수 없는 엄청난 보상을 받게 만들었다는 것을 몇 년이 지나고 나서야 알게 되었다.

첫째는 최단기간에 엄청난 회계 지식을 쌓았다는 점이다. 새로 바뀐 회계 기준을 가르쳐 주는 사람이 없어서 경리학원을 찾아가야 했고, 그렇게 배운 지식을 직원들에게 알려 주었다. 경리학원에서 강사들에게 배운 것을 가르치다 보니 나도 모르는 사이에 강사 수준의 지식과 교수법을 익히게 되었다. 또한 다른 회사 경리과에도 연락하면서 자연스럽게 인맥을 쌓을 수 있었다.

둘째는 리더십의 체득이었다. 밤늦게까지 직원들을 데리고 있으려면 뭔가 대책이 있어야 했다. 월급을 올려 주거나 보너스를 줄 수 있는 권한은 없었기 때문에 가족처럼 편하게 일할 수 있는 분위기를 만들어 주려고 노력했다. 우스갯소리를 많이 해서 과장으로서 체통이 떨어진다는 말을 듣기도 했지만 신경 쓰지 않았다. 체면보다는 서로간의 소통이 중요했기 때문이다. 야근을 할 때는 내 월급을 쪼개 맛있는 야식을 사다 직원들과 함께 먹었다.

내가 나이가 어리다 보니 직급에 의해 움직이는 리더십이 아니라 스스로 동기를 찾도록 유도하는 방법을 썼다. 잘하는 직원이 있으면 꼭 불러서 칭찬을 해주었다. 다른 부서와 달리 경리과는 상업고등학교를 나온 여직원이 많아 이런 방법은 매우 효과적이었다. 무엇보다 솔선수범하려고 애썼다.

셋째는 회사의 구조와 권력 관계, 직원의 능력을 가장 빨리 이해할 수 있었다. 자금의 움직임을 알면서 회사 상황을 한눈에 파악할 수 있게 되었다. 자금의 용처를 보면 회사 내에서 누가 파워를 가지고 있는지, 신규 사업은 어떤 방향으로 추진하고 있는지를 알 수 있기 때문이다. 불과 수개월 만에 수년을 경험해야 배울 수 있는 직장 생활의 노하우를 앞당겨 배울 수 있었다. 만약 내가 엄청난 업무 부담을 못 견디고 중간에 그만 두었더라면 이런 것들을 배울 수 없었을 것이다.

문제의 어려움을 피하려고 쉬운 길을 택하면 결코 목적지에 도달할 수 없다. 문제의 핵심을 찾으려면 힘이 들더라도 부딪혀야 해결할 수 있는 법이다.

이런 호된 경험을 했기에 직장에 입사하는 젊은이들에게 "자기가 원하던 회사에 입사했다면, 첫 3년은 죽을 각오를 다해서 치열하게 일해야 한다."는 조언을 자주 한다. 3년 정도가 지나면 그 분야의 전문 지식을 쌓을 수 있고, 인정받을 수 있는 기회를 잡을 수도 있다. 이와 달리 입사하자마자 동기들의 인적 사항부터 파악하러 다니는 직원이 있다. 누구 아버지는 어느 그룹의 사장이고, 누구 삼촌은 정계의 유력자라는 인적 사항을 줄줄 꿰고 있다. 이런 사람이 회사에서 필요한 재목으로 성장하는 경우는 한 번도 보지 못했다.

주어진 일을 성실히 하고, 주위 동료들이 힘들어하면 나서서 도와주는 자세를 가져야 한다. 직장 생활을 하면서 동료와 경쟁하는 사람처럼 어리석은 사람이 없다. 동료는 자신과 함께 가야 하는 그룹의 일원이다. 이들로부터 나쁜 평판을 받게 되면 어디서나 설 곳이 없게 된다. 동료들과 탄탄한 인맥을 쌓아 놓으면 회사를 옮기더라도 사회생활을 하는 데 큰 밑천이 된다.

무엇보다 인생을 살아가는 동안 보상 없이 일하는 습관을 키워라. 그러면 생각하지 못했던, 그리고 눈에 보이지 않는 막대한 보상을 얻을 수 있다.

나를 일으켜 준 영원한 스승

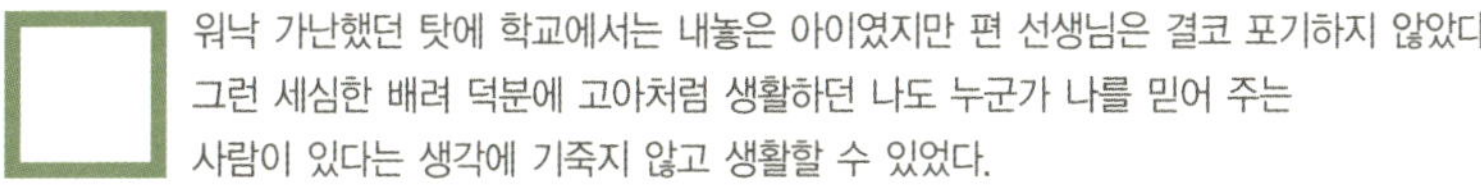

워낙 가난했던 탓에 학교에서는 내놓은 아이였지만 편 선생님은 결코 포기하지 않았다. 그런 세심한 배려 덕분에 고아처럼 생활하던 나도 누군가 나를 믿어 주는 사람이 있다는 생각에 기죽지 않고 생활할 수 있었다.

넘어져 있을 때 손을 내밀어 일으켜 주고 용기를 북돋아 주는 것, 자신의 한계를 뛰어넘을 수 있게 새로운 시야를 열어 주는 것이 스승과 인생 선배의 역할이 아닐까? 가난했던 어린 시절, 내가 엇나가지 않고 학업을 계속하도록 지도해 주시고, 평생 아껴 주셨던 편광범 선생님은 바로 그런 스승이었다.

편 선생님은 내가 14세의 까까머리 중학생이었던 영등포중학교 3학년 7반의 담임선생님으로 부임하면서 인연을 맺게 되었다. 엄하신 교훈敎訓과 자상한 사랑으로 언제나 모범을 보이셨던 선생님은 돌아가시기 전까지 평생 사제의 정을 쌓았다. 지금도 내 마음속에 영원한 스승으로 자리 잡고 계신다.

6.25전쟁의 포성이 멈추고 얼마 지나지 않은 시절이었다. 대부분의 학교 건물은 군사 시설로 사용되었기 때문에 임시로 지은 막사에서 수업이 진행됐다. 황량했던 학교 시설과 달리 편 선생님은 어린 학생들의 정서 순화에 힘썼다. 또한 전기가 들어오지 않는 교실에서 촛불을 켜놓고 밤늦게까지 자율학습을 실시하기도 했다.

학교 옆 단칸방에서 두 남매와 동생들, 그리고 부모님을 모시고 살아야 하는 박봉의 중학교 선생님이면서도 제자들의 고등학교 진학을 위해서 수업료를 납부하지 못했던 몇몇 학생들의 입학 원서까지 써 주셨다. 그 짐을 고스란히 져야 했기에 경제적 어려움을 겪을 수밖에 없었던 선생님을 생각하면 진정한 스승의 면모를 되새기게 된다.

명절 때 까까머리 친구들과 함께 선생님 댁을 기웃거리면 혹시라도 단칸방이라서 들어가는 것을 어려워할까 봐 어느새 나타나신 사모님이 우리가 쓴 모자를 벗겨 방안으로 던지시고는 안으로 들여보냈다. 그러시곤 맛이 기가 막힌 떡만두국을 끓여 주셨다. 그때는 몰랐지만, 시간이 지나고 나서 그것이 얼마나 귀한 대접이었는지를 알게 되었다.

수업에도 열과 성을 다하셨다. 그 당시 많은 학생들이 생물 과목을 가장 어려워했다. 선생님은 전쟁의 와중에서도 일본에서 발행되는 갖가지 생물 교재와 자료들을 헌 책방에서 구입해 학생들을 쉽게 가르칠 수 있도록 연구했다. 우리는 사진과 그림을 통해

 액션 테이커

어려웠던 생물 과목을 재미있게 배울 수 있었다. 나중에 서울시 교육위원회에서 선생님의 명성을 듣고 고교 입학시험 출제 위원으로 위촉하기도 했다.

선생님은 음악과 사진에 조예가 깊었다. 가난하고 배고팠던 중학 시절에 과외 활동으로 '비둘기회'를 조직하고, 노래를 작사 작곡하며 가르치셨다. 또한 그 당시 소위 '양키 시장'을 뒤져 구입한 사진 재료로 암실을 만들며 사진반을 활성화시키셨던 것을 생각하면, 그 모든 것이 암울하던 그 시절의 제자들에게 희망을 심어 주시려고 애쓰시던 선생님의 눈물겨운 노력이 아니었나 싶다.

편 선생님은 가정환경이 어려운 학생들에게 신경을 많이 쓰셨다. 나도 그중 한 명이었다. 우리 집은 도시락을 싸 주지 못할 정도로 어려웠다. 도시락도 없이 학교에 오면 어떻게든 견디려고 애썼지만, 점심시간에 퍼져 나오는 음식 냄새에 의식이 몽롱해질 정도로 힘들었다. 한번은 체육 시간에 몸이 아파 교실에서 쉬고 있는데, 점심시간이 가까워 오면서 도저히 허기를 참을 수가 없었다.

'딱 한 입만 먹자!'

나는 친구 도시락을 꺼내 딱 한 숟가락만 먹으려고 뚜껑을 열었다. 아침도 굶은 터여서 맛이 꿀맛이었다. 손을 내려놓을 수가 없어 한 숟가락이 두 숟가락이 되고, 절반이 없어지고 말았다. 도저히 그대로 멈출 수가 없었다.

'절반은 남겨 놓으나마나 아닌가. 그냥 다 먹어버리자!'

점심시간이 되자 한바탕 소동이 일었다.

"누가 내 도시락을 훔쳐 먹었어!"

분노에 찬 친구의 목소리가 들렸다. 잠자코 있기도 나서기도 어려운 상황이었다. 아이들이 웅성거리자 훈육 선생님이 지나치다 교실로 들어왔다.

"체육 시간에 남아 있던 사람 누구야?"

아이들 시선이 나를 향했다. 훈육 선생님이 내 쪽으로 다가왔다.

"네가 훔쳐 먹었냐?"

나는 고개를 푹 숙인 채 "네"라고 대답했다.

"이런 도둑놈 새끼!"

훈육 선생님은 내 귀를 붙잡고는 교무실까지 질질 끌고 갔다. 종아리에 자국이 나도록 맞았지만, 아픔보다는 '도둑놈'이라 불린 것이 더 아팠다. 그때만 생각하면 지금도 얼굴이 화끈거릴 정도다. 감수성이 예민했던 청소년기에 새겨진 마음의 생채기여서일까.

다음 날 점심시간이었다. 편 선생님이 나를 교무실로 부르셨다. 순간 이런 생각이 들었다.

'훈육 선생님에게서 내 얘기를 들으신 게야. 또 야단을 맞겠구나!'

나는 고개를 푹 숙인 채 교무실로 들어갔다. 내 예상과는 달리 편 선생님은 도시락을 책상 위로 내놓으셨다.

"정헌아, 밥 같이 먹자."

아무런 꾸중이나 훈계도 하시지 않으셨다.

"선생님, 저는 아까 먹었습니다."

"그래. 그래도 좀 더 먹거라."

그래도 나를 이해해 주신다는 생각이 들면서 눈물이 확 쏟아졌다. 가정 형편 때문에 도시락을 싸오지 못하는 나를 배려해 주시는 선생님의 자상한 마음이 그대로 전해졌다. 그렇게 울다 보니 선생님도 눈물을 훔치고 있었다.

"정헌아, 그만 울고 먹자."

나는 책상 위에 놓인 도시락을 보면서 선생님 역시 넉넉한 살림이 아니라는 것을 한눈에 알 수 있었다. 삶은 고구마 몇 개와 보리밥, 고추 장아찌, 김치가 전부였다. 삶은 고구마는 식었지만 맛이 꿀맛이었다. 눈물이 얼굴을 타고 내려와 입에서 짠 소금기가 느껴졌다. 고구마 때문에 내 목이 메는 것인지 선생님에 대한 고마움 때문에 목이 메는지 몰랐다. 선생님은 이렇게 말했다.

"가정방문을 갔을 때 마음이 많이 아팠단다. 그렇게 어려운 환경에서도 웃음을 잃지 않는 네 모습을 보고 너무 대견해 보였단다. 나 같으면 수백 번 포기했을 텐데 말이다. 이렇게 씩씩하고 건강하게 생활해 줘서 너무나 고맙구나. 절대 기죽지 말고 열심히 살아야 한다."

워낙 가난했던 탓에 학교에서는 내놓은 아이였지만 편 선생님은 결코 포기하지 않았다. 그런 세심한 배려 덕분에 고아처럼 생활하던 나도 누군가 나를 믿어 주는 사람이 있다는 생각에 기죽지 않고 생활할 수 있었다. 그 뒤로는 아무리 배가 고파도 남의 도시락에 손을 대지 않았다.

편 선생님은 성실하고 자상한 지도 때문에 나뿐만 아니라 우리 제자들에게 가장 인기 있는 선생님이었다. 졸업 후에도 그 인기는 여전했다. 매년 선생님의 생일인 4월 2일이 되면 가난한 선생님의 단칸 셋방에는 까까머리 학생부터 대학생, 직장인 제자들까지 꽉 들어찼다. 우리 차례가 오지 않을 정도로 많은 제자들이 찾아왔다.

1973년 9월 1일, 내가 미국 지사장으로 발령을 받아 떠나올 때였다. 선생님은 남대문 시장을 다 뒤져서 구입한 생선 굽는 석쇠를 건네주시면서 이렇게 말했다.

"장 군, 미국에 가서도 고국을 잊지 말게."

그 순간 가슴이 뭉클해지면서 눈시울이 뜨거워졌다.

미국에 와서 몇 년 동안은 입에 풀칠하느라 바빴지만 어느 정도 자리가 잡히자 편 선생님에게 연락을 드렸다. 교육위원으로 있던 편 선생님은 내가 다니던 영등포중·고 교장으로 부임하셨다면서 소식을 전해 왔다. 편지를 열고 보니 낯익은 서체였다.

"정헌아, 막상 부임을 하고 보니 너희들이 쓰던 책걸상을 그대로 쓰고 있구나. 책상 표면이 너무 낡아 베니어 한 장을 그 위에 얹어 사용하고, 건물은 낡아서 비가 새는구나. 돌보지 않는 가난한 변두리 아이들은 노트와 연필이 없어 수업에 지장을 받을 정도란다."

대한민국이 잘 살게 되었다고 난리인데, 이게 무슨 일이란 말인가? 너무 답답했다. 그래서 한국에 들어가는 지인 편에 선생님께 보내는 편지와 함께 2백만 원(현재 물가로 수천만 원)을 보냈다.

"선생님, 제가 보내드린 돈을 주머니에 넣고 다니시다가 제게 하셨던 것처럼 배고픈 학생을 보시면 먹을 것을 사주시고, 가난한 학생이 있으면 학비를 보태 주세요. 선생님이 원하시는 곳에 쓰시면 더 좋습니다."

그로부터 6개월쯤 지나서 몇 장의 사진과 함께 편 선생님의 서신을 받았다.

"장군, 자네가 보내 준 돈은 너무 귀한 돈이라서 함부로 쓸 수가 없었다네. 교직원 회의에서 의논한 결과 영원히 기념될 만한 것을 만들자는 의견에 따라 대리석으로 세 개의 국기 게양대를 만들었네. 사진에서 보는 것처럼 말일세."

편 선생님은 나의 간곡한 부탁에도 불구하고 막상 받고 보니 너무 큰돈이라서 쉽게 써 버릴 돈이 아니라며 궁리한 끝에 국기 게양대를 세웠다고 했다. 내 딴에는 뭔가 도움을 드리려고 한 일이 바쁘신 선생님께 일감만 만들어 드린 것 같아 죄송한 마음이 들었다. 그러면서도 항상 교육을 먼저 생각하는 선생님 마음에 다시 한 번 감동하기도 했다.

선생님은 어쩌다 우리 내외가 서울을 가게 되면 외국에서 왔으니 고국 음식을 맛보아야 한다고 꼭 한정식 집으로 데리고 가서 배불리 먹이시곤 했다.

나는 편 선생님 내외를 여러 차례 초청해서 그랜드캐니언, 라스베이거스, 샌프란시스코 등 유명 관광지로 모셨다. 어릴 적 까까머리 중학생이었던 제자가 반백의 사업가가 되어 함께 여행을 다니는 것이 마냥 신기한 듯 좋아하셨다.

편 선생님이 돌아가신 뒤에는 내가 도와드려야 할 차례였다. 선생님은 서울시 교육위원이라는 중책을 수행하면서도 워낙 청렴하게 사셔서 모아 둔 재산이 많지 않으셨다. 사모님은 제자 사랑이 각별했던 선생님을 뒷바라지하면서도 슬하의 삼 남매를 훌륭하게 키우셨다. 정기적으로 경제적인 도움을 드렸지만, 선생님이 내게 베풀어 주신 사랑을 갚기에는 너무도 부족했다.

선생님은 진정으로 가난한 학생들 편이었고, 진정으로 도움을 필요로 하는 제자들을 위해 평생을 사셨다. 요즘 시대에는 참 스승의 표상이 없다는 말을 들을 때마다 편 선생님의 모습이 떠오른다.

존경할 만한 참된 스승을 만난다는 것은 행복과 성공을 향해 달려가는 마차에 올라타는 것이 아닐까 싶다.

인생의 참된 멘토가 있는가?

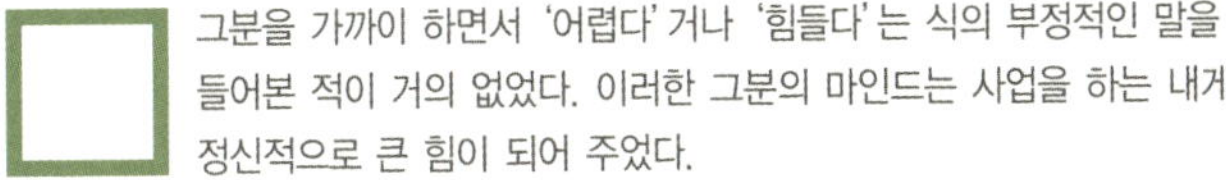

청소년기의 나를 잡아 주신 분이 편광범 선생님이었다
면, 대학 졸업 후 사회에 첫발을 디딘 나를 이끌어 주신 분은 김동
환 코린도 그룹 부회장이다. 김동환 부회장님은 코린도 기업 초창
기부터 참여해 오늘날 인도네시아 굴지의 기업으로 성장할 수 있
도록 이끈 창업 공신이었다. 2011년 80세의 나이로 코린도 그룹
에서 은퇴했지만, 여전히 사업 일선에서 일하는 영원한 현역이다.

코린도 그룹은 인도네시아에 진출한 대표적인 한국인 투자 기
업으로서 임산, 합판, 제지, 신발, 컨테이너, 자동차, 금융, 부동
산, 화학 등 종합 개발 회사이다. 김동환 부회장은 싱가포르에서
광산업을 하다가 고 승상배 회장의 부름을 받고 코린도 그룹에 합

류하게 되었다.

김동환 부회장과 나와의 인연은 동화기업으로 거슬러 올라간다. 입사 면접 때였다. 나는 동화기업의 회계 업무를 담당하는 CPA의 추천을 받아 경력 사원으로 면접을 보게 되었다. 당시 면접관이 바로 김동환 전무였다. 추천인이 평소 신망이 높은 분이라서 나에 대한 호감도가 높았다. 면접에서 대답하기 어려운 질문을 받아 쩔쩔 매면서 범상치 않은 분이라는 생각을 갖게 되었다.

김동환 전무는 사실상 실무를 총괄하고 있었다. 미 8군 연예인 단장 출신으로 당시 미군의 세탁 사업을 도맡아 꽤 돈을 모았다고 했다. 회사에서 누구를 만나도 항상 당당한 모습이 인상적이었다. 동화기업에서 유일하게 여권을 소지하고 있어서 말레이시아 등 해외 시장 개척을 전담하고 있기도 했다. 그 당시 일반인에 대한 여권 발급은 무척 까다로웠다.

김 전무가 해외 근무를 할 때는 사모님이 사시는 여의도 아파트로 월급을 가져다 드리곤 했다. 한국에 가끔 들어오시면 그동안의 회사 상황을 내가 브리핑하곤 했다. 그러면서 자연스럽게 김 전무와 친해졌다. 내가 김 전무를 평생 모셔야 할 분이라는 생각을 갖게 된 계기는 이렇다.

인터넷으로 화상 채팅을 하는 요즘에는 상상이 가지 않는 일이지만, 지금으로부터 40년 전에는 국제 전화 비용이 너무 비싸서 보통 사람들은 해외에 친척이 있어도 전화 대신 편지를 보냈다.

그 정도로 한국의 전화 시스템은 낙후되어 있었다.

어느 날, 한국에 들어오신 김 전무가 나를 불렀다. 마침 월급날이었다. 월급 계산이 잘못된 게 아닌가 하여 마음을 졸이면서 방으로 갔다. 그는 내게 종이 한 장과 지폐를 내밀었다. 종이에는 국제 전화 통화 내역이 담겨 있었고, 중간 중간 빨간색으로 동그라미가 쳐져 있었다. 개인적으로 쓴 전화비를 계산해서 되돌려 주신 것이었다. 그 당시 임원들은 해외에 출장을 나가면 회사 일로 국제 전화를 하기도 했지만, 수시로 가족에게 전화를 걸었다. 그 비용을 회사에서 부담하는 것은 당연하다고 여겼고, 일종의 특권처럼 생각했다. 그런데 김 전무는 사적으로 쓴 전화비를 지불한 것이다. 이처럼 공과 사를 구분하는 사람에게 배우지 않는다면 누구에게서 배운단 말인가!

이 일을 계기로 김 전무는 내 롤모델이 되었다. 김 전무에게 밥을 사달라고 하면서 시간 나는 대로 배우려고 애썼다. 그가 가지고 있는 회사에 대한 열정과 확실한 일처리, 아랫사람에 대한 애정을 가까이서 지켜볼 수 있었다.

그러던 중 김 전무는 자기 사업을 위해 회사를 그만두게 되었는데, 그 전에 마지막으로 나를 위해 해주신 일이 있었다. 그 당시 회사에서는 미국 지사장 발령을 앞두고 있었는데, 경리과 출신인 내가 후보군에 오르자 내부 반발이 심했다. 그런데 김 전무가 사장을 만나 담판을 지었다. 당시 돈으로 3천만 달러나 되는 미주 시장을 믿고 맡길 만한 사람이 누가 있느냐, 장 과장이 가지 않으면 안 된다며 회장에게 나를 적극 추천한 것이다. 결국 내가 미국 지사장으로 가기로 결정됐다.

김 전무가 가족을 데리고 싱가포르로 출국하는 날이었다. 나는 차마 김 전무 댁으로 들어가지 못하고 골목길에 우두커니 서 있었다. 평생 롤모델로 생각했던 선배가 회사를 떠난다는 생각에 마음이 무거웠다. 김 전무가 차를 타고 나오다가 나를 보았다. 그는 차를 세우고 밖으로 나와 나를 꼭 끌어안으며 이렇게 말했다.

"장 과장, 앞으로 우리가 만날 수 있을까? 자네는 미국으로, 나는 싱가포르로 가지만, 앞으로 인연이 있으면 또 만나겠지. 그때까지 잘 있게."

나는 떠나는 김 전무를 보며 눈물을 감출 수 없었다. 차가 떠난 뒤에도 한참을 그대로 서 있었다. 그 후 김 전무는 한국인으로서 동남아시아에 있는 광산 매입에 개척자적인 길을 걸었다. 대부분의 직원을 중국인으로 채용하는 한편, 말레이시아 등지에서 석탄 광산과 앤티몬Antimony 광산을 사들여 개발에 성공했다.

그 후 나도 미국으로 건너오면서 김 전무와의 연락이 끊어졌다. 회사가 부도 처리되면서 먹고 사느라 정신없이 바빴기 때문이다. 그러던 중에 김 전무로부터 연락이 왔다. 아들 김도우가 미국 명문 사립 고교인 필립스 앤도버에 입학하게 되면서 서로의 안부를 묻는 편지가 오가게 되었던 것이다. 그 후 김 전무는 코린도 그룹에서 일해 달라는 승 회장의 요청을 받고 부회장으로 가게 되었다. 마침 무역 비즈니스를 알아보고 있던 나에게 코린도 그룹을 소개해 주는 것은 물론 무역을 할 수 있도록 도와주었다.

내가 사업에 대한 고민을 김동환 부회장에게 이야기할 때면 그는 "그거 간단하구만", "그거 별 것 아니구먼. 내 생각해 보고 알려 주겠소."라고 특유의 이북 사투리로 대답하곤 했다. 또한 그분을 가까이 하면서 '어렵다' 거나 '힘들다' 는 식의 부정적인 말을 들어본 적이 거의 없었다. 이러한 그분의 마인드는 사업을 하는 내게 정신적으로 큰 힘이 되어 주었다.

김 부회장은 현장을 가는 데 두려워하지 않았다. 80대인 요즘도 젊은이처럼 움직인다. 말레이시아 쿠칭Kuching에 김 부회장이 경영하는 석탄 광산이 있다. 얼마 전 자카르타를 가기 전에 쿠칭을 간다고 하길래 물어보았다.

"요즘도 광산에 가십니까?"

"그럼, 광산에 들어가 봐야지."

"수직으로 300미터 깊이라는데, 끝까지 들어가세요?"

"그럼, 막장까지 들어가야지."

"위험하지 않으세요?"

"위험하니까 들어가야지. 돈이 거기서 나오는데. 중국 사람들이 석탄을 캐들어 가면서 갱목을 받히는데, 마지막까지 내 눈으로 봐야 안전하지. 사장인 내가 안 들어가면 누가 안심하고 들어가겠어?”

그 대답을 듣고 보니 창피했다. 김 부회장은 지금까지도 현장 경영을 몸소 실천하고 있었다. 사실 우리 주위에 “너희들은 인부니까 현장에 들어가라. 나는 사장이니까 골프를 치겠다!”라는 식의 마인드를 가진 경영자가 얼마나 많은가?

코린도 그룹이면 얼마나 이권이 많겠는가? 구매 물량을 결정하는 모든 책임을 지고 있으면서도 공과 사를 철저하게 구별하는 것은 물론, 항상 떳떳하고 당당하게 살아가는 그의 자세를 보면서 나도 저런 사람이 되고 싶다는 생각을 늘 하게 된다.

그런 김 부회장으로부터 진심이 담긴 선물을 받고 눈물이 날 만큼 정을 느낄 때가 많다. 어쩌다 마음에 드는 양복이나 와이셔츠를 맞출 때면 미국에 있는 내가 생각난다면서 한 벌 더 맞춰서 보내 주었다. 나와 체격이 비슷해서 잘 맞을 것이라는 쪽지와 함께 말이다. 언젠가는 아들에게 비싼 시계를 선물 받고 너무 좋다면서 똑같은 시계를 사서 내게 보내 주기도 했다.

내가 타자나에 집을 마련했다는 소식을 듣고는 괜찮은 테이블이 하나쯤 있어야 한다면서 원석으로 만든 테이블을 인도네시아에서 배로 보내 줄 정도로 신경을 써 주었다. 평생 받은 사랑을 갚아도 모자랄 텐데, 적게 남은 시간이 안타까울 뿐이다.

   액션 테이커

내 일생에 몇 명이나 될까?

깊은 마음속 인정의 물을 서로 나누어 마신 이들이 내 일생에 몇 명이나 될까?

그 친분은 입으로 뱉는 고급 말로도 안 되고, 아첨으로도 안 되며, 돈으로는 안 된다.

– 김영희, 「뮌헨의 노란 민들레」 중에서

인생은 본인의 선택에 달렸다

아무리 좋은 회사의 과장이면 뭐 하누.
남자 새끼래 남대문 시장 길가에 사과 궤짝을 엎어 놓고 군고구마 장사를 해도
내 사업을 해야디!

장인에게는 자식이 넷이었지만, 피난길에 데려올 수 있는 아이는 셋이었다. 다섯 살, 여섯 살 된 아들 둘은 걸어서, 돌을 갓 지난 딸(내 아내)은 업고 올 수 있었다. 세 살 된 딸은 나중에 데리러 오겠다며 할머니 집에 맡겨 두었다. 한강을 건넌 후 사공에게 딸이 있는 주소를 적어 주고 안부를 알아 달라며 돈을 주었다. 나룻배가 강기슭에 닿는가 싶더니 '탕' 하고 총성이 울렸다. 사공이 앞으로 쓰러졌다. 추격하던 중공군 총탄에 맞아 숨진 것이었다. 그 뒤로 장인과 장모는 북에 두고 온 딸 소식을 듣지 못했다.

장인은 이북에서 정미소를 운영해 상당한 부를 일궜으나 남쪽으로 피난을 내려오면서 맨손으로 다시 시작해야 했고, 이북 사람

특유의 성실성으로 사업의 기반을 잡은 후 무역업에 뛰어들었다. 미국과 자주 왕래하는 무역업을 하면 국교가 단절된 한국보다는 미국에서 북한에 있는 딸 소식을 들을 수 있을 거라고 생각하셨던 것이다.

유학을 앞둔 아내는 미국에 오려고 학업에 손을 놓고 있었다. 영주권이 나오기를 기다리면서 그냥 지내기는 그렇고 해서 대학 입시에 응시해 성심여대를 다니고 있었다. 내가 아내와 연애를 한 지 얼마 안 되어 장인 장모 내외분이 미국에서 한국으로 나오셨고, 북창동 집으로 나를 초대해 저녁 식사를 하게 되었다. 그 자리에서 장모님이 말씀하셨다.

"임자, 내래 음식을 잘 못해요. 그리니끼니 음식을 잡수시다가 싱거우면 간장을 넣어 잡수시구려. 그러카구 음식이 너무 짜면 물을 더 드시구요."

처음 만난 자리라서 바짝 긴장해 있는데, 구수한 평양 사투리에 긴장이 풀렸다. 장인께서 나를 향해 말씀하셨다.

"내래 좀 알아 보았시요. 동화기업은 내가 좀 알디요. 내래 이북 5도민 회장을 했으니끼니. 승상배 회장을 좀 알디요. 좋은 회사야요. 그런 회사에서 과장이면 그 나이에 괜찮디요."

예비 사위의 능력을 인정해 주신 것이니 나도 기분이 좋았다. 하지만 그 당시에는 담배를 하루에 네 갑씩 피우고, 회사 손님을 접대하느라 매일 술을 마실 때여서 식사를 제대로 하지 못했다.

식사가 끝나고 후식을 먹을 때 장인께서 이렇게 말씀하셨다.

"임자래 음식을 좀 더 드셔야 하겠수다. 그러카구 아무리 좋은 회사의 과장이면 뭐 하누. 남자 새끼래 남대문 시장 길가에 사과 궤짝을 엎어 놓고 군고구마 장사를 해도 내 사업을 해야디!"

그 이야기를 듣는 순간 혈기가 솟구쳤다. '아직 당신 사위가 된 것도 아닌데, 누구에게 감 놔라 팥 놔라 하느냐' 라는 생각이 들어 기분이 좋지 않았다. 그런데 10여 년이 지나 미국에서 아내가 구두 수선을 하다가 사고를 당해 병원에 누워 있을 때, 장인께서 "사내는 내 사업을 해야디!"라고 하시던 말씀이 수없이 반복해서 내 귀를 울렸다.

젊은이의 특권은 자신감이다. 그러나 사람은 시간이 지나고 나이를 먹으면서 좋은 어른을 만나 충고를 들을 수 있는 기회를 갖는 게 얼마나 중요한지를 깨닫게 된다. 어려움에 처했을 때 자신감을 회복하고, 자신의 성장을 꾀할 수 있는 계기로 삼을 수 있기 때문이다.

그 후 우여곡절 끝에 1971년 11월 27일 반도호텔에서 결혼식을 올렸다. 그때 아내가 "이제 당신도 결혼했으니 당신 소지품과 책, 옷가지 등을 집으로 가지고 오세요."라고 말해서 적잖이 당황했던 생각이 난다.

2남 3녀 중 막내로 태어나 어머니가 일찍 세상을 떠났고, 아버지는 우리를 떠나 재혼하시고 나니 우리 다섯 형제는 뿔뿔이 흩어져 제 살길을 찾아 일가 친척집에 의탁하게 되었다. 그 이후 결혼할 때까지 형제자매, 그리고 친척집을 전전하고 보니 딱히 내 살림이라고 생각할 만한 소지품이 하나도 없었다.

결혼식에는 많은 사람들이 하객으로 와주었다. 승상배 회장은 결혼식에 참석했던 손님이 낸 전체 부조금보다 많은 금일봉을 주셨다. 내 성장 배경을 알고 있는 승 회장이 작은 신혼집이라도 마련하는 데 보태 쓰라고 신경 써 주신 것이었다.

그런데 우리가 결혼식을 올린 지 1주일 만에 장인 장모가 교통사고로 돌아가시고 말았다. 게다가 이 사실을 임신 중인 아내에게 알릴 수도 없었다. '속도위반'으로 아내는 임신 6개월의 몸이었다.

"장 과장이 참 복이 없구먼."

승 회장은 회장실에서 침통한 얼굴로 이렇게 말했다.

"아무튼 장례를 잘 치르게. 스기를 내어 줄 테니 관을 잘 짜게."

스기는 당시 관을 만들 때 최고로 치던 일본 소나무를 가리키던 말이었다. 원목 회사 회장이 줄 수 있는 최고의 배려였다.

장인 내외와 큰 처남은 미국에서 살고 계셨는데, 딸 결혼식에 참석하러 오셨다가 내친 김에 국내 일주 여행을 가기로 했었다. 하지만 1월에 내린 폭설로 대전 인근 고속도로에서 차가 미끄러져 장인과 장모는 현장에서 숨졌고, 중상을 입은 큰 처남은 성모병원에서 재활 치료를 받아야 했다.

나중에 이 사실을 알게 된 아내는 부모 잃은 슬픔을 달랠 새도 없이 낮에는 큰 처남을 간호했다. 하지만 처남의 건강이 회복되면서 상속 문제가 수면 위로 부상했다. 둘째 처남은 연세대 신학대학에서 장학금을 받고 유학을 앞둔 촉망받는 인재였는데, 출국을 사흘 앞두고 교수들과 함께 도봉산에 올랐다가 추락하여 죽고 말았다. 이후 큰 처남은 장인 장모가 급작스럽게 돌아가시면서 유일한 상속자가 되었다. 그때만 해도 아들과 딸이 공평하게 상속을 받는 시대가 아니었다.

생전에 장인은 인천 가좌동에 60만 평 규모의 대흥 목장을 소유하고 있었다. 경기도에서 세 번째로 큰 목장이었다. 당시에는 귀했던 젖소를 200마리 이상 키우고 있었다.

큰 처남은 재활 치료로 몸이 회복되자 재산 지키기에 많은 신경을 썼다. 아내는 정확히 반은 아니더라도 어느 정도의 재산은 나눠줄 것이라고 기대했다. 하지만 큰 처남은 그럴 생각이 없는 듯했다. 당시 우리는 장인이 소유한 북창동 소재 빌딩 옥상에 신혼집을 차렸다. 큰 처남은 빌딩을 팔아야 하니 그 집을 비워 달라고 했다. 아내는 벌써 재산을 처분할 거냐고 반발했지만, 큰 처남은 뜻을 굽히지 않았다. 그러던 어느 날, 큰 처남이 중국집에서 나를 만나자고 했다. 어색한 분위기에서 안부를 묻는 일상적인 대화가 오갔다. 처남은 양복 주머니에서 봉투를 꺼내 내게 내밀었다.

"자, 이거 받으라오."

나는 받는 대신 "이게 뭡니까?"라고 물었다.

"집 구하는 데 쓰라우."

이북 사투리가 강하게 들렸다.

봉투에는 150만 원이 들어 있었다. 그 돈이면 1970년대 서울에서 20평 아파트 한 채를 살 수 있는 돈이었다. 나는 자존심이 상하기도 했지만, 그 돈을 주고 옥상 집에서 내쫓으려는 것이라는 생각이 들어 돈을 받지 않았다.

처남은 식사가 끝나자 테이블 위에 있는 봉투를 다시 집어 들고는 양복 주머니에 넣으며 말했다.

"다음에 한 번 봅시다."

그걸로 끝이었다. 우리는 옥상 집을 나와야 했고, 그 후 큰 처남에게서 어떤 돈도 받지 못했다. 한국에 있을 때는 남매의 의를 상할 정도였다. 미국에 온 후로 아무리 어려워도 아내가 한국을 가기 싫어했던 이유도 이 때문이었다.

결과적으로 생각해 보면 상속을 한 푼도 받지 못했기 때문에 우리 부부가 성공한 것이 아닌가 하는 생각이 든다. 이를 악물고 자립해 성공하겠다는 결심을 했기 때문에 상속 지분보다 수백 배나 많은 재산을 모은 것이 아닐까? 어쨌든 우리 부부는 그때 일을 가끔 떠올리며 이런 농담을 한다.

"누가 돈을 줄 때는 잽싸게 받읍시다."

남을 즐겁게 하면서
자신이 원하는 것을 얻어라

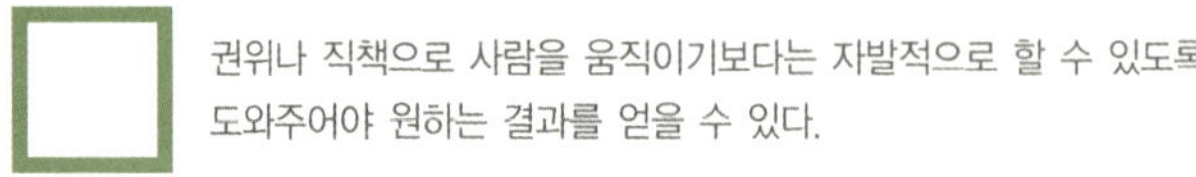

권위나 직책으로 사람을 움직이기보다는 자발적으로 할 수 있도록
도와주어야 원하는 결과를 얻을 수 있다.

동국대학을 다닐 때였다. 1970년대 초만 해도 서울에서 한창 인기 있던 피서지는 안양에 있는 실외 풀장이었다. 그곳까지 택시를 이용하는 건 사실상 불가능했다. 안양까지 가는 길은 비포장도로가 많았고, 올 때는 손님 없이 빈 차로 와야 했기 때문에 택시 기사들이 가지 않았다.

어느 무더운 여름날이었다. 대학 학장님을 비롯해서 학과 친구들과 함께 피서를 갈 기회가 있었다. 학장님은 택시 기사 옆 좌석에 앉자마자 "서울역으로 갑시다!"라고 말했다. 뒷좌석에 탄 우리는 의아한 생각이 들었다. 안양으로 가야 하는데, 서울역으로 가자고 하시니 말이다.

가는 도중에 학장님은 택시 기사의 고충에 대해 이것저것 물어보았다. 자연스럽게 정부의 물가 정책이 도마에 올랐다. 기사가 비판을 쏟아내자 학장님은 "올커니!", "그렇지!", "당연하지!"라는 말을 섞어 가면서 맞장구를 쳤다. 그러자 기분이 좋아진 기사는 신이 나서 최근 장관 교체 건과 대일 외교 정책으로 주제를 넓혀 갔다. 학장님은 거의 듣기만 했다. 한창 기사의 이야기가 무르익을 쯤 서울역이 눈앞에 보였다.

"기사님 이야기가 너무 재미있는데, 이만 내려야겠네요."

학장님이 말했다.

그러자 중간에 신나게 말하다 흥이 끊긴 기사가 얼른 물어본다.

"어디까지 가가신다고 하셨죠?"

"원래는 안양까지 가야 하는데, 길도 험하고 올 때는 기사님이 혼자 오셔야 하잖습니까? 서울역에서 기차를 타고 가려고요."

"아이고, 선생님. 무슨 말씀을 그렇게 하십니까? 안양이야 바로 지척인데, 제가 모시겠습니다."

뒤에 앉아 운전사와 학장님의 대화를 듣고 있던 우리들은 어안이 벙벙해졌다. 안양까지는 수시로 승차 거부를 당하는데, 기사가 나서서 모시겠다는 게 아닌가. 사회 물정도 모르고 열심히 학업에 열중하고 있던 나는 이런 학장님의 언행이 부도덕한 행위처럼 보였다. 그래서 안양에 내리자마자 학장님께 따지듯이 물었다.

"학장님, 이거 거의 사기 수준인데요."

"뭐가 말인가?"

"아니 처음부터 택시 기사에게 안양으로 가자고 하시면 될 텐데, 이런 유치한 방법을 쓰시다니요?"

그러자 학장님은 정색을 하고 나를 쳐다보았다.

"장 군, 언제 내가 그 택시 기사에게 안양까지 가자고 했나. 내가 피해를 준 것이 있는가?"

생각해 보니 그랬다. 택시 기사가 자청해서 온 일이었다.

"그건 아니지만……."

"내 친구들 중에는 검찰이나 경찰에 고위 간부가 널려 있다네. 택시 기사에게 안양으로 가자고 했는데, 안 간다고 하면 학장 신분을 대고 승차 거부를 이유로 법을 내세워 겁을 줄 수도 있네. 검찰에 있는 친구 이름을 들먹여도 되고, 실제로 얼마든지 강제로 갈 수 있게 하는 방법은 많다네."

학장님은 계속 말씀했다.

"장군, 하지만 말일세. 그렇게 강제로 가면 그 택시 기사는 오늘처럼 신이 나겠는가? 서로 기분이 상해서 도착할 때까지 한 마디도 하지 않을 것이네. 그리고 난들 기분이 좋겠는가? 나는 좋은 처세가 뭔지 모른다네. 하지만 세상에는 자기가 하고 싶은 것을 남이 스스로 할 수 있도록 만드는 것이 아닐까 생각한다네."

그날 학장님의 말씀은 내 마음속에 깊이 새겨졌다. 권위나 직책으로 사람을 움직이기보다는 자발적으로 할 수 있도록 도와주는

    액션 테이커

것이 얼마나 효과적인지를 알게 되었다.

나중에 사업을 하면서 '내가 사장이니까 내 지시대로 해!'라는 식으로 직원들에게 명령하기보다 스스로 움직일 수 있도록 유도하게 된 것, 경직된 조직 문화보다는 신이 나서 일할 수 있는 분위기를 선호하게 된 것도 이때의 경험에서 기인한다.

첫 만남과 마지막 만남 이후를
소중하게 여겨라

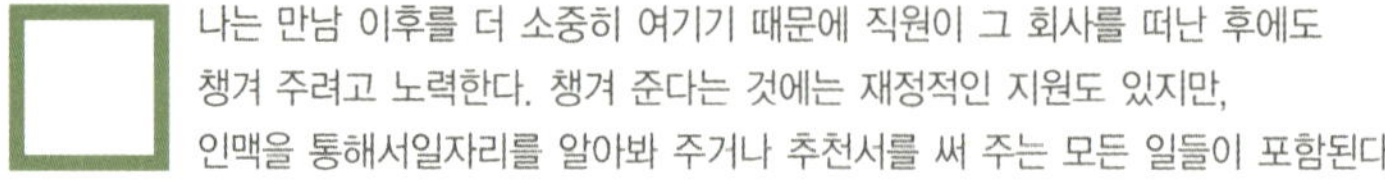

나는 만남 이후를 더 소중히 여기기 때문에 직원이 그 회사를 떠난 후에도
챙겨 주려고 노력한다. 챙겨 준다는 것에는 재정적인 지원도 있지만,
인맥을 통해서일자리를 알아봐 주거나 추천서를 써 주는 모든 일들이 포함된다.

원목과 제지 사업을 하면서 동남아를 방문할 때였다. 보통 비즈니스에서의 첫 만남은 소개를 통해 이루어지는 경우가 많다. 그리고 첫 만남에서 비즈니스 이야기를 하는 경우는 거의 없다. 예를 들어 종이를 많이 쓰는 대형 제지 회사를 방문한다면, 사전에 그 회사 사장에 대한 신상 조사를 하고 가는 것은 기본이다. 그래서 그 사람의 취미는 무엇인지, 어떤 취향을 가지고 있는지, 자녀는 몇 명인데 어떻게 살고 있는지 등을 사전에 파악한다. 특별한 목적이 있다기보다는 상대방이 귀한 시간을 허락해 주었는데, 그 시간 동안 상대방을 즐겁게 해주는 것이 하나의 예의라고 생각하기 때문이다.

동남아시아 기업체 회장을 만나러 가면 비서가 30분 정도의 시간제한을 주는 게 일반적이다. 상대가 와인을 즐기는 사람이라면 그가 좋아하는 취향의 와인을 가져가고, 골프를 좋아하는 사람이라면 새로 출시된 골프 클럽을 사가지고 간다. 예를 들어, 집무실에 골프 클럽이 있으면 골프를 주제로 이야기하다가 5~10분 정도 시간이 지나면, 사업과 관련해서 궁금하게 생각하는 것들에 대해 이야기한다. 전 세계 시장의 흐름에 대해 물을 때는 사전에 파악해 둔 시장 동향을 간략하게 설명해 준다. 만약 한국에 있는 기업이 인도네시아에 진출했다고 하면 그 회사 제품이 시장에서 갖는 영향력을 고려해 필요한 원료나 고객 성향, 잠재 마켓을 조사해서 알려 주면 깊은 관심을 가지고 듣는다.

그렇게 해서 정해진 시간이 되면 지체 없이 일어나서 "약속한 시간이 되어 그만 일어나겠습니다."라고 말하면 대부분의 경영자들은 "좀 더 이야기하시죠."라며 붙잡는다. 허락했던 30분을 훌쩍 넘겨서 한두 시간으로 늘어나기도 한다. 이처럼 깊은 대화를 나누고 나면 첫 만남임에도 불구하고 직접 엘리베이터 앞까지 나와서 배웅하며 다음 만남을 약속하고는 이렇게 말한다.

"다음에는 다른 사람을 통하지 말고 직접 전화해 주세요."

비행기를 타고 돌아올 때는 출장지에서 만났던 사람들의 인상착의나 가족 사항, 대화 내용을 명함에 간략히 적는다. 받은 명함이 아무리 많더라도 곧바로 기록해 두지 않으면 금방 잊어버리기 때문에 열심히 적는다.

다음에 방문했을 때 "요즘 둘째 아들은 어떤가요? 새로 들어간 학교에 잘 적응하고 있나요?"라고 질문하면 그날의 대화 내용이 완전히 달라진다. 오랜만에 만나 서먹해지는 것도 없어지고, 친근하게 대화를 주고받을 수 있다. 무엇보다 상대방이 관심을 가질 수 있는 이야기를 많이 한다. 이렇게 하다 보면 의도했던 비즈니스 거래로 연결되곤 한다.

나는 만남 이후를 더 소중히 여기기 때문에 직원이 그 회사를 떠난 후에도 챙겨 주려고 노력한다. 챙겨 준다는 것에는 재정적인 지원도 있지만, 인맥을 통해서 일자리를 알아봐 주거나 추천서를 써 주는 모든 일들이 포함된다.

염색공장 USDF를 정리할 때였다. 1년 365일 중에서 361일을 돌려야 하는 게 염색 공장이다. 공장을 매각하고 난 뒤 불과 몇 개월 만에 세계적인 금융 위기가 불어 닥쳤다. 자연히 가계 소비가 줄면서 의류 업체가 휘청거렸고, 그에 따라 원단과 염색, 봉제 업종까지 모두 어려워졌다. 나는 어쩔 수 없이 직원들이 다른 곳에 취업할 수 있도록 지원하는 한편, 남은 직원들의 고용 승계가 이루어질 수 있는 방안을 찾았다. 그 결과 아메리칸 어패럴 측에 회사를 매각하면서 20년 이상 근무한 직원들은 20개월분 급여를 지급했고, 15년 이상 근무한 직원은 15개월분을 지급했다. 5~10년간 이상 근무한 직원들도 기여도를 따져 3~6개월분을 지급했다.

남게 된 직원들은 인수할 회사와 우리 측에서 월급을 받게 되자 모두 좋아할 수밖에 없었다. 나는 회사가 매각된다고 바로 인수인 계가 끝나지 않는 만큼 우리 측 일을 해주는 수고에 대한 비용과 그동안 우리 회사가 성장하도록 고생해 준 노고에 조금이라도 보상해 주려고 했다.

그 결과 지금도 아메리칸 어패럴 공장에 가면 회사 경비원에서 부터 직원들까지 내게 친절하게 인사를 건넨다. 내 차는 외부 손님 자리가 아니라 VIP 자리에 주차하도록 배려해 준다. 별것 아니라고 생각할지 모르지만 내게는 손가락질을 받는 전 경영주가 아니라 진심으로 존경받는 경영주라는 생각이 들어 감사하게 생각한다.

함께 살아가는 세상을 꿈꾸며

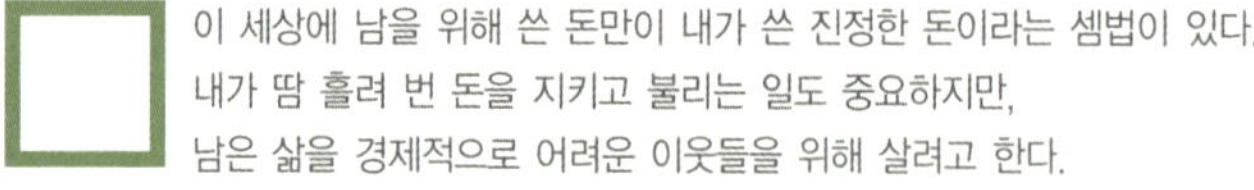

이 세상에 남을 위해 쓴 돈만이 내가 쓴 진정한 돈이라는 셈법이 있다.
내가 땀 흘려 번 돈을 지키고 불리는 일도 중요하지만,
남은 삶을 경제적으로 어려운 이웃들을 위해 살려고 한다.

"아니, 한인가정상담소가 문을 닫게 되었다고?"

나는 딸 은록을 통해 한인가정상담소KAFSC가 재정 악화로 문을 닫게 된다는 소식을 듣게 되었다.

한인가정상담소는 1983년 한국 최초의 여성 변호사이자 여성과 아동 권익 옹호의 선구자였던 고 이태영 박사의 뜻에 동참한 한인 이민 여성들이 뜻을 모아 설립한 비영리 단체다. 가정폭력 피해자 보호 및 지원 사업을 오랫동안 해 온 한인 사회의 유일한 단체라는 것이 딸의 설명이었다.

미국의 한인 사회는 이민자 위주로 형성되고 움직인다. 지금이야 경제적으로 넉넉하지만, 자녀 교육 때문에 미국행을 결정한 사

람들이 많았던 이민 초기만 해도 한국에서 경제적으로 어려워 이민을 택한 가정들이 많았다. 영어 때문에 일을 찾기 어려운 데다 경제적으로 쪼들리고, 체류 신분이 불완전하면 아무리 금실이 좋았던 부부도 전에 없던 불화가 생겨나기 일쑤였다. 이로 인해 가정 폭력으로 번지면서 매를 맞는 아내와 자녀들이 생겨났다. 이는 별거나 이혼으로 이어지기도 하고, 극단적인 경우에는 존속살인 같은 비극으로 치달아 미국 사회를 깜짝 놀라게 하는 경우가 빈번했다. 한인가정상담소는 시한폭탄을 가진 한인 가정에 오아시스 같은 역할을 해왔다.

딸의 소개로 당시 소장을 맡고 있던 장수경 박사를 만났다. 2003년 당시의 가정상담소는 이사 수가 30명이 넘었지만, 실제 기부를 하면서 실질적인 활동을 하는 사람은 거의 없었다. 정부 지원을 받는 프로그램도 거의 없어 당장 조치를 취하지 않으면 다음 달부터 문을 닫아야 할 만큼 재정 적자가 심각하다는 것이 장 박사의 설명이었다.

비영리 단체 활동이 지속되기 위해서는 재정 자립이 가장 중요하다. 다양한 프로그램을 만드는 일은 소장이 해야 하지만 재정 자립 문제는 이사회가 나서야 했다. 하지만 혼자 힘으로는 벅찼다. 그래서 평소 여성과 아동 권익 문제에 지대한 관심을 가지고 있는 벤자민 홍 행장과 이 문제를 의논했다. 홍 행장은 어머니의 사랑 때문에 인류가 전쟁으로 망하지 않고 존속된다고 굳게 믿고 있을 만큼 한인 사회에서 여성 권익 보호에 깊은 관심을 가지고 있었다.

한인 여성의 인권 실상은 충격적이었다. 여성들은 이민 후에 적응이 빨랐다. 남편들이 일자리를 찾지 못해도 여성들은 마켓이나 호텔에서 일을 찾아 생활해 나갔다. 아내의 수입이 많아지면서 불안감을 느낀 일부 무지한 남편은 아내를 때렸다. 때리는 것만으로 성에 차지 않아 담뱃불로 지졌고, 몸에 멍이 들 정도로 자녀를 때리는 경우도 허다했다. 이런 피해 가정들은 법의 테두리 밖에 있어 보호받기 어려웠다. 언어 장벽과 한국 문화를 잘 이해하지 못하는 정부 기관이 나서면 도리어 가정이 깨져 한인 기관의 도움이 절실했다. 한인가정상담소가 있어야 한다는 데 의견이 모아졌다. 다음은 어떻게 살릴 것인가 하는 방법이 중요했다. 나는 홍 행장에게 이렇게 말했다.

"이런 단체일수록 사회적으로 명망 있는 분이 앞장서야 합니다. 홍 행장님이 이사장을 맡아 대외 활동을 담당하시면 저는 부이사장으로 옆에서 적극 돕겠습니다."

홍 행장은 주저함 없이 내 제안을 받아들였다. 가정상담소에 동참하기에 앞서 이사회를 새로 구성한다는 조건을 걸었다. 이사회가 실질적인 의사결정 기관이자 재정 지원 역할을 하려면 개혁이 필요했다. 30명에 달하는 이사를 5명으로 줄였다. 그리고 홍 행장과 나는 기금 모금 활동에 발벗고 나섰다. 한두 명의 기업가가 거

　　　　　　　　　　　　　　　　　　액션 테이커

액을 내놓는 것보다는 보다 많은 사람들이 모금에 참여해야 기관을 알릴 수 있고, 앞으로 영속적인 서비스를 제공할 수 있다고 판단했다.

홍 행장과 내가 나서서 첫해에 25만 달러의 기금을 모았다. 당시만 해도 비영리 단체가 한 번의 이벤트를 통해 이만한 모금을 한 것은 유례가 없을 정도로 대성공이었다.

홍 행장은 비영리 단체들이 임대료로 기금을 낭비하지 않도록 여러 단체들이 모여 건물을 구입하는 아이디어를 내고 은행 측에서 융자를 지원해 주었다. 나는 이 활동을 하면 할수록 한인 사회에 꼭 필요한 단체라는 것을 알게 되었다.

벤자민 홍 이사장은 2년간의 임기를 마치고 내게 바통을 넘겨주었다. 이사장을 맡은 나는 이 단체가 더 탄탄해지는 데 힘을 쏟았다. 그러다가 피터 장 소장이 한국으로 돌아가게 되면서 차기 소장으로 한인 2세를 영입하도록 했다. 미국 연방정부가 지원하는 프로그램을 운영하려면 언어와 문화 장벽이 있는 1세대로는 어려웠다. 카니 정 조 변호사가 추천되었다. 그는 조지타운 대학에서 법학박사를 이수한 후 6년간의 변호사 실무를 거치면서 시카고와 LA의 인권 단체에서 활동해 온 적임자였다. 그가 소장으로 취임하면서 주류 사회와의 고리도 단단해졌다.

지금은 한인가정상담소를 찾는 사람이 한 해에만 성인 및 어린이, 청소년 등 8천여 명에 달한다. 프로그램도 가정 상담, 가정 폭력 보호 프로그램, 저소득층 자녀 지원 등 다양하다. 적자였던 예산은 130만 달러 규모로 늘어났다. 이 가운데 정부 지원 비율이 70%를 차지한다. 자원봉사자들과 인턴들이 참여하여 행정 비용이 7% 미만에 불과할 정도로 효율적이다.

현재 LA와 주변 지역에서는 유일하게 한국어 감독 방문 프로그램 서비스를 제공하고 있다. 가정 폭력 피해자 서비스와 가정 법률 상담, 법원 명령으로 자녀들과 격리된 부모들의 감독 방문 서비스 등이 실시되고 있다. 상담자의 신원을 보호하기 위해 입구를 2개로 분리하고 감시 카메라와 경보 장치 등 안전시설도 강화했다.

이러한 봉사를 꾸준히 하면서 아동 지원 사업에도 자연히 눈이 떠졌다. 남미 니카라과에 있는 60에이커에 달하는 땅도 이런 목적으로 기부한 적이 있다. 원래는 남미를 거점으로 하는 공단을 만들기 위해 사놓은 땅이었는데, 염색 사업을 접으면서 새 용도를 찾고 있었다. 별장을 지으라는 주변의 조언도 있었다. 그러던 중에 가톨릭 계통의 파브렛FABRETT 어린이 재단이 이 지역에 교육 센터를 지을 부지가 필요하다는 말을 듣고 기부를 결심하게 됐다.

사람은 누구나 자신이 가진 것을 모두 내려놓고 세상을 떠난다. 자식들에게 재산을 남겨 준다고 해도 그것을 지켜 나갈 지식이 없다면 언젠가는 사라지게 될 것이다.

이 세상에 남을 위해 쓴 돈만이 내가 쓴 진정한 돈이라는 셈법이 있다. 내가 땀 흘려 번 돈을 지키고 불리는 일도 중요하지만,

　　　　　　　　　　　　　　　　　　　

남은 삶을 경제적으로 어렵고 희망이 없는 이웃들을 위해 살려고
한다. 돈을 주는 것도 중요하지만 스스로 자립정신을 키울 수 있
도록 깨우치는 정신적인 나눔과 병행하려고 한다. 내 경험에 따르
면 하늘은 스스로 돕는 자를 돕기 때문이다.

"**내게 이런** 나쁜 일이 생기다니요?"

예상치 않은 난관에 주저앉아 이렇게 호소하는 사람들을 주변에서 자주 보게 된다. 인생에서 역경은 독毒일까, 약藥일까? 내 앞을 가로 막은 문제가 꼭 나쁘기만 한 것일까?

초등학교를 졸업할 무렵, 집에서는 선생이 좋은 직업이라며 서울 사범중학교에 보내려고 했다. 하지만 담임선생님이 원서 마감일이 되어서야 서류를 만들어 주었고, 시간이 늦어 결국 입학 원서조차 내보지 못하고 낙방했다. 대학에 가서는 데모하다 쫓겨나 학적을 옮겨 겨우 졸업할 수 있었고, 공인회계사 시험을 수차례 치렀으나 낙방했다.

미국에 와서는 본사가 부도나는 바람에 비즈니스 경험이 전무했던 내가 사업에 죽기 살기로 뛰어들게 되었다. 그때 사범중학교에 입학했더라면, CPA에 합격했더라면 지금처럼 미국에 올 수 있었을까? 아마도 한국 어딘가에서 직장을 은퇴한 후 여생을 보내고 있을 것이다.

본사가 부도났을 때는 하늘이 무너지는 심정이었지만, 지나고 보니 나만의 '안전지대'를 벗어나게 하는 원동력이 되었다. 인생을 가로막은 바위덩어리가 걸림돌이 될지, 디딤돌이 될지는 내 생각과 행동에 달렸다. 해보자고 덤비면 걸리적거렸던 바위가 어느새 자신을 도약시켜 주는 디딤돌이 된다.

뛰어난 지능과 능력을 갖추고도 성취를 이루지 못하는 사람들에게는 이유가 있다. 실패할까 두려워하고, 남들이 비난할까 걱정이 되어서 선뜻 행동으로 옮기지 못하는 탓이다. 또 다른 이유는 적기에 필요한 인간관계의 부재이다.

내 인생을 돌이켜 보면 고비 때마다 은인이 있었다. 어려웠던 학창 시절에는 편광범 선생님의 헌신적인 사랑과 가르침 때문에, 사회에 나와서는 김동환 회장님의 조언과 배려 덕분에 어려운 고비를 넘길 수 있었다. 평생 기억해야 할 또 한 분은 큰누님이시다. 어머니 없는 동생들에게 큰누님은 엄마 같은 존재였다. 일류 직장으로 꼽혔던 은행에 다녔으나 그 월급으로는 동생들 뒷바라지를 하기 어렵다는 것을 알고 그만두었다. 그러고는 미장원을 열어 동생들 생활비를 댔다. 결혼 후에도 동생들 학비는 사채를 빌려서라도 마련해 주었다. 우연히 누나 집에 들렀다가 빚을 갚아야 하는 날은 다가오는데, 돈을 구하지 못해 부엌에서 소리 죽이며 우시는 큰누님의 모습이 기억난다.

큰누님이 없었다면 제대로 학업을 마칠 수 있었을까? 어쩌면 매몰찬 세상에 좌절하고 분노하며 사회에 해를 끼치는 존재가 되지 않았을까? 평생을 형제자매에게 헌신한 큰누님에게 미안하고 고마운 마음뿐이다. 자신을 넘어선 희생적인 사랑은 언젠가는 누구에게 반드시 열매를 맺게 한다는 진리를 이들 세 분을 통해 알게 되었다고 해도 과언이 아니다.

고난을 이겨내고 성공하려면 일단 부딪혀 봐야 한다. 머릿속으로만 계획하지 말고 직접 행동하면서 해답을 찾아야 한다. 인생의 문제는 시험지 위에서 찾을 수 있는 것이 아니라 액션을 통해서 얻어진다. 인생의 기로에 서 있는 당신이 '액션 테이커'가 되어야 하는 이유가 바로 여기에 있다.

1990년대 중반 웰위시트레이딩 무역 회사를 창업해 경영에 나섰다.
그 당시 자카르타와 미국을 오가며 매년 경이적인 성장을 경험했다.

캘리포니아 주
최대의 염색 공장이었던
USDF 공장 정문과
내부 시설.

영등포고교 3학년 시절의 나.

고교 졸업을 앞두고 친구들과 함께 떠난 무전여행. 설악산, 경주, 부산 등
전국을 누빈 이 여행은 내게 담력과 배짱을 키워 주었다.

2011년 6월, LA에서 유니은행 증자 설명회를 개최했다. 미국 전역을 돌며 개최한 증자 설명회를 통해서
우리 은행의 인지도를 높일 수 있었다.

Seoul
Los Angeles
Jakarta
London

중고교 시절 가난과 열등감으로
힘들어했던 나를 자식처럼
지도해 주신 편광범 선생님 부부를
초청해 미국 여행을 다녔다.

사이클링 회사를 통해
폐지를 납품하던 인도네시아
코린도 그룹 제지 공장을
1년에 수차례 방문했다.

1994년,
남가주 한인 기업인들과 함께
피트 윌슨 캘리포니아 주지사를 만나
코리아타운 상권 활성화에 대한
의견을 나눴다.

무지함은 악이며, 배움은 힘이다. 회사 경영으로 정신없이 바쁜 일상 속에서 UCLA 최고경영자 과정을 수료했다.

아시아나항공 등 한국의 주요 기업 지사와 상사가 입점해 있는 윌셔가 메트로 플렉스를 매입한 후 빌딩 안전성 여부를 엔지니어들과 함께 조사했다

3만 달러대에 첫 집을 사서 잘 가꾸고 팔면서 아홉 번째로 마련한 타자나 저택 앞에서 찍은
가족사진. 왼쪽부터 딸 은록, 나, 아내, 은미, 사위 데이비드.

시간이 날 때마다 책을 읽었다.
이러한 습관은 세상 돌아가는 상황과
경제 흐름을 읽을 수 있는 시각을 갖게 했다.

캘리포니아 최대의 염색 공장
USDF 매각이 성사되는 데 결정적인 도움을 준
세계적인 의류업체 아메리칸 어패럴(AA)의
COO 마리 베일리.

1998년 9월, 인도네시아 코린도 그룹 김동환 부회장님을 모시고 옐로우스톤 국립공원을 여행했다.
그는 사회생활을 하는 내게 정신적인 멘토로서 큰 도움을 주었다.